博弈

全球价值链变革下的中国机遇与挑战

张茉楠◎著

浙江大学出版社

图书在版编目（CIP）数据

博弈：全球价值链变革下的中国机遇与挑战 / 张茉楠著. — 杭州：浙江大学出版社，2020.7
ISBN 978-7-308-20074-5

Ⅰ.①博… Ⅱ.①张… Ⅲ.①中国经济—研究 Ⅳ.①F12

中国版本图书馆CIP数据核字（2020）第039593号

博弈：全球价值链变革下的中国机遇与挑战
张茉楠　著

策　　划	杭州蓝狮子文化创意股份有限公司
责任编辑	黄兆宁
责任校对	高士吟　汪　潇
封面设计	张志凯
出版发行	浙江大学出版社
	（杭州市天目山路148号　邮政编码　310007）
	（网址：http://www.zjupress.com）
排　　版	杭州林智广告有限公司
印　　刷	杭州钱江彩色印务有限公司
开　　本	710mm×1000mm　1/16
印　　张	16.25
字　　数	223千
版 印 次	2020年7月第1版　2020年7月第1次印刷
书　　号	ISBN 978-7-308-20074-5
定　　价	52.00元

版权所有　翻印必究　　印装差错　负责调换

浙江大学出版社市场运营中心联系方式：0571-88925591；http://zjdxcbs.tmall.com

目录
CONTENTS

前言　全球价值链时代到来

第一章　世界开启"结构性冲突期"

第一节　全球价值链发展新趋势 / 003
第二节　中国在全球价值链中的作用举足轻重 / 012
第三节　中美贸易摩擦冲击全球价值链 / 023
第四节　中美贸易摩擦对中国的挑战 / 032
第五节　未来中国价值链与产业转型升级的路径 / 041

第二章　全球面临逆全球化冲击

第一节　贸易失衡背后的真相 / 067
第二节　全球贸易面临"特朗普陷阱" / 075
第三节　日韩贸易争端冲击亚洲区域经济整合 / 081
第四节　全球新一轮减税浪潮 / 087
第五节　美国税改引发全球价值链格局重大调整 / 096
第六节　中国重塑全球价值链的历史机遇 / 102

第三章　数字贸易重塑国家竞争格局

第一节　全球数字贸易新规则与新挑战 / 111

第二节　全球贸易大国的数字贸易未来 / 125

第四章　"一带一路"倡议的中国机遇

第一节　"一带一路"倡议的战略背景与意义 / 145

第二节　构建"一带一路"互联互通经济合作伙伴关系 / 165

第三节　"一带一路"建设的憧憬与愿景 / 194

第五章　以全面开放应对全球化波折

第一节　新一轮开放重构中国与世界的关系 / 213

第二节　跨越"金德尔伯格陷阱",推动全球治理变革 / 218

第三节　全球新一轮规则发展趋势及其挑战 / 227

第四节　构建开放型世界经济的中国实践与行动 / 246

后记 / 252

前　言

全球价值链时代到来

如何应对全球价值链（global value chain，GVC）格局的演变已成为当前全球极富挑战性和冲击性的命题。全球价值链是全球经济循环中最为关键的链条之一，谁占据了全球价值链的核心环节，谁就掌控了整个价值链的财富和利益分配的流向。全球贸易竞争也正在演变为以价值链竞争为基础的"规则之争"。

全球价值链是经济全球化发展的高级形态。20世纪80年代以来，全球价值链的深入发展极大地改变了全球商品和服务生产的组织形式。世界银行数据表明，商品贸易进出口总额增长了8.57倍，其占全球GDP（国内生产总值）比重从1980年的34.02%上升至2018年的46.24%。近年来，伴随制成品贸易向全球价值链贸易模式的转变，中间产品贸易将成为未来国际贸易的主流，生产已经超越国界而具有"世界制造"的意义。在全球价值链分工模式下，各国产业结构的依赖性和联动性不断加强，资源整合和要素配置效率不断提高，产业合作的范围不断扩大，程度不断深入，特别是随着数字信息技术快速发展、国际分工深化，全球经济已经形成了一个生产共享、利益共享、责任共担的命运共同体。

全球价值链为新兴经济体和发展中国家融入世界经济提供了机会，全球价值链之于中国现代化发展与改革开放进程也具有特别意义。叩问历史，中国40多年经济持续增长的动力源泉到底在哪里？可以说，改革开放40余年是中国坚持融入全球价值链的40余年，始终不渝地推动开放战略是世界经济影响中国经济的最大引擎。国家统计局2018年数据显示，改革开放40年中国出口增长914倍，年均增长14.5%，占全球进出口比重从0.77%提升到11.48%，全球货物贸易规模排名由第30位上升至第1位，成为全球货物贸易第一大国。作为中间品贸易大国，中国与全球产业链已经形成深度互嵌格局。贸易结构中的资本品（用于制造其他商品的商品）贸易大幅上升，这也改变了中国与发达国家之间的贸易关系，以及中国在世界经济中的地位。1995年，美国占世界经济的24.75%，中国占世界经济的2.38%，日本占世界经济的17.66%；2018年美国占世界经济的23.99%，中国升至15.86%，日本则降至5.79%。显然，从中国与世界经济互动发展的视角去认识中国与世界的关系，从全球价值链视角去看待和研判逆全球化、保护主义、贸易冲突等问题更具时代意义。

当前，世界面临百年未有之大变局，中国面临40余年未有之新挑战。我们面临一个矛盾交织、冲突频发、不确定性上升的世界。种种问题归根结底是全球范围内生产力发展和治理体系滞后的矛盾产物。2008年国际金融危机以来，全球化的引擎——贸易和资本的流动开始失去动力。由于全球市场需求极度低迷，模块化产业布局基本完成；跨国公司回归本土趋势导致发达国家投资回流、全球投资和贸易规则重组。全球经济"碎片化"对传统全球价值链产生割裂，全球生产缺口持续扩大，对经济全球化的拉动效应减弱，支撑全球经贸增长的全球价值链面临收缩和重构风险。根据英国《经济学人》（2019）最新统计，过去10年间，中间品贸易额占GDP比重从19%下降到17%，全球跨国上市公司在上市公司总利润中的占比从33%下降到31%，FDI（国际直接投资）占GDP比重从3.5%下降到1.3%，跨境资本流动占GDP比重从7%下降到1.5%。而新兴经济体也逐步完善本土供应链，以降低对进口中间投入品的依赖。全球贸易强度下滑就是一个信号。以占全球产出的比例衡量，2007年至2017年间，中间品贸易下降了5.1个百分点。

基于对全球价值链的理论与形势的研判，我在2016年出版的《大变革：

全球价值链与下一代贸易治理》一书中就明确指出，愈演愈烈的全球贸易保护主义将对全球价值链产生重大冲击，美国将以"美国优先"为前提重构全球多边贸易规则，并预言中美战略博弈的长期性。事实验证了我的预判，特朗普执政以来，以"美国优先"为首要外交战略原则，摒弃多边贸易协议，通过惩罚性关税加进攻性贸易政策，先后挑起与中国、墨西哥、印度等国及欧盟的贸易冲突，不仅加剧了全球紧张局势，导致关税螺旋式上升，也导致全球价值链遭到严重破坏，其深度和广度远远超出贸易争端的范畴，进一步加剧主要经济体价值链的"脱钩"与重构。贸易变成"武器"，市场变成了"战场"，这将颠覆二战以来世界市场依靠市场配置资源和国际分工而建立的经济一体化和经济整合。

而中国是美国最大的贸易顺差国和所谓"战略竞争对手"，在特朗普实施全面贸易保护政策的背景下，两国贸易紧张局势不断升级，关系发展的不确定性增加，甚至可能演化为大国发展的长期竞争与博弈。两国关系的变化在全球范围内引发全球价值链、产业链体系的分化与重构，深刻地改变着世界格局与秩序，对中国也产生深远影响。

毋庸置疑，中国与世界的深度融合仍有较大空间。过去几十年中，中国参与全球化所获得的红利是有目共睹的，而未来中国在全球化格局中处于何种位置，应该扮演何种角色，不仅将决定中国自身的发展，也势必影响未来全球化的走向。中国作为全球价值链的重要环节，以及全球最大的中间品贸易大国，对全球贸易存在巨大的贸易创造效应，不仅为持续扩大开放提供了重要原动力，也为在更大范围内塑造和引领全球价值链发展奠定了基础。

近年来的中国，研发与技术创新势头迅猛，已经成为全球数字经济和人工智能技术领域的大国。以集成电路和光学设备领域为例，中国进口额高达国内产值的5倍，中国市场为很多高科技企业提供了重要的增长机遇。根据"摩根士丹利资本国际指数"的统计，美国信息技术领域有14%的营收来自中国。世界各经济体之间的开放竞争可以提高效率，但是各经济体之间的密切合作更为重要，中国应将全球价值链合作作为推进新一轮全球化的契机，坚定推动开放型世界经济体系建设，加快实施高质量对外开放战略。

本书是在我研究工作中积累的学术文章与报告的基础上编纂而成的，希望通过全球价值链的逻辑视角清楚地透视中国经济由"大"到"强"的逻辑演变，同时为高度勾连的全球经贸格局与大国博弈提供一个思维框架，相信这将有助于我们深度理解当今世界格局与未来的全球化走向，保持战略定力，并从过往经验中汲取教训，从危机与挑战中把握机遇。

本书中，多年积累形成的理论储备和部分研究成果已通过多种渠道上报高层，也获得了国家部委有关部门与企业的高度关注，并影响高层决策，对此本人深感欣慰。全球价值链是个充满各种挑战的新课题，此书有疏漏和不当之处敬请谅解，希望可以抛砖引玉，继续与大家共勉。同时，也要对在本书撰写过程中参与讨论与研究的对外经济贸易大学中国世界贸易组织研究院周念利教授、对外经济贸易大学国际经济贸易学院副教授余心玎，国家信息中心预测部袁剑琴助理研究员、蔡松峰助理研究员等专家和学者表示感谢，感谢他们的大力支持。此外，也对考拉看看优秀团队的倾情付出表示由衷的感谢！

第一章

世界开启"结构性冲突期"

第一节 全球价值链发展新趋势

20世纪90年代初以来，国际分工格局出现重大转型，国际分工体系日趋细化，产业内贸易和产品内贸易交织并存，全球价值链分工模式已经成为经济全球化与国际分工的主流形态。如果说20世纪80年代之前也存在价值链分工，那么那时的分工格局主要是发达经济体之间的"北—北"模式。而如今的分工格局则是"北—北"模式与"南—北"模式、"南—南"模式并存，即越来越多的发展中国家和新兴经济体逐渐参与到全球价值链分工之中。

在过去30多年中，全球价值链深刻改变了世界的生产、投资和贸易格局，各经济体依赖性日益增强，全球价值链不断深化成为经济全球化的重要推动力。特别是随着以跨国公司为主体的全球生产网络的形成，产品内分工制造的生产组织模式大大推动了全球生产协作网络的深度整合，并沿着产业间分工—产业内水平分工—产业内垂直分工—产品内垂直分工的内在轨迹演变。

但另一方面，全球价值链的新变化也导致全球化正在经历深刻变革。全球价值链影响不同国家间利益分配格局。全球价值链的深度分工使得包括发达工业化国家、新兴工业化经济体、新兴经济体和发展中国家在内的不同经济发展水平的经济体融入跨境劳动分工体系，参与分配全球化红利的主体逐步增多，并在一定程度上改变着国家间利益分配的格局，进而影响到不同国家的经济发展状况。

2008年国际金融危机以来，由于全球市场需求极度低迷，模块化产业布局基本完成，跨国公司回归本土的趋势导致发达国家投资资金回流，全球投资和贸易规则重组，全球经济"碎片化"使传统全球价值链产生割裂，全球生产缺口持续扩大，对经济全球化拉动效应减弱。全球价值链呈现出以下新趋势及特点。

全球价值链面临"收缩风险"

世界贸易组织（WTO）统计数据显示，全球货物贸易增速（按总出口计算）已连续数年下滑，1990—2007年，全球贸易额年增速比实际GDP的年增速平均高出2.1倍，但从2011年以来，贸易额增速只是GDP增速的1.1倍。自2013年起连续4年低于3%。2015年的全球贸易出现了降幅达13.6%的负增长，其严重程度仅次于2009年的全球金融危机；2016年贸易增速虽有反弹，但仍为负增长；2017年首次出现3.8%的恢复性增长，为2011年以来最快增速；2018年保持3.0%增速，但继续低于3.6%的全球经济增速。

世界贸易放缓的一个重要因素是全球价值链的变化。在1990—2008年的垂直专业化贸易的快速扩张后，支撑世界贸易增长的全球价值链开始收缩，原有的以"消费国—生产国—资源国"为核心链条的全球贸易大循环变得不可持续。美欧等发达国家高负债导致的杠杆收缩，以及工业部门的"重返制造业"导致消费驱动的国家增长结构出现重大变化。从全球层面看，全球主要经济体处于劳动人口周期变化的拐点。从长期因素来看，2008—2014年这一时期叠加了美系国家（美、英、澳、加）和中国这两个全球最大经济体的劳动人口周期拐点。以15~64岁劳动年龄人口比重来衡量，美系国家和中国在2006—2009年大都经历了劳动年龄人口周期峰值，而欧元区国家（德、法、意等）和日本人口周期早已见顶。劳动力成本将逐步反映到企业的真实成本层面，从而导致企业储蓄额下降，而且中国的制造业结构调整速度未来将逐步加快，出口企业制造顺差的能力有所下降。

新兴经济体加速嵌入全球价值链

2008年以来，虽然跨境贸易绝对值仍在增长，但在全球商品产出中的占比不断下降。麦肯锡报告显示，2007—2017年，商品货物总额在全球价值链总产出中的占比从28.1%降至22.5%。在最复杂、贸易属性最强的价值链中，贸易强度的下滑尤其明显。分行业角度看，全球价值链（尤其是汽车制造以及计算机和电子行业）的区域集中度越来越高，其中以亚欧地区最为明显。企业越来越倾向于在邻近消费市场的地方开展生产。究其原因，几大因素可以解释价值链趋势变化：

一是过去10多年间，新兴市场的全球消费占比增长近50%。在中国和其他发展中国家当中，本国商品的国内消费占比上升，而出口占比下降。

二是新兴经济体正在纷纷完善本土供应链，以降低对进口中间投入品的依赖。全球贸易强度下滑就是一个信号。以占全球产出的比例衡量，2007年至2017年间，中间品贸易下降了5.1个百分点。下降主要是由于中国的"自产自销"。事实上，参与这一价值链的其他国家之间的中间品贸易略有增加。由于中国国内成熟的中间品生产支持其制造部门的出口，中国迅速向价值链的中高端升级，中国对全球价值链的依赖程度降低，导致亚洲其他国家，如日本和韩国，参与全球价值链的程度也在下降。贸易强度的削弱反映了新兴经济体工业成熟度的提升。

三是新兴市场对于资本品的需求不断上升。二战之后的几十年间，全球外部需求主要来自发达经济体，如今随着新兴市场规模的扩大以及生产网络的演变，价值链正在重新配置。麦肯锡估计，到2025年，新兴市场将消耗全球近2/3的制成品，其中包括汽车、建筑产品和机械等产品。近年来，中国对高质量产品与服务的消费能力增长迅速，正逐渐从制造大国向消费大国转变。世界各主要发达经济体的跨国公司开始重视我国的消费能力，将我国定位为主要消费市场。英国《金融时报》文章显示，2007年至2017年的10年中，中国对经济合作与发展组织（OECD）发达经济体俱乐部以外国家的出口份额从43%上升到了48%。可以说，中国正在经历供应链转出以及需求链国内外竞争加剧的时期。

四是新一轮科技革命正在重塑全球价值链。尽管全球货物贸易增速出现较大幅度放缓，但在以信息技术、人工智能、云计算、5G等为代表的新的社会基础设施和技术变革带动下，数字贸易、服务贸易实现了快速发展。

价值链全球化属性减弱

世界银行、世界贸易组织、经济合作与发展组织等联合出版的《全球价值链发展报告（2017）》曾指出，当前全球有三大生产中心深度参与全球价值链、产业链，分别是北美、亚洲以及欧洲。美国、德国、中国分别是这三大核心区域里的分工主导性国家，其他经济体则是围绕着这三大核心国家进行分工布局的。这三大区域之间也有着较为清晰的分工，以美国为主导的北美分工和贸易区主要是创新引领，以德国为主导的欧洲分工和贸易区以及以中国为主导的东亚分工和贸易区则主要是以制造见长。

1995年，大部分亚洲国家和地区以日本为最大贸易伙伴（随后由中国取代），大部分欧洲国家以德国为最大贸易伙伴，北美、南美的几大贸易国则以美国为最大贸易伙伴。随着以中国为代表的亚洲新兴经济体的快速崛起，以及价值链、产业链不断升级，亚太价值链也成为全球贸易循环中更加重要的价值链，其中中国作为全球最大的中间品贸易大国，在全球价值链和贸易循环中发挥了枢纽和节点作用。

从技术结构看,从发达国家到发展中国家,过去40多年里"低、中、高"这3类技术产业均发生了相对变化。2012年,全球中低技术产业一半以上的增加值来自发展中国家,即使在高技术产业,发展中国家也占全球增加值的近一半。亚洲在技术结构方面发生了最显著的变化。在这40多年里,亚洲高技术产业比重上升了10个百分点,同时低技术产业比重下降了10个百分点。因此,亚洲相对于其他发展中地区价值链升级效果更加明显,随之而来的不仅是制造业在经济中所占的比重上升,亚洲制造业整体增速明显快于全球制造业增速,而且制造业实现了技术升级(见图1-1)。从产品结构看,在亚洲内部中间产品贸易中,电子机械类中间产品贸易增长尤为明显。

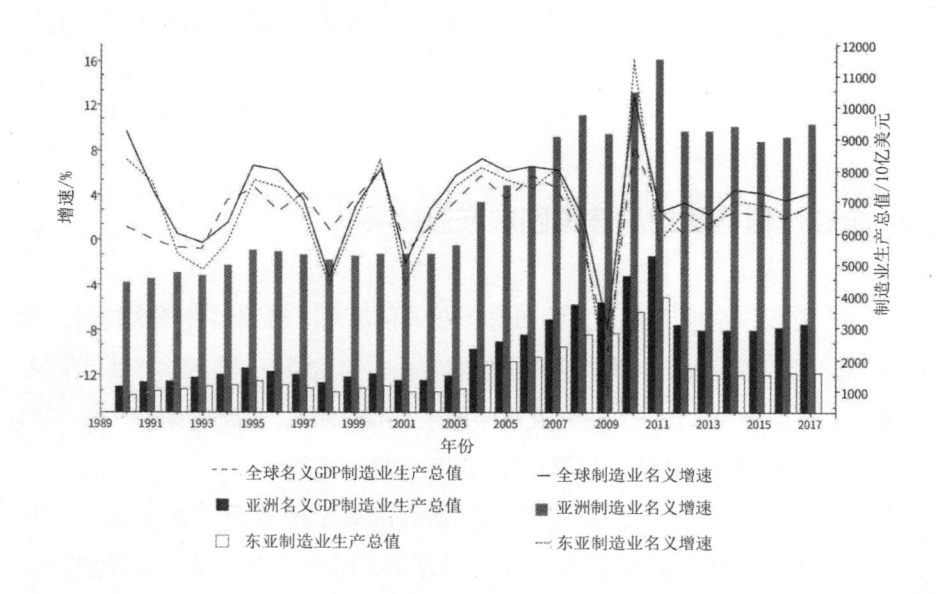

图 1-1 亚洲制造业整体增速明显快于全球制造业增速
数据来源:Wind 资讯

强化供应链弹性成为发展新要求

2008年国际金融危机以来,伴随着全球需求的萎缩,以及新科技革命带来的物流成本下降等因素,全球价值链重构有以下明显特征:产品不同生产环节的收缩与地理迁移和全球价值链模式的调整。具体表现为,跨国公司在布局全球价值链时,从原有的以母国市场为中心的"中心—外围"式离岸生产为主,逐渐转为以贴近母国市场或者消费市场的近岸生产为主。生产不再遵循成本最低原则或者贴近原材料产地原则,而是出现了两种趋势:第一种趋势是将生产与装配放在离母国市场较近的地点,以图缩短供应链,加大对生产的控制力度,减少外部冲击的影响力;第二种趋势则是将生产与服务更贴近客户,跨国企业能够通过更敏捷的供应速度与更强的定制能力响应客户需求,强化价值链和供应链的弹性。

全球价值链重构加速第四次产业转移

这一阶段,全球正在经历第四次产业转移浪潮。对比过去几次转移,我们可以发现,前几次的产业转移都是单向转移,发达经济体把整体产业链或者产业链中的低附加值部分转移给发展中地区。而第四次国际产业转移发生了明显转变,最大的特点就是:产业转移呈现双向转移趋势。

方向一:东南亚与南亚地区成为劳动密集型产业重点转入地。国际直接投资是接收国际产业转移的最主要方式。根据联合国贸易和发展会议(UNCTAD)公布的《世界投资报告》,2018年亚洲地区吸引的外商直接投资占据第一。作为全球外资流入最多的地区,绿地投资项目的金额翻了一番。在亚洲地区中,东亚依旧是吸收外资最多的地区,但随着中美贸易摩擦加速产业转移,中国、日本、韩国也逐渐加强了对东南亚等地区的投资力度。

方向二：发达国家实施"再工业化"战略，高端制造业未来将呈现回归趋势。发达经济体"再工业化"进程加速。金融危机后，发达国家就不断推出"再工业化"战略，如美国的"先进制造业计划"、日本的"制造业白皮书"、英国的"工业2050战略"、德国的"工业4.0"。而近几年，随着特朗普"美国优先"战略的全面转向而推出的税改法案、进攻性贸易政策，德国"工业2030战略"等，发达经济体"再工业化"进程大大加速。因此，全球第四次产业转移更多地体现为劳动密集型、技术密集型和资本密集型产业转移交错融合，低端与高端并存的发展新阶段。

与全球第四次产业转移相对应的是以跨国公司为主导的全球价值链分工体系显现回溯趋势。20世纪以来，跨国公司在全球对增值链进行成本最低化的配置推动了经济全球化和全球价值链的深入发展，并进一步成为全球价值链的主导者。经济合作与发展组织的一项统计研究显示，跨国公司等外资在全球的出口和产出中占了相当比例，这些比重从2000年到2014年基本呈现出持续增长态势。2014年，跨国公司等外资在全球产出中占12%左右，增加值占10%左右，在出口结构中已超过30%。然而，随着西方跨国公司生产外包产业外移带来的就业机会减少、贫富分化问题的加重，跨国公司全球化利益与国家宏观利益出现分化，而这也是特朗普政府上台贸易政策变化的一个基础性因素。特朗普政府通过大规模减税、属地税收制度与一次性优惠政策，并配合进攻性的贸易政策、高科技政策、移民限制政策等，以期提升美国在国际竞争中的比较优势，引导全球产业、资本回流美国，短期内达到提高美国经济增速和国内就业水平的政策目的，中长期则实现美国全方位把控全球产业链和国际分工格局，重塑美国国际竞争力的目标。未来，美国跨国公司回溯趋势将会进一步显现。

技术资本、知识产权等无形资产比重提升

近年来,无形资产对全球价值链的贡献越来越大。在所有价值链中,研发和无形资产(例如品牌、软件和知识产权)领域的资本化支出在营收中的占比与日俱增。整体而言,2000—2016年间无形资产在全球总营收中的占比从5.4%增加到了13.1%,这一趋势在全球创新价值链中的表现最为突出。机械和设备制造企业36%的营收都投入研发和无形资产,而医药和医疗设备企业的平均投入比例更高达80%。随着知识和无形资产越来越受到重视,那些拥有大量高技能劳动力、具备强大的创新研发能力、知识产权保护到位的国家将获益良多。这也使得发达国家更加注重保护知识产权的竞争战略。

2017年9月29日,欧盟委员会联合研究中心(European Commission's Joint Research Centre)和经济合作与发展组织联合发布《数字经济中的工业产权战略》(*World Top R & D Investors: Industrial Property Strategies in the Digital Economy*)报告,提出了对世界研发投入领先机构的创新产出相关的新见解,通过分析全部的工业产权(IP)(包括专利、品牌、设计、国际化标识等),评估其创新、创意和品牌战略,以及对数字化转型的贡献和技术发展。纵观全世界通过市场将知识产权变现的实践,在工业标准领域,大约90%的收入来源是通过标准必要专利来实现的。例如,高通、微软、诺基亚、爱立信,这些公司都通过将国际主流技术标准的必要专利许可给其他企业而得到收益。当前随着数字化转型和全连接时代的到来,各种新材料、新技术快速发展,新一轮的技术浪潮正在席卷全球,如5G、人工智能、大数据、云计算、物联网、新材料、网络安全等,国际公司也正在对这些新领域的知识产权进行全球布局,国家间竞争呈现白热化。美国经济分析局(BEA)2018年10月发布的数据显示,2017年,美国服务出口797.7亿美元,美国服务进口542.5亿美元,顺差为255.2亿美元。2016年(可获得统计数据的最近一年),通过美国跨国公司的外国子公司向外国市场提供的服务为1456.3亿美元,通过外国

跨国公司的美国附属公司向美国市场提供的服务为9951亿美元,特别是包括计算机与信息服务等信息和通信技术(ICT)新兴服务在内的其他服务在出口中占比持续提高(见表1-1)。

表1-1 美国贸易统计中的ICT服务贸易核算及其构成

项目	2015年	2016年	2017年
ICT服务出口额/亿美元	661	681	709
ICT服务进口额/亿美元	410	426	474
ICT服务顺差额/亿美元	251	255	235
ICT服务指数产权出口额/亿美元	4011	4100	4391
ICT服务指数产权进口额/亿美元	2387	2499	2666
A:ICT潜在权益收入/亿美元	1624	1601	1725
B:服务贸易/亿美元	2633	2491	2552
ICT权益收入在服务贸易中的比重	61.7%	64.3%	67.6%

数据来源:美国经济分析局

保护主义对全球价值链的破坏

在经过长期由全球化和全球贸易推动的经济增长之后,各国政府在经济困难时期越来越多地寻求保护本土产业,全球贸易投资保护主义趋势增强。全球贸易预警组织(Global Trade Alert)2019年最新统计数据显示,2008年11月以来,全球实施贸易保护措施(包括反倾销条例,原产地规则,进口配额制,出口配额制,进口许可证制,进口押金制,外汇管制,最低限价制和更严格的技术、卫生、检验标准等多种形式)数量激增,达到13780项。全球主要经济体贸易保护主义也趋于上升,全球贸易面临的政策环境出现不利变化,保持全球价值链稳定增长难度较大。特别是全球多边贸易规则框架停滞不前,全球贸易投资规则谈判的平台从WTO多边贸易体系转向区域性的区域贸易协定（Regional Trade Agreement，RTA）。截至2019年6月，总有效区域贸易协定数量达474个，其中双边自由贸易协定（Free Trade Agreement，FTA）性质的257个。两国或多国交叉连接，各种条款规则又不尽一致。这种"意大利面碗"[①]现象增加了商品跨国流通的复杂性。更严重的是，区域贸易协定的发展导致"竞争性区域集团"形成，不仅导致贸易转移效应，也割裂了全球价值链的分工与合作。

第二节 中国在全球价值链中的作用举足轻重

中国作为参与全球价值链与产业链分工程度最深、范围最广、影响最大的国家，在全球产业分工格局中发挥着举足轻重的作用。如何理性研判中国在全球价值链和产业链分工中的地位，剖析中国参与全球价值链模式及其主要特征，对于抵御逆全球化风潮、保护主义，特别是中美贸易摩擦对中国经济发展模式的影响，规避外部冲击，实现中国由"经济大国""贸易大国""制造大国"向"经济强国""贸易强国""制造强国"的转变尤为重要。

[①] 指在双边自由贸易协定和区域贸易协定，统称特惠贸易协定下，各个协定不同的优惠待遇和原产地规则就像碗里的意大利面条，一根根地绞在一起，剪不断，理还乱。这种贸易现象被专家称为"意大利面碗"现象或效应。

中国是全球价值链发展的最大受益者

2018年,中国出口占全球的总份额达到12.77%,连续10年位居世界第一。全球20%的商品来自中国(1995年只有4%),在纺织和服装、电力机械以及玻璃、水泥和陶瓷等行业,全球近一半的产量来自中国。

30多年来中国出口持续扩张,1996年中国出口总规模仅为1510亿美元,2018年已经达到2.49万亿美元。2018年中国经济总量达到90万亿元,折合成美元为13.6万亿美元,占全球GDP的1/6,对世界经济的贡献接近30%(见表1-2)。经济的稳定高速增长,使中国在全球几乎所有生产价值链中都占据了一席之地。

表1-2 30多年来中国经济保持稳定高速增长

单位:%

指标	1980—1989年	2000—2009年	2010年	2011年	2012年	2013年	2014年	2017年	2018年
中国经济增长率	9.75	10.29	10.45	9.30	7.65	7.67	7.40	6.90	6.60
占世界经济比重	2.29	5.34	9.24	10.27	11.50	12.49	13.82	16.34	16.67
对世界经济增长的贡献率	5.13	20.15	18.07	24.66	26.09	28.58	27.80	34.10	29.6

数据来源:根据UNCTAD数据库计算

全球价值链分工是中国对外开放战略以及深入融入全球化,实现快速工业化的关键路径。从20世纪50年代开始到80年代,全球共经历了三次产业转移,第一次转移是从美国向日本及西欧国家转移,第二次转移是从美国与日本向"亚洲四小龙"及拉美国家转移,这两次的产业转移都是低附加值、低技术含量产业的整体转移;而第三次产业转移则开辟了一种新模式——"链式转移",主要表现是产业链中不同环节的分别转移,各个国家根据自身优势承接全球产业链中的不同环节。而中国正是在第三次产业转移中成了最大的产业转入国，并以加工贸易方式和垂直专业化分工融入全球价值链、产业链体系（见图1-2）。

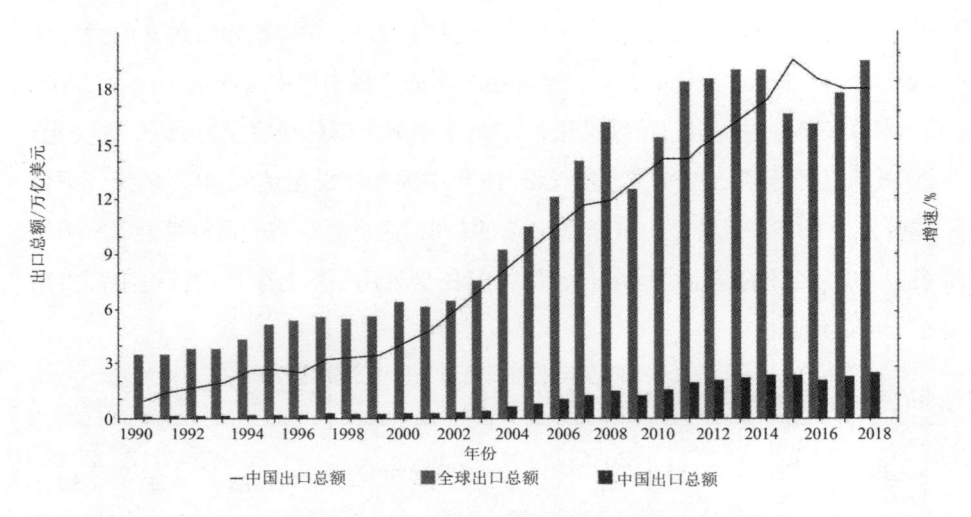

图1-2 全球价值链分工驱动中国对外贸易长期保持高速增长
数据来源：中国海关总署

改革开放40多年以来，中国加工贸易一直处于较明显的优势地位，加工贸易催生了亚洲区域的"三角贸易"，这使得中国可以在较短时间内发展成为规模与深度兼具的全球制造基地。而且在中国组装的产品均运用到复杂的技术和优质的半成品，这使中国接触到了国内市场不具备的一流技术。加工贸易不仅促进了中国以出口为导向的经济增长，同时还取得了质量的进步。也正是得益于以全球价值链为主导的新型国际分工模式，中国可以在较短时间内发展成为规模与深度兼具的制造基地，在制造业的大多数部门和生产环节都具有较强的生产能力，特别是在电子、汽车、机械等以产品内分工为主的部门，形成了较为完整的产业链和产业集群，吸引了越来越多的国际产业转移至国内。然而，2008年国际金融危机后加工贸易占比却呈下降趋势，而一般贸易则在波动中总体表现为上升趋势,增长速度超过加工贸易,两者之间的差距不断缩小,2009年一般贸易实现反超,此后一般贸易成为对外贸易结构的主要方式(见图1-3)。

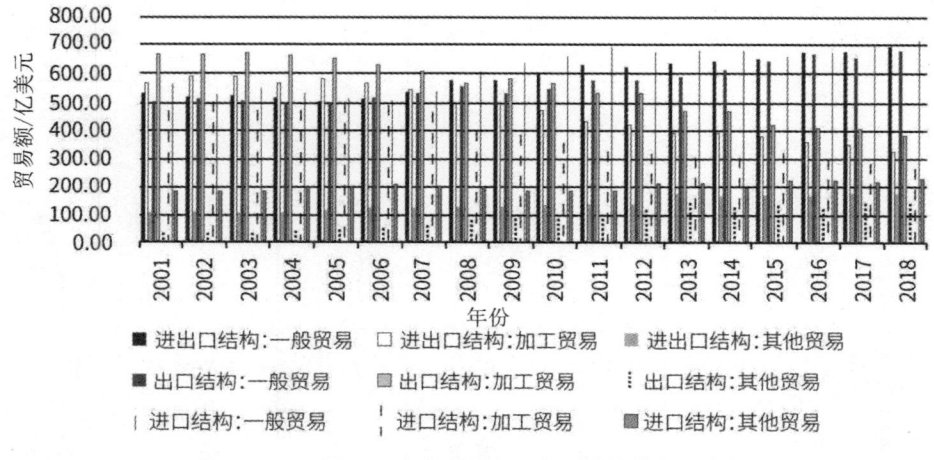

图1-3 "入世"以来中国进出口贸易结构的变化情况
数据来源:中国海关总署

笔者按照《标准国际贸易分类》(SITC)[①],并以在出口贸易中是由生产还是消费驱动为划分依据,分为生产者驱动网络中的出口和消费者驱动网络中的出口,计算结果如表1-3所示。在两个国际贸易标准分类编码的层面上,中国绝大部分产品的全球出口份额在这一时期持续上升。在由生产者驱动的出口中,自动数据处理设备(SITC75)、电信和录音设备(SITC76)展示了较快的全球价值链增速以及较快的全球市场渗透率。在由生产者驱动的生产网络中,无论是配件还是组装产品,中国在世界市场中的份额都得到了提升,这反映了中国在全球生产网络中的牢固地位。

---

① 《标准国际贸易分类》把国际贸易货物分为10类,其中SITC0~SITC4属于初级产品,其他分类为制成品。制成品中SITC5、SITC7属于资本密集型产品,SITC6、SITC8属于劳动密集型产品。

表 1-3 中国在全球网络贸易中的出口商品组成

单位：%

产品	零部件产品 2000—2001年	零部件产品 2016—2017年	最后组装产品 2000—2001年	最后组装产品 2016—2017年	全部全球网络产品 2000—2001年	全部全球网络产品 2016—2017年
(a) 生产者驱动网络中的出口	5.85	18.8	13.65	17.2	3.7	12.5
化学品（5）	1.8	13.1	—	—	1.8	12.9
发电机（71）	2.25	9.9	6.0	9.2	1.15	5.8
特种工业机器（72）	2.0	9.6	6.0	10.7	1.6	8.2
金属加工机器（73）	2.4	9.2	6.15	8.1	1.75	7.5
一般工业机械（74）	3.8	13.4	10.8	16.3	2.8	10.8
自动数据处理设备（75）	11.1	29.9	39.8	71.3	7.7	51.8
电信和录音设备（76）	12.5	46.3	37.3	35.4	8.3	38.1
电力机械（77）	5.0	19.2	18.8	30.6	3.35	13.9
公路车辆（78）	2.1	8.6	5.35	3.7	1.6	8.5
其他运输设备（79）	1.2	3.9	4.3	11.1	1.4	2.5
专业和科学仪器（87）	2.3	11.5	11.1	16.1	3.9	14.3
摄影设备（88）	9.5	19.5	13.8	13.3	5.5	12.9

续表

产品	零部件产品 2000—2001年	零部件产品 2016—2017年	最后组装产品 2000—2001年	最后组装产品 2016—2017年	全部全球网络产品 2000—2001年	全部全球网络产品 2016—2017年
（b）消费者驱动网络中的出口	12.9	32.1	33.8	46.2	19.7	40.6
纺织品（656-657）	13.6	34.5	17.3	—	13.6	35.8
服装与服饰（84）	—	—	—	48.1	30.9	50.2
鞋类（85）	8.7	20.6	23.6	41.6	20.9	40.5
旅游用品（83）	0	0	16.5	41.8	23.7	42.6

注：括号中阿拉伯数字显示的是《标准国际贸易分类》中的商品编码。"—"为零或可以忽略不计。

资料来源：联合国商品贸易统计数据库

中国是全球价值链分工的"节点"和"枢纽"

中间品有三种类型的直接流向：一是流向国外的生产类部门，二是流向国内的生产类部门，三是流向国内和国外的消费类部门。如果一国或一地区的出口越来越多地依赖于中间品进口，或者说出口产品中隐含越来越多的区外增加值，说明其参与国际分工的程度在不断加深。

在全球产业链的形成与新兴发展进程中，中国在劳动力资源、成本以及基础硬件设施等方面占据着比较优势，从而逐步确立了中国在全球中间品贸易中的核心地位。

近年来，中间品贸易占对外贸易的比重随着中国参与全球价值链的深度与广度加大而大幅上升。其主要表现是中间品货物贸易量的年均增速明显高于消费品和资本品。中国中间品贸易表现在三个方面：一是使用本国廉价资源和劳动力禀赋，生产层次较低的中间投入品再输往国外；二是从国外进口中间投入品，利用本国的劳动力禀赋对其进行加工和组装的垂直分工模式；三是通过使用高精尖的进口半成品、零部件以及资本品对工业生产和出口进行转型升级。

中间品贸易对中国贸易出口结构产生较大影响。主要表现在：一是中间品进口对最终资本品出口的作用效果大于其对最终消费品出口的作用效果，即中间品进口对最终资本品出口作用更为显著。中间品贸易是基于国际分工、全球化生产、国际直接投资与生产要素重新配置的产物。对于高新技术的零配件和半成品，中国企业更倾向于进口，从而生产高技术的资本品出口。而非高技术含量的零配件和半成品，中国企业倾向于利用中国廉价的劳动力优势在中国生产。

二是对最终资本品出口的影响中，半成品进口和零配件进口对最终资本品出口起着较为显著的促进作用，而初级品进口对最终资本品出口影响并不显著。这是由于进口的半成品和零配件多用于外资企业最终资本品的生产，因此对中国最终资本品的出口呈现积极推动作用。近年来，中国大量进口技术含量比较高的零配件和半成品，在中国组装成机器设备等资本品后用于出口，因此中国中高技术最终资本品出口迅速增长。

联合国商品贸易统计数据库（United Nations Comtrade Database）统计数据显示，自2005年开始，中间产品贸易在贸易总量中占据重要地位。中国主要从韩国、东盟、欧盟、日本进口大量的零部件产品，然后将最终品主要出口到美国、欧盟等地。中国零部件进口主要分布相对更为集中，主要集中在排名前3位的经济体，例如70%以上的电子集成电路从韩国、马来西亚等地进口；同样零部件出口的主要分布地区也与最终产品基本相同。但中国中间品出口地更为集中，主要集中在排名前3位的经济体，例如约70%的电信设备、零件出口到美国和欧盟等地。中国已经成为全球中间品贸易的中心和全球价值链分工的"枢纽"。

通过对中间品进一步的分析，笔者也发现中国中间品进口规模巨大，且中间品进口对中国制成品出口有显著的促进作用。中间品差异对产业分工和技术升级有显著影响。在中间品构成中，零部件产品的技术含量一般要高于半成品。机械、电子等行业的精密零部件更是现代制造业中的尖端领域，其核心技术大多由发达国家掌控，零部件进口所产生的技术投入和技术溢出的效应更强，进而出口对整个价值链的提升作用也非常明显。而半成品作为技术含量相对较低的投入品，在食品加工、纺织行业中，主要是用于低端的最终消费品，进口的过快增长极有可能被锁定在产品内分工的低端，不利于生产率的提高。

中国对新兴经济体价值链的影响力进一步增强

随着中国步入中等收入国家阵营，劳动力、土地等低技术水平要素成本呈现不断上升态势，这使得中国在低技术制成品生产上的比较优势正经历来自东南亚、南亚、拉美等其他发展中国家/地区的竞争冲击。笔者根据《标准国际贸易分类》计算，中国向发达国家出口的全球生产网络产品份额显著下降，从2000—2001年的69.7%下降到2016—2017年的50.2%。对日本的出口降幅最大，在此期间从17.8%下降到了8.1%。除日本以外的发达国家，在中国全球生产网络产品出口总额中的比重为42.8%，相比而言，2000—2001年这一份额为51.9%，如表1-4所示。中国在大多数发展中国家/地区的市场份额显著上升，特别是非洲、拉丁美洲、加勒比海地区和西亚（中东）地区的出口产品渗透程度上升幅度更大。在东南亚等亚洲区域，中国进口配件总额相对于加工产品出口总额比例显著下降。

表 1-4 中国[①] 全球网络出口目的国家/地区组成

单位：%

国家/地区	零部件产品 2000—2001年	零部件产品 2016—2017年	最后组装产品 2000—2001年	最后组装产品 2016—2017年	全部全球网络产品 2000—2001年	全部全球网络产品 2016—2017年
日本	19.4	9.4	15.3	7.1	17.8	8.1
韩国	4.5	7.1	2.8	4.8	3.8	5.7
中国台湾	5.9	2.7	3.9	2.6	5.0	2.6
东南亚	11.5	11.5	8.6	12.5	10.1	11.9
南亚	2.4	5.0	2.6	4.2	2.5	4.6
印度	0.4	3.1	0.5	2.4	0.5	9.8
西亚	1.8	4.3	2.5	5.0	2.1	0.7
中亚	0.1	0.6	0.1	0.8	0.1	36.1
大洋洲	1.1	1.6	1.7	2.5	1.4	2.1
澳大利亚	1.0	1.5	1.5	2.0	1.2	1.8
北美自由贸易区	28.8	27.0	31.7	25.3	29.6	24.1
美国	27.1	23.4	29.7	22.2	27.7	22.7
加拿大	1.1	1.4	1.3	1.3	1.2	1.4
欧盟（EU）	21.1	18.9	21.4	19.9	21.1	19.5
非欧盟西欧地区	0.4	2.1	0.4	2.3	0.3	2.2
俄罗斯	0.1	2.1	0.4	2.3	0.3	2.2
非洲	1.6	3.5	3.2	4.6	2.3	4.1
拉丁美洲和加勒比海地区	2.3	6.9	4.4	7.9	3.3	8.5
全部	100	100	100	100	100	100

资料来源：联合国商品贸易统计数据库

中国向全球价值链、产业链高端加速攀升

在全球价值分工模式下，全球制造业之争由过去的"轻重之争"转向"高低之争"。尽管中国的本土技术在生产劳动密集型产业上颇具竞争力，但在高技术产业的生产方面仍受技术限制，严重依赖进口的原料和半成品。近年来，中国产业结构不断升级，经济发展由数量型增长转向质量型增长。中国向

[①] 指关境。

全球价值链和产业链上游攀升主要是在资本品（用于制造其他商品的商品）和零部件领域，这也改变了中国与发达国家之间的贸易关系。

根据世界银行发布的数据，2007年至2017年这10年中，中国在全球资本品市场的份额从大约5%上升到20%以上。从贸易结构和商品结构看，中国出口美国的商品中，电信和运输设备以及汽车零部件所占比例增长，而纺织品和鞋类所占比例缩减。在中端高科技产业，中国现在占主导地位，其全球份额在2007—2017年间几乎增长了两倍，达到32%，在2009年超过了美国，2012年又超过了欧盟。中国装备制造业正在引领出口结构从一般消费品向资本品升级。2015年以来，中国外贸出口当中机电产品已经占了"半壁江山"，大型单机和成套设备出口成为亮点。除了高铁和核电外，中国制造在其他领域的出口也表现出了较强的竞争优势，铁路、船舶、航空航天和其他运输设备制造业出口增长保持了较高水平。2018年中国高科技产品进出口总额约为对外贸易总额的30.7%，出口商品里工业品占比超过90%，而出口的高科技产品占比也超过了30%。

新一轮技术革命为中国价值链升级提供了重要机遇。

新技术革命，将给中国带来利用新技术"变轨"实现跨越的新机遇；产业分工格局重塑，中国有可能利用全球价值链重构的机会，实现产业结构的跃升。比如，在新一轮技术革命中，中国凭借快速的技术学习和能力积累，充分利用多层次国内大市场、不断增强的创新能力及市场环境，通过将新兴技术运用到传统产业领域，推动新兴技术与传统产业融合，不断提升中国在传统产业国际分工中的地位。特别是在数字经济领域，中国已经成为全球数字技术投资大国。中国对某些关键数字技术的风投规模位居世界前三，包括5G、人工智能、虚拟现实、自动驾驶汽车、机器人、无人机等。随着数字全球化进程加速，中国正在通过并购、投资、新商业模式输出及技术合作等方式，逐步成长为引领全球数字化发展、改变数字化格局的重要力量。

国际经验表明，单靠融入价值链模式，中国难以实现向价值链高端升级，要依靠大规模创新投入才能加快中国价值链向上攀升，因此以美国为代表的发达国家对中国制造业实施技术控制和高科技出口管制。特别是在跨国公司主导的国际分工体系中，提供技术的跨国公司往往会把关键的技术提前"解构"，通过有计划地打散完整技术，让引进技术的企业只能生产一个环节，而无法掌握完整技术。

　　从宏观层面看，中国价值链高端要素创造的贡献（增加值）不断提升，这种提升不仅包括要素技术含量的提高，也蕴含着创新驱动的加强，创新投入也成为加速中国价值链和产业升级的重要动力。美国国家科学基金会（National Science Foundation）发布的《2018科学与工程指标》（2018 Science &Engineering Indicators）数据显示：随着企业持续投资研发设施并增加与学术界的合作，中国工业有望向新兴和复杂的技术方向发展。近10多年来，中国研发投入、科技产出和技术能力的快速增长是改变亚洲乃至全球创新格局的决定性因素。去除中国因素后，无论在研发投入还是技术产出方面，新兴经济体对全球创新格局变化的贡献都大幅减少。2018年，经济合作与发展组织预测，中国研发支出将在2019年前后超过欧盟和美国，跃居世界首位。诚然，中国经济还存在制约创新的诸多障碍，但技术能力及其国际影响力已不容忽视。中国创新能力的持续提升不仅影响着自身发展，也将对全球创新活动的分布、强度和方式等产生举足轻重的影响。

第三节 中美贸易摩擦冲击全球价值链

大国博弈刚刚开始，一波高于一波，这些都冲击着现有的全球分工，势必分化和重构全球价值链和产业链，并加速全球价值链向区域价值链进一步转变。特朗普政府发动全球贸易摩擦，直击全球两类产业：一是汽车，二是半导体。这两类产品是国际贸易单品金额最高的两类产品，也是跨国公司最为集中、全球价值链发展最充分、国别链条最长的两类产品。

WTO统计数据显示，2017年全球货物贸易出口总额17.44万亿美元，汽车占9%，约为1.57万亿美元。2017年全球集成电路进出口总额约为9600亿美元，约占全球货物贸易的5.3%；集成电路出口总额约为8088亿美元，约占全球货物贸易出口额的4.0%。正是通过这两大产业链，美国在全球范围内"挥舞关税大棒"。

2018年5月，美国宣布对进口汽车及零部件发起"232调查"，以确定它们对美国国家安全的影响。主战线有两条：一是美国、加拿大、墨西哥三国的《北美自由贸易协议》（NAFTA）谈判，美国要求提高"北美自由贸易协议"汽车区域价值含量门槛，要求墨西哥提高工人最低工资。二是美欧之间的谈判。2017年，美国汽车及零部件进口总额3348亿美元，第一大进口来源是北美自由贸易协议区（1583亿美元），第二大进口来源是欧盟（612亿美元）。美国对这两个地区的出口分别是：对北美自由贸易协议区出口916亿美元，对欧盟出口163亿美元。

如果说汽车产业全球价值链的主要活动是在北美自由贸易区和美欧地区，那么中国则在半导体产业全球价值链中有着举足轻重的地位。中国是半导体产品全球最大的消费市场（市场规模占全球32%），是美国企业的主要出口和销售市场（出口额59亿美元，实现销售664亿美元），并逐渐开始在全球半导体设计、代工生产和测试封装等领域占据一席之地。

中国全球价值链、产业链的现状与挑战

中美贸易摩擦中,受影响最深的当属半导体行业及其相关价值链、产业链。半导体产业是全球价值链分工最细、产业链最长、合作最深,以及创新最为活跃的领域。以5G、汽车电子、物联网、人工智能、高性能运算、数据中心、工业机器人、智能穿戴等为驱动因素的新一轮硅含量提升周期的到来,给半导体产业带来新机遇,但也是美国加紧对华封锁、遏制的重要原因。

一是中国半导体产业增长迅速,但相比全球体量依然较小。全球产业链分工细化大幅度降低了半导体行业进入壁垒。中国作为半导体产业的追赶者,选择了先突破垂直分工模式中壁垒相对较低的设计和封装测试环节,再带动制造环节和集成器件制造(integrated device manufacture,IDM)的发展模式。

过去10年,伴随着全球半导体产业转移(从韩国、中国台湾向中国大陆的转移),中国已经成为全球最大的半导体消费市场。根据IC Insight统计数据,2018年全球半导体市场规模约为4373亿美元,中国半导体市场规模约为1220亿美元,且中国半导体行业增速为全球半导体行业增速的3.3倍。

中国半导体行业虽快速成长,但2018年中国集成电路设计行业销售额为2519亿元,仅占全球半导体销售额8%左右。中国半导体行业正以两位数的增长率蓬勃发展。2016年,国际半导体产业协会(SEMI)预估,2017—2020年间,全球将投产晶圆厂62座,其中26座位于中国大陆,占全球总数的42%。晶圆代工方面,中芯国际、华虹集团销售规模已进入全球前10,但总体而言,体量依然较小。

二是中国对美国半导体产业链依赖程度过高,核心领域受制于人。目前,中国从美国进口的集成电路芯片价值超过2000亿美元,半导体价值链上任何

环节的波动都会影响整个产业。就中美双边贸易而言，美国对华半导体常年保持顺差，2017年顺差20亿美元。美国自华进口的半导体主要为美国企业生产的半导体在华组装测试封装后返销美国，主要的增加值（60%）仍来自美国，其余来自欧、日、韩和中国台湾，组装测试封装阶段的增加值只有10%。

美国对自华进口半导体征税，实际上是对美国本土半导体制造企业以及日、韩和中国台湾半导体制造企业征税。美国前十大半导体企业对华收入均占其总收入的50%以上。这看似是美国半导体产业对中国市场的依赖，但也反映了中国对美国高科技的依赖程度过高。尽管近年来中国半导体厂商的竞争力得到显著提升，但关键零部件仍需大量从西方国家进口，自给率不足20%。

以华为为例，作为全球领导品牌，其供应链遍布全球。2018年华为支付给供应商现金总额6222亿元，其中芯片的采购金额接近1500亿元，占全球销量的4.4%，是世界上最大的芯片需求方之一。同时，华为经过多年持续研发投入，全资子公司海思半导体公司已开发200种具有自主知识产权的芯片，并申请了5000项专利。然而，如CPU（中央处理器）、DSP（数字信号处理器）、FPGA（现场可编程门阵列芯片）、存储器、模拟、功率等高端通用芯片仍被国外垄断，中国产品的市场占有率几乎为零，关键装备、材料基本依赖进口，特别是在高端芯片和元器件领域，与国外技术仍相距甚大、难以突破。

从下游代工来看，半导体芯片的代工依然以中国台湾为主，而ODM（original design manufacturer，原始设计制造商）、EMS（electronics manufacturing services，电子制造服务）等制造端基本都在中国大陆完成。"芯片—软件—整机—系统—信息服务"产业链协同格局尚未形成。芯片设计企业的高端产品大部分在境外制造，没有与境内集成电路制造企业形成协作发展模式。随着中美贸易摩擦不断升级及前景的不确定性，下游代工组装公司开始向印度、越南等地迁移工厂。

三是半导体贸易逆差逐年扩大，"进口替代"空间巨大。半导体产业链制造能力的不足使中国成为半导体进口第一大国。2018年，全球集成电路的销售额为4016亿美元，中国净进口集成电路为2267亿美元（按照中国需求占比33%来估算，其中1325.28亿美元在中国市场上被消费，1518.89亿美元最终被其他国家和地区消费），中国净进口的集成电路全球占比高达56.45%。中国集成电路市场近年来一直在快速增长，且随着5G通信、物联网等领域快速成熟，中国集成电路市场需求将进一步提升，中国集成电路贸易逆差逐年扩大，这巨大的贸易逆差成为刺激全球半导体产业加速向中国转移的根本动力，但也意味着国产替代空间巨大（见图1-4）。

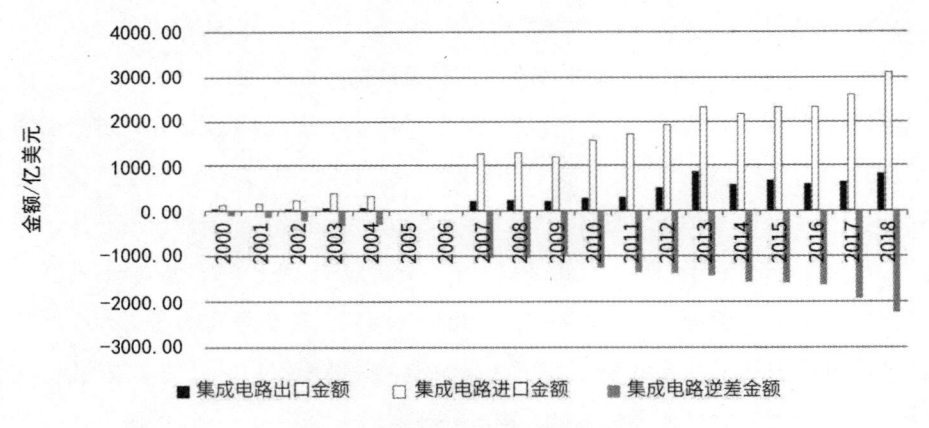

图1-4 中国集成电路贸易逆差逐年扩大

数据来源：Wind 资讯

特别是中美贸易摩擦导致中国半导体资本支出和研发开支的全球占比持续提升，促进中国进口替代进程。从研发投入来看，2017年全球半导体行业研发投入超过10亿美元的18强企业，英特尔、高通和博通名列前三位，尚无中国企业入榜。但以华为等中国企业为代表的中国半导体技术研发投入增长较快，研发投入/收入比重已经超过韩国、日本。2018年，中国半导体行业的资本支出也超过了欧洲和日本的总和。但总体来看，2018年全球半导体呈现稳步增长的趋势（见图1-5）。

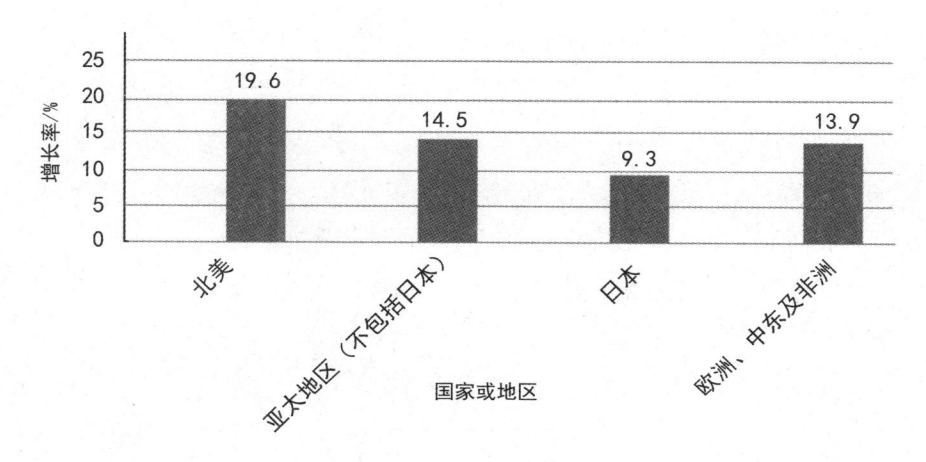

图 1-5 2018年全球半导体销售增长情况

数据来源：SEMI

贸易摩擦重在遏制中国产业和技术追赶

中美经贸关系目前正处于一个极度敏感和危险的时期。崇尚里根总统单边遏制主义的美国总统特朗普，在大选期间就多次宣称要大幅提高关税，以解决中美巨额贸易逆差问题。仔细梳理特朗普政府执政以来对华贸易保护主义政策，从"301调查"到美国对华5000多亿美元输美商品加征四轮关税，到出台《出口管制改革法案》提高外国限制条件，增加对"新兴和基础技术"的出口管制，再到动用《国际紧急经济权力法》对华为等中国高科技公司进行技术封锁等，其背后全方位压制中国技术追赶和产业竞争的战略意图已经非常清晰地浮出水面，高新技术行业成为本轮中美贸易摩擦的主战场。美国正试图通过贸易政策干预中国国内产业政策，以减少中国高新技术产业发展的政策支持；美国以知识产权保护为由，限制对中国高新技术产品出口及外商直接投资技术转让等，以阻断中国"干中学"通道；美国通过安全审查限制关闭对中国高新技术产品的输出及投资，进而抑制中国相关高新技术行业发展。

美国贸易代表办公室（USTR）在对华"301调查"报告中表示，中国政府在《中国战略性新兴产业：政策、实施、挑战和建议》和《中国制造2025》中鼓励相关部门支持中国企业在美国的并购活动，尤其是在信息技术、自动化工具与机器人、生物医药及高性能医疗器械、新能源汽车、航空航天、海洋工程装备及高技术船舶、高端铁路设备、电子设备、农机设备以及新材料等领域。

2017年，美国总统科学技术咨询委员会（President's Council of Advisors on Science and Technology，PCAST）发表了名为《确保美国半导体的领导地位》的报告。报告中提到，中国半导体领域的崛起，对美国已经构成了威胁，委员会建议政府对中国科技产业加以限制。

随着新一轮全球高科技竞争的全面开启，以及中国制造正引领出口结构从一般消费品向资本品升级，资本和技术密集型产业的贸易摩擦将会常态化。国家公布统计数据显示，2018年，高技术制造业增加值达到3.7万亿元，同比增长11.7%，增速高于规模以上工业5.5个百分点，占规模以上工业增加值的比重为13.9%，比2017年提高1.2个百分点；装备制造业对规模以上工业增加值增速的贡献超过50%。从内部结构看，通信设备、计算机及其他电子设备制造业对高技术制造业的贡献率最高，达到64.52%。通信设备、计算机及其他电子设备制造业，电气机械及器材制造业，通用设备制造业对装备制造业增速的贡献率最高，分别达到28.23%、18.89%、16.02%。我国正迎来以高技术制造、先进制造、高端装备制造等为代表的新经济黄金时代。美国发起"贸易战"，限制中国企业对美投资并购，对中国高技术企业（中兴、华为等）实施禁令或制裁，目的之一是抑制中国高技术制造业、先进制造业、高端装备制造业的发展和技术追赶。

"日美半导体之战"的前车之鉴

中美贸易摩擦升级意味着，中美之间潜在的结构性矛盾在未来将会日益凸显。美国对华贸易战的手段与当年对日的手段如出一辙。根本而言，中美双方诉求具有不可调和性，难以通过谈判达成协定，加码博弈的阶段不可避免。中国应保持战略定力，做好打"持久战"的战略准备，并做好短、中、长期的战略与战术安排。

日美贸易战，特别是日美半导体战争的演进历史为我们提供"前车之鉴"。二战之后，从日美贸易摩擦的历史演变可以看出，日美贸易摩擦的演变与日本产业结构升级有很强的相关性。随着日本产业结构的升级，日美贸易摩擦的范围逐渐扩大，从原材料型产业逐渐扩展到加工组装产业、高新技术产业和服务业，贸易摩擦的焦点趋向高附加价值化和高技术化。

日美贸易摩擦从20世纪50年代的纺织品开始；60年代，日本产业结构由轻工业化转向重化工业化，贸易摩擦的焦点由纺织品转向合成纤维和钢铁；70—80年代，日本产业结构由重化工业化转向技术集约化，贸易摩擦的焦点转向彩电、汽车、机床和半导体；90年代，日本产业结构由技术集约化转向信息化，贸易摩擦的焦点转向了金融、通信等领域。

以日美两国高科技之战的典型事例——"半导体战争"为例。半导体领域是美国在20世纪50年代开发出来的，是奠定美国在军事、太空等领域优势地位的基础领域。70年代之后，美国半导体产业试图在全球范围构建自己的生产体系。日本在美国之后开始着手开发半导体，并制定国家项目进行重点攻关。1976年3月，经通产省、大藏省等多次协商，日本政府启动了"DRAM制法革新"国家项目。由日本政府出资320亿日元，日立、NEC（日本电气股份有限公司）、富士通、三菱、东芝五大公司联合筹资400亿日元，总计投入720亿日元（2.36亿美元）为基金，由日本电子综合研究所和计算机综合研究所牵头，设立国家性科研机构——VLSI技术研究所，全力科研攻关，积累后发优势。

随着半导体技术区域成熟化，美国产业链向发展中国家转移，再加上日本等国家的加速追赶，美国半导体的优势地位逐渐消减。特别是随着民需比例扩大，军需带来的获利相对缩小，为了在技术进步和价格下跌非常剧烈的半导体行业保持竞争优势，融资能力（保证技术开发和设备投资）、制造方面的技术能力和营销能力就变得非常重要了。同时，随着技术进步，组装工艺的自动化逐渐推进，向发展中国家转移生产的优势也逐渐丧失。在这种情况下，日美半导体局势发生逆转。根据美国半导体工会统计，1984年美国半导体市场的营业额为116亿美元，1987年则增至181亿美元，其中日本所占比率由14%上升到20%。1986年，日本芯片的市场份额首次超过了美国芯片产品，全球销量居首。1985年后，日本的企业首次成为世界最大的半导体销售商，到1986年，世界半导体销量排行榜前三位均为日本企业。

此外，20世纪80年代，日本高科技出口总量已经超过进口，日本电子计算机在美国市场的占有率由1980年的1%增加到1984年的7.2%，电子部件由3.2%上升到7.2%。与此同时，在机器人、集成电路、光纤通信、激光、陶瓷材料等技术领域处于世界领先水平。

1983年美国商务部认定，"对美国科技的挑战主要来自日本，目前虽仅限少数的高技术领域，但预计将来这种挑战将涉及更大的范围"，"维持及保护美国的科技基础，才是国家安全保障政策上生死攸关的重要因素"。以后，美国就开始在高技术方面对日本采取防范措施，并加大对知识产权的保护力度。1984年美国成立知识产权委员会，限制本国技术外流，日美有关知识产权的摩擦日趋白热化。面对日本高技术产业的群体性崛起，日美半导体贸易摩擦激化，进而演变为"日美半导体战争"。

这期间美方对日攻势持续发力：要求公开超级LSI研究计划［制定政府民间共同的大规模集成电路（VLSI）制造技术开发路线图，目的是达到设备制造国产化］的专利、全面废除日美半导体关税、制定《半导体芯片保护法》(美国，1984)，以及制定《关于半导体集成电路的电路配置法》(日本，1985)等。在美国政府的强力施压之下，1986年年初，日美两国签订了为期5年的《日美半导体保证协定》，到1991年7月31日止。协定的主要内容包括：日本扩大外国半导体进入日本市场的机会；为了事先防范倾销行为，日本政府要监控向美国以及第三国出口半导体的价格等情况；美国政府中断进行中的反垄断调查等条款。因此，一般认为1986年《日美半导体保证协定》是左右日后日本半导体产业命运的重要因素。20世纪80年代日本最擅长的存储行业，因为对美协定的制约，被中国台湾、韩国赶超上来，风光不再。

化危为机：加快实施"创新立国"战略

历经30多年的日美贸易战的历史过程呈现出以下几个显著特点：一是从最初的纺织品、钢铁等初级产品向汽车、半导体、电子通信等高级产品发展；二是贸易战由技术层次低的产业向高精尖技术领域扩展；三是美国对日本的要求从增加进口、限制出口到要求市场开放以及平衡经济结构等纵深发展；四是从单项商品和政策规则摩擦延伸至全面的冲突。

当前，全球步入大转折、大调整、大混沌时期，深层次的政治经济结构开始重组与再造。2008年国际金融危机以来，包括中国经济在内的全球经济正在经历着前所未有的重构和重组过程，各国竞争格局和未来潜在增长前景取决于向以技术进步或创新为主的增长模式转型的程度和速度。在这样的历史大背景下，我们更需要历史地、全面地、系统地理解"创新为本"这一战略命题。要将"贸易摩擦"置于如何加快促进我国创新型经济发展，推动从"经济大国"迈向"经济强国"、从"科技大国"迈向"科技强国"大局之下的通盘思考，长远谋划，将危机转化为自身改革的强大动力，全面确立并深入推进"创新立国"战略。

当前，除了半导体芯片受制于人之外，我国在柔性面板、飞机发动机、超高精度机床、顶尖精密仪器、特殊类钢材等领域也面临同样困境。因此，当务之急是全面理清中国尚未掌控的核心技术清单，下大力气突破技术封锁困境。按照《中国制造2025》提出的"到2025年，70%的核心基础零部件、关键基础材料实现自主保障"既定方针坚定不移推进下去，立足核心能力的完整建立，立足核心技术的充分占有。从自主研发到自主创新，从自主创新到自主可控，在核心知识产权领域发挥不可替代的技术优势，打赢"贸易战""技术战"，归根结底要靠国家"硬实力"。

第四节 中美贸易摩擦对中国的挑战

特朗普政府在全球范围内挑起贸易冲突。除了中国之外，美国先后挑起与墨西哥、加拿大、欧盟以及印度等国的贸易冲突。2019年4月，美国威胁对大约110亿美元的欧盟出口商品加征关税，包括大型商业飞机和零组件、乳制品以及葡萄酒等，以报复欧盟的飞机补贴；2019年5月下旬，美国宣布对墨西哥出口商品加征5%关税；2019年6月5日起，美国终止对印度普惠制待遇。美国借贸易摩擦重构全球产业链、价值链的战略意图非常清晰，而这也与美国"再工业化战略""让美国再次伟大（Make America Great Again）"的口号一脉相承。金融危机后，奥巴马与特朗普两届美国政府均在"再工业化"的道路上推进美国经济发展。特别是国际金融危机爆发后的近10年来，美国出台了一系列产业政策，其中包括《重振美国制造业框架》（2009）、《制造业促进法案》(2010)、《先进制造业伙伴计划》(2011)、《美国制造业复兴——促进增长的4大目标》(2011)、《先进制造业国家战略计划》(2012)、《美国创新战略：确保美国经济增长与繁荣》(2011)、《美国制造业创新网络：初步设计》(2013)等，针对重点领域研究制定了《电网现代化计划》(2011)、《美国清洁能源制造计划》(2013)、《从互联网到机器人——美国机器人路线图》(2013)、《金属增材制造（3D打印）技术标准路线图》(2013)、《美国人工智能研究与发展战略计划》(2016)、《美国机器智能国家战略》(2018)等（见表1-5）。这些政策提出要调整优化政府投资，加大对制造业投资的力度；加强政府对商品的采购；为出口企业提供信贷支持，拓展国际市场；资助制造业重点领域创新等具体措施。而随着贸易战的展开，特朗普促进制造业回流，一些传统美国企业如通用电气、福特等均为美国本土重振进行了投资，而外部企业如丰田、LG、现代也已增加在美投资。

表1-5 奥巴马和特朗普政府促进制造业回流的重要举措

时间	文件与政策	目的
2009年9月	发布《美国创新战略：促进可持续增长和提供优良工作机会》（A Strategy for American Innovation: Securing Our Economic Growth and Prosperity）	从国家战略的角度提出发展创新型经济与新兴制造业的完整规划
2009年12月	发布《重振美国制造业框架》（A Framework for Revitalizing American Manufacturing）	从美国制造业面临的挑战出发，提出了以创新促进就业，并重点培养未来产业的美国制造业重振框架
2010年8月	出台《制造业促进法案》（Manufacturing Promotion Act）	希望通过降低制造业成本，增加制造业就业，增强美国制造业的竞争力，并进一步巩固制造业作为美国经济复苏关键动力的地位

续表

时间	文件与政策	目的
2011年11月	成立先进制造伙伴关系指导委员会（Advanced Manufacturing Partnership Steering Committee）	确保美国未来先进制造业的领导地位
2013年9月	进一步发起第二届先进制造伙伴关系指导委员会	希望进一步强化美国在新兴技术领域的领导地位
2017年1月	宣布制造业就业主动性计划（Manufacturing Jobs Initiative）	提出就业与增长回流议题
2018年4月	宣布税改法案	大幅降低企业所得税至21%，调整企业资本利得税，促进美国海外利润回流，吸引制造业投资
2019年5月	发动汽车行业商务部调查，督促美国—墨西哥—加拿大协定（USMCA）、美韩自由贸易协议实施	保护美国本土汽车制造业

资料来源：根据美国白宫官网公布信息整理

中美经贸之"钩"大大松动

美国在全球发动关税制裁将扰乱全球价值链、产业链、供应链的秩序，不仅短期内增加了双边贸易成本，还影响跨国公司在世界范围内的生产决策布局，大幅提高中间品及产业链成本，加快部分产业链回迁与转移。特别是美国以政策性的引导方式，促进高端制造回流。高端制造核心上游供给减少甚至"中断"，一方面将给中国加工、代工行业带来重大影响，另一方面对于长期以来处于价值链跃迁进程中的中国而言，美方无疑想让中国形成一种"低端锁定"格局，在中国人力成本提升阶段，间接消磨中国制造的实力。具体来说，劳动密集型生产环节将主要加速向南亚、东南亚等地区转移，资本和技术含量较高的生产环节可能转移至日韩、欧洲等国家或地区。

因此可见，特朗普政府对高科技产品加征关税，实际上是希望通过改变相对成本迫使美国高科技企业重新调整产业布局，要么将从中国进口转移到从其他国家或地区进口，要么重新布局全球产业链分工，将产业转移到成本更低的东南亚地区或者回迁美国，达到挤压中国的全球产业链分工地位的目的。

虽然中国商品仍处在全球价值链的中间环节，单个商品的国际竞争优势并不明显，但若从整个价值链体系看，完备的产业配套体系以及与全球价值链深度融合的地位却具备了不容易替代的产业链规模优势。与此同时，中美经济与价值链"脱钩"还缺乏现实基础。从制造业全球供需分布可以看到，作为全球前两大制造业国家的中国和美国，同时又是最大的生产国和需求国，中美合计占到全球制造业生产和需求的四成左右，而且双方具有较高的产业互补性。两者产业互补结构形成的贸易关系在相当长一段时期内很难通过产业替代来转移。中方在包括各种技术问题上依然严重依赖西方，而美国在出口市场、廉价工业制成品供应、稀土等关键原材料上严重依赖中国，在双方都没有准备的情况下，短期内不可能完全"脱钩"。

然而，特朗普政府强行"脱钩"，将会加速这一过程。笔者通过梳理此次中美贸易摩擦加征关税清单发现，此次加征关税的产品大多涉及中间投入品。针对中间投入品征收关税对中国在全球价值链分工体系中的参与度的抑制作用更加明显。因此，在中国传统要素优势逐渐丧失的背景下，此次对中间投入品关注较多的贸易摩擦将对中国在全球价值链分工体系中的参与度产生更加强烈的影响。特别是美国对中国征收惩罚性关税并限制对中国的投资，跨国公司受市场经济规律和利润最大化目标的驱使，不仅可能缩减或改变在中国布局新的生产环节的计划，而且可能会加速将原在中国布局的产业或生产环节转移至贸易成本更加低廉的地方或者回流欧美。

一方面，加速中国劳动密集型产业向东南亚等地区转移。近年来，随着人工、资源、能源和环境成本的上涨，中国具有传统优势的加工制造业的国际竞争力受到削弱，劳动密集型产业梯次向越南、马来西亚、印度尼西亚、印度等国家转移。数据显示，中国近年来对东盟制造业的投资呈现加速上升态势，2015年、2016年，中国对东盟制造业投资同比增速分别为73.4%和34.3%。在贸易摩擦背景下，这种劳动密集型产业向东南亚及其他低成本国家转移的态势似乎还会进一步加速，关税产生的影响让一部分组装产品的产能从中国转移到了其他国家。根据标准普尔全球市场情报贸易数据公司Panjiva2019年5月发布的研究报告，美国进口份额已经重新分配。美国从中国进口在2019年第一季度已经下降了13.5%，而从越南进口增加了37.2%。

另一方面，推动以出口美国为市场导向的中高端制造业回流欧美。

根据2016年波士顿咨询公司（BCG）发布的《全球制造业转移的经济学分析》报告，美国在全球25个出口经济体中，制造业成本虽高于中国、墨西哥、印度、印尼等发展中国家，但明显低于欧洲国家及日本。此外，德勤有限公司和美国竞争力委员会发布的《全球制造业竞争力指数》报告也显示，美国制造业在大部分关键竞争力驱动因素方面具有优势，包括人才、创新政策和基础设施、法律监管基础等，美国制造业竞争力的弱项主要是成本，特别是劳动力成本以及公司税率。而且，除农业领域外，当前发达国家间货物贸易关税水平相差不大。特朗普对内大幅下调企业所得税，对外挑起中美、美欧以及美日贸易争端，提高进口关税，将进一步缩小中国在跨国企业全球生产布局中的成本优势，同时扩大对欧洲、日本制造业的竞争优势。

在中美贸易摩擦持续升级的背景下，许多日企已采取行动，三菱电机公司已将部分在华生产线转移回日本，东芝机械也将部分生产据点从上海移往日本。为应对贸易摩擦，多数日企表示会选择迁厂或与客户讨论成本负担等。过去选择自行吸收成本的日企，在关税升至25%的情况下恐难承受和负担。

2019年6月，特朗普政府考虑是否要求美国使用的5G蜂窝设备在中国境外设计和制造。美国白宫出于对网络安全的考虑发布了一项限制部分外国制造网络设备和服务的行政令,该行政令启动了对美国电信供应链为期150天的评估。其中包括电信设备制造商能否在中国境外制造和开发输美软件和硬件,其中硬件包括蜂窝塔电子设备以及路由器和交换机等,此举更加大了美国重塑全球制造业格局的力度,让产业链、价值链离开中国的战略意图凸显。

全球价值链、产业链、供应链面临"断链风险"

从美国《2019财年国防授权法案》相关条款以及一系列对华打压、制裁、围堵等行为看,经济切割、产业切割、科技切割,遏制中国高科技崛起,在美国已成为跨越党派分歧的共识。美方不希望中国通过自主研发或并购的方式获取这些核心技术,形成替代性产业链。美国在科技领域也开始对中国采取全面的竞争对抗性政策。

《外国投资风险审查现代化法案(2018)》(FIRRMA)显著扩大了外国投资委员会审查的法律基础,涉及三大重点领域:一是重要的工业技术,包括人工智能、机器人、纳米和微芯片技术等;二是基础设施,包括港口设施和运营,能源与电力生产与分配、公路和铁路、通信系统,以及数据中心;三是与国家安全相关的科技和制造业,如航空航天、遥感和电信硬件。与此同时,美国已全面修订现行出口管制法规,强化"长臂管辖"行为。特朗普签署《2019财年国防授权法案》,作为其重要组成部分的《出口管制改革法案》提高了对外国控股公司,特别是中国公司的限制条件,增加了对"新兴和基础技术"的出口管制,建立了跨部门协商机制以提高执法能力。

2018年11月19日,美国商务部工业和安全局(BIG)列出了美国政府拟议管制的14个"具有代表性的新兴技术"清单,涵盖5G、人工智能、微处理器技术、先进计算技术、机器人、3D打印、量子信息、先进材料和生物技术等领域,并以"违反美国国家安全或外交政策"利益为由,将44家中国机构列入"实体清单",强化对华技术出口封锁。特别是美国商务部工业和安全局随即将华为列入"实体清单",谷歌也马上宣布停止与华为的相关业务往来,包括硬件、软件和技术服务,其中包括Android系统的服务支持,这意味着美国全面强化对华高科技遏制和技术出口封锁。目前看,鉴于华为专利和技术积累更加充足,已突破基带芯片、服务器芯片、AI芯片等领域,供应链自主可控程度更高,可有效避免断供。

长期看,中国为未来可能频繁发生的"断链风险"需要做好战略准备。当前全球经济体系已经出现了历史性的变化,高度分工,全球协作,比如电脑、智能手机、飞机等,这些复杂商品的生产过程已经打破了国家的边界,连接成复杂网络。全球供应链网络让国家之间、企业之间形成了相互依赖的共同体。特别是高科技企业早已形成了全球科技发展的链条,与全球供应链环环相扣,相互影响。美国极限施压政策和关税制裁不断向全球加码,如何保障供应链、价值链安全将是未来的长期重大挑战。

中国需改变以"市场换技术"的发展路径

一般而言,后发国家实现技术赶超和产业升级存在自主创新和国外技术溢出两个途径,其中技术溢出建立在现有技术水平的基础上,成本低、见效快。改革开放以来,中国的技术进步乃至经济发展从国外技术溢出中获益良多。而让中国无法获得美国先进科技资源,实现切割已经成为美国当前及未来重要的战略选项,这将改变我国"以市场换技术"的发展轨道及通过"学习曲线"实现后发国家赶超的发展路径。

回顾中国现代产业体系逐步发展并完善的过程,中国持续高位的制造业投资比重为后来的经济起飞奠定了基础,特别是通过改革开放吸纳全世界的科技成果,深度参与并融入全球价值链、产业链的合作是推动中国工业化进程、现代化进程以及要素效率提升的关键。美国发起贸易摩擦重点针对知识产权保护和科技竞争，通过签证手段、人才政策、移民政策等防止技术外流，进而达到技术封锁的效果，这使中国未来无法再依赖过去"引进、消化、吸收、创新、发展"的技术和产业升级路径。

近年来，中国向全球价值链和产业链上游攀升主要是在资本品（用于制造其他商品的商品）和零部件领域，这也改变了中国与发达国家之间的贸易。美国国家科学基金会发布的《2018年科学与工程指标》数据显示：随着企业持续投资研发设施，并增加与学术界的合作，中国工业有望向新兴和复杂的技术方向发展。

美国对华技术阻断和政策转向对未来中国高科技出口的深远影响会更加凸显，加速自主可控与进口替代，必将成为未来中国高科技领域的发展趋势和路径选择。

中国尚有挖掘出口潜力、实现价值链供应链替代的空间

香港创新科技署（Innovation and Technology Commission，ITC）开发的ITC出口潜力地图数据库估算了一国（地区）对另一贸易伙伴国（地区）的出口潜力（export potential）。该出口潜力的估算考虑了两国（地区）间人口增长、市场准入、地理距离等多重因素，并且可进一步分为已实现的（realized）出口潜力和待开发的（untapped）出口潜力两部分。

根据ITC的预测，中国对全球所有的货物贸易出口伙伴有1.4万亿美元待开发的出口潜力（untapped export potential），其中美国1700亿美元，占比为最高的12%。而随着中美贸易摩擦的升级，这一原先对美国潜在的出口需求有待转向其他具有较高待开发出口潜力的国家和地区。其中，德国、印度、越南、墨西哥、英国、法国六国在中国待开发的出口潜力合计占比接近1/4，有

待进一步开发以替代中美贸易摩擦外流的损失。尤其是排名靠前的日本、韩国、德国、印度等（见图1-6、图1-7）。但由于美、加、墨新贸易协定中附带了约束签署国不要和非市场经济国家签署贸易协定的条款（"毒丸"条款），一旦该协定签订，短期内中国开发墨西哥和加拿大两国的出口潜力也将受到限制。

当前北美地区在中国对全球的待开发出口潜力中占比为15%，低于欧盟和东盟，后两者合计占比达到了43%。因此从中国的出口区域来看，中美贸易摩擦的升级也意味着中国需要加快开发欧盟和东盟，即北美以外地区的出口潜力。

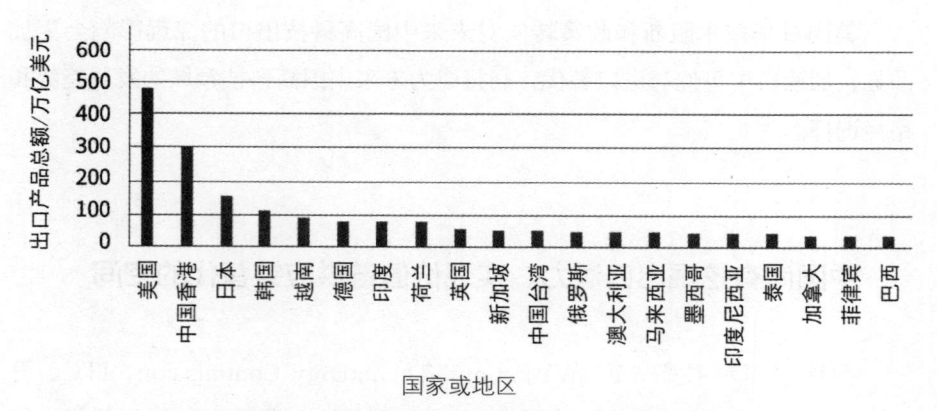

图1-6 2018年中国出口产品的进口市场清单前20位贸易伙伴
数据来源：香港创新科技署

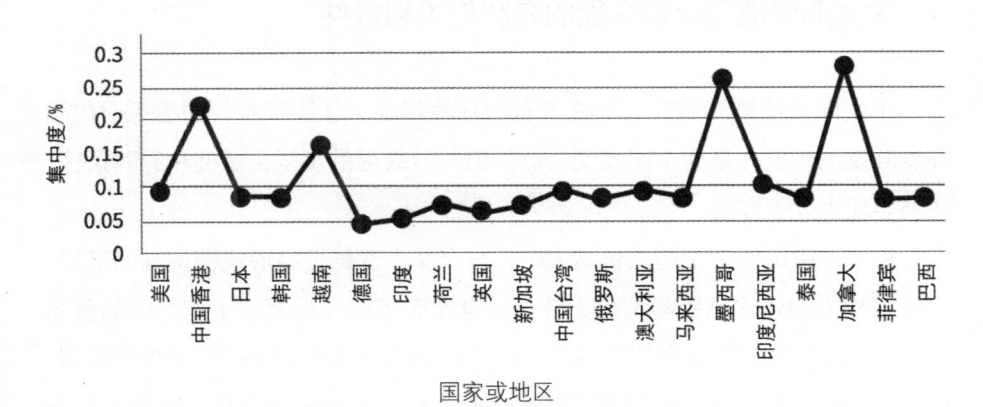

图 1-7 中国主要贸易伙伴供应链集中度情况
数据来源：香港创新科技署

第五节 未来中国价值链与产业转型升级的路径

中国通过向价值链高端发展等方式来改善自己在价值链分配中的地位，实现向全球价值链高端跃升具有如下三重内涵。第一，创造更多的价值。包括本国居民在本国领土，他国居民在本国领土，以及本国居民在他国领土上，创造尽可能多的价值。第二，获得更多的价值。中国应该争取在全球价值链的生产体系中获得尽可能多的收获。包括提升中国在价值直接分配中的比重及间接效益。第三，带来更多的利益。借助全球价值链让国家与人民实现最大的利益，在全球多边治理体系中获得更大的话语权和规则制定权等。

中国向价值链高端升级的有利与不利条件

中国向价值链高端升级存在有利的环境基础。总体来看，加速工业化和高度开发的产业体系为中国实现全球价值链升级提供了坚实基础和有利条件，主要表现为以下方面：

第一，中国作为中间品贸易大国，与全球产业链已经形成深度互嵌格局。贸易结构中的资本品贸易大幅上升，这也改变了中国与发达国家之间的贸易关系。根据世界银行发布的数据，2018年中国货物贸易进出口总额再创新高，达到了4.62万亿美元，出口产品结构不断优化，工业品在出口总量中的比例早就超过了90%。其中，2018年高科技产品的进出口总额约为14187.65亿美元，约为同期中国进出口总额的30.7%。高科技产品出口占比约为30%，贸易盈余约为771亿美元，约为同期贸易顺差的21.9%。此外，中国高科技产品市场在全球具有投资吸引力。中国已经连续多年成为全球研发增长最快的市场。根据中国商务部统计数据，2018年中国利用外资量稳质优，利用外资结构持续优化。制造业利用外资占比升至30.6%，高技术制造业利用外资增长35.1%，特斯拉、宝马等项目取得积极进展。合同外资5000万美元以上大项目近1700个，增长23.3%。其中，来自发达经济体投资增长较快，英国、德国、韩国、日本、美国对华投资分别增长150.1%、79.3%、24.1%、13.6%、7.7%，外商直接投资在中国高技术制造业中依然保持持续的高增长态势。

第二，中国加快《外商投资法》、新版《外商投资准入负面清单（2019）》以及《外商投资产业指导目录》等制度性措施的逐步完善，驱动更加趋于开放的产业体系形成。

第三，国内市场大规模、多元化、阶梯式需求。特别是近年来，中国对高质量产品与服务的消费能力增长迅速，中国正逐渐从制造大国向消费大国转变。

第四，地区发展不平衡、收入水平差距使得产业将面对接力式的需求变动。中美贸易摩擦成为中国与全球产业竞争的前沿，从而为中国主导未来全球价值链高端环节提供了更多实战机会和经验积累。

第五，研发投入力度不断加大，已经达到中等发达国家水平。近年来，我国研发经费投入持续增长，总量保持在世界第二位，与位列首位的美国的差距正逐步缩小。自2013年以来，中国研发经费投入强度已经连续4年突破2%，达到中等发达国家水平。2016年，中国研发经费投入规模是美国的44%，日本的1.5倍，德国的2倍，是加拿大、意大利、英国和法国研发经费总和的1.5倍。2018年10月，国家统计局、科技部和财政部联合发布的《2017年全国科技经费投入统计公报》显示，2017年，我国共投入研究与试验发展（research and development，R&D）经费17606.1亿元，同比增长12.3%；R&D经费投入强度（R&D经费与GDP的比值）再创历史新高，达到2.13%。据麦肯锡预测，到2025年，创新对中国GDP的贡献率将高达50%。

然而，中国向全球价值链高端升级也存在一些制约性因素。如，中国科技与创新实力的短板仍较多，与先进国家相比，主要体现在质量效率、动力能力及开放水平上。主要包括：科技产出的质量不高（原始创新和突破性创新少）、高素质人力资本有限；技术扩散水平、成果转化质量仍需进一步提升；企业研发强度偏低，整体创新活力不足，全球领先的创新型企业少，与主要发达国家比较，中国在基础研究方面仍显不足；多数高技术产业的附加值不高；集聚和利用全球创新资源的水平有限；整体而言，中国企业对全球价值链的参与，仍局限于对外国跨国公司价值链的参与及适应，仍集中于全球价值链相对较低的附加值环节，而外国跨国公司是全球价值链与全球生产服务体系的掌控者，其全球资源整合和市场支配能力日益增强；高度依赖进口设备和零部件，核心技术、核心零部件受制于人，关键技术"卡脖子"问题凸显。特别是在集成电路、高精度传感器、基础软件和大型工业软件方面与发达国家存在较大差距；按原属地统计的PCT（专利合作条约）申请量，中国是仅次于美国的全球第二大专利大国，2018年PCT申请量达到53345例，虽然中国专利申请量增长迅猛，知识产权环境不断改善，但专利质量不高、知识产权保护力度较弱、技术成果转化率不高等问题仍是发展痛点。以新能源行业为例（见图1-8），中国的新能源专利申请量已世界第一，但主要是在国内申请，国外申请量仅1.4%，远低于美国的38%、德国的25.7%和日本的18.5%；从引用率看，中国光伏专利被引率仅14.9%，而美国、德国、日本都在60%以上。

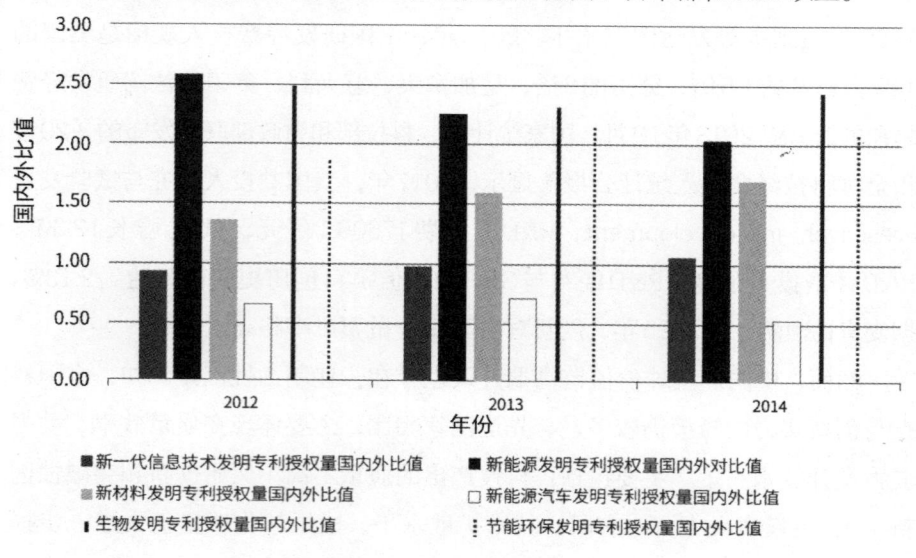

图 1-8 中国战略新兴产业 PCT 授权量国内外情况
数据来源：Wind 资讯

中国价值链与产业转型升级的路径选择

展望未来，中国价值链、产业升级主要有以下几条重要路径：

第一条路径：以自主创新为核心推动中国价值链全面升级。在传统要素优势不断丧失的背景下，中国亟须寻找新的推动融入全球价值链分工体系的动力，而推动技术进步不仅可以促进中国更加深入参与全球价值链分工体系，而且对于摆脱中国可能被锁定在全球价值链低端的困境，促进中国在全球价值链中位置的提升等均具有重要意义。实现技术创新主要存在自主创新和国外技术溢出两个途径，其中技术溢出建立在现有技术水平的基础上，成本低、见效快。

改革开放以来，中国的技术进步乃至经济发展从国外技术溢出中也获益良多。然而，美国对华遏制战略也凸显"以市场换技术"的模式难以持续。

第二条路径：主要依靠中间品链式推动向价值链上游升级。这一升级路径与产业结构升级联系在一起，也即产业结构逐步由劳动密集型向资本密集型和技术密集型升级。在这个过程中，本土企业也逐步由技术模仿向技术追随再向自主研发升级。因此，需要改变参与国际价值链的分工形式，从简单装配加工的下游攀升到生产中间核心部件的上游，尤其是全球价值链通过中间品贸易升级实现产业升级。全球价值链的一大特点是中间品生产。中间品沿着小类、中类、大类逐级扩展，复杂性持续上升，质量逐渐提高，通过"中间投入链条"来实现规模报酬递增的产业技术。从日本经验来看，中国需要在中间产品的技术研发上加大投入强度，应当加强中间产品生产的竞争力，摆脱对外国核心高技术零部件的进口依赖，让中间产品的直接出口成为中国国内增加值增长的重要力量。

第三条路径：从全球价值链模式向全球价值链与国家价值链互动模式转变。应当从以往简单融入国际分工体系"大进大出"的发展模式向充分利用扩内需战略的新机遇以增创参与价值链分工新优势转变。从产业分工路径看，过去中国工业及制造业的发展更多从属于全球产业分工模式下的全球价值链，而忽略了国内市场需求。在构筑国家价值链过程中也需要积极发挥外向型产业的引领性。充分调动在全球价值链上的产业和国内的其他产业的联动关系，引领更多产业融入国际化生产网络。在中美贸易冲突加剧，低成本、低价格的比较优势逐步丧失的竞争环境下，我们需要重新审视全球产业格局，将过去单纯依靠全球价值链模式向国家价值链转型，形成全球价值链和国家价值链相互协作的价值链模式，这也是减缓国际贸易冲突，提升中国产业，特别是制造业价值链的重要路径。

第四条路径：依靠自贸区网络与区域合作框架加快中国全球价值链全球布局。区域经济合作和自由贸易协定对于加快全球价值链融合具有重要作用，这就要求中国在寻求全球经济治理过程中，又要通过区域性自贸协定以及区域合作规划，如区域全面经济伙伴关系协定（RCEP）、"一带一路"国际合作倡议等积极融入全球价值链，努力实现价值链攀升。"一带一路"沿线区域内处于不同工业化阶段的国家间具有产业转移的天然动力和优势。根据劳动力成本和各国的自然资源禀赋相对比较优势，优化资源配置，有助于推动中国价值链合理梯次转移，并实现价值链升级。

以"一带一路"为契机构筑中国全球价值链

现阶段，中国是"一带一路"区域内大多数国家最大的贸易伙伴国、最大出口产品市场和对外直接投资来源国。基于各国比较优势，将中国优势产能、优质资源与欧洲发达国家关键技术，以及"一带一路"其他国家的发展需求结合起来，通过相互扩大开放和资源整合利用，将有助于形成"一带一路"统一的要素市场、服务市场、资本市场、技术市场等，构建新型产业分工体系，依托经贸合作区、跨境产业集聚区、自由贸易区等，加快推动中国产业转移、国际产能合作，有利于推动中国产能和产业链向海外延伸，充分利用国际市场、国际资源，在全球范围内高效配置和利用资源。

（一）"一带一路"新型价值链体系主要特征

当今世界分工格局的主要形式依然是"南—北"模式。过去几十年来，全球外部需求主要来自发达经济体，随着新兴市场规模的扩大以及全球价值链为新兴经济体环境的改善提供便利，交易成本降低，生产要素的多元性提高；对于已经嵌入全球价值链的经济体，在更大的范围发挥比较优势、提高资源配置效率可能是促进其经济快速增长的重要因素，越来越多的发展中国家开始积极融入欧美发达国家主导的全球价值链分工体系中，价值链模式逐渐由"南—北"模式发展为"南—南"模式。一方面，以中国为代表的新兴经济体正在纷纷完善本土供应链，以降低对进口中间投入品的依赖。另一方面，新兴市场对于资本品的需求不断上升，加快了全球价值链新格局的深化与重构。

根据中国科学院数学与系统科学研究院、海关总署、国家统计局、国家外汇管理局、中国科学院大学管理学院等单位的相关成员组成的中国全球价值链研究课题组的研究成果，2000年至2014年间，世界范围内需求变化引致的全球产业空间转移总量达到了98万亿美元。其中"一带一路"沿线国家产业净转移量达到了32万亿美元，占据了全球产业净转移量的32%。中国的产业净转移量达到了13万亿美元，占据了全球产业净转移量的13%。并且，多数"一带一路"沿线国家经济发展水平较低，与中国产业互补性强，能给中国贸易投资和产业转型带来市场和机遇，但同时这些国家经济发展水平低下，基础设施支撑能力不足，地缘政治不稳定，传统大批量贸易方式壁垒增加。这样的大环境，使得中国与"一带一路"区域的贸易模式必将进行新的调整。这种调整包括贸易与直接投资和产业转移的融合与互动，从产业间贸易向产业内贸易的转变，贸易结构与贸易条件的重新调整，以及通过制度性安排保障推进贸易与投资关系的协同发展。

中国在全球价值链中的地位和结构角色正发生变化：整体嵌入现今全球价值链分工体系中，依靠自身的研发创新和消化发达国家转移的非核心技术，不断地嵌入高附加值环节，并向"一带一路"沿线国家输出部分优质和"刚需"的技术，为"一带一路"沿线国家实现技术和价值链的升级带来了新的合作路径，这一新型体系呈现出与传统全球价值链不同的特点：

第一，嵌套型的分工结构。不同于当今全球价值链体系所呈现出的高端产品生产分工在发达国家内部循环、低端产品生产分工在欠发达国家内部循环的双闭环结构，新型全球价值链分工体系存在一个核心枢纽环节，该环节能通过衔接高低端产业链，联通发展中经济体与发达经济体在多个领域的合作与竞争渠道，形成相对复杂的双向嵌套型分工结构。而该结构也推动实现了从发达国家引领中国融入全球价值链到中国引领其他发展中国家融入全球价值链的转变。具有经济发展基础与技术积累优势的中国作为核心枢纽国，将起到"承高起低"的关键作用，并将从当前低端的"外部依赖型"嵌入模式转变成中高端的"核心枢纽型"嵌入模式。因此，"一带一路"全球价值链体系可以通过衔接高低端产业链联通发展中经济体与发达经济体在多领域合作与竞争渠道，形成相对复杂的嵌套型分工结构，不仅能提升后发国分工地位与经济增速，也有助于分散可能的外部冲击。

第二，全球/区域双循环价值链。发达国家跨国公司作为当今全球价值链的主导，主要通过链条控制实现对以低廉要素成本优势嵌入价值链的后发国的"中低端锁定"，使后发国很难提升自身分工地位，本质上是单向控制型关系。而在"一带一路"价值链分工体系中，由于和发达国家在经济发展方面存在双向需求关系，核心枢纽国中国通过衔接全球价值链与区域价值链，为沿线各国与发达经济体开展公平经贸合作提供基础，有助于改变全球价值链结构失衡的状况。

第三，均衡型的竞争模式。在全球分工背景下，跨国公司通过对价值链的控制形成了链条（发达国家）对环节（发展中国家）的竞争模式，先天的竞争劣势导致发展中国家难以提升自身的国际分工地位。而"一带一路"价值链分工体系将逐步把"链条对环节"的竞争模式转变为"链条对链条"的竞争模式，也为中国与沿线发展中国家实现自身经济发展和提升国际分工地位提供前提条件。

(二)"一带一路"价值链及其产业升级效益分析

首先,"一带一路"成为仅次于欧盟的全球第二大贸易板块,贸易红利正在显现。

"一带一路"倡议有效提升了沿线国家间的总体贸易水平,逐渐释放进出口贸易对沿线国家经济发展的推动作用。联合国商品贸易统计数据库数据显示,2017年,"一带一路"国家对外贸易总额达到10.2万亿美元,与2013年相比,虽总量所有下降,但自2015年起总体保持稳定。从构成来看,对外进口额由2.6万亿美元上升至5.0万亿美元,占全球进口总额的15%左右,年均增速达到17.8%,且2017年"一带一路"区域内进口和出口分别达到2.2万亿美元和1.9万亿美元,分别占"一带一路"进出口贸易的43.2%和36.5%。

"一带一路"的重要性正日趋凸显。从20世纪90年代至今的30年间,"一带一路"国家的全球贸易参与程度稳步提升。从1988年的20.9%,快速升高至2017年的55.2%,且自2008年之后,连续10年稳定超过50%(尽管自2015年起,受全球经济下行的影响,参与度有小幅下降,如图1-9所示)。"一带一路"已超过北美自由贸易区,成为仅次于欧盟的全球第二大经济区块。

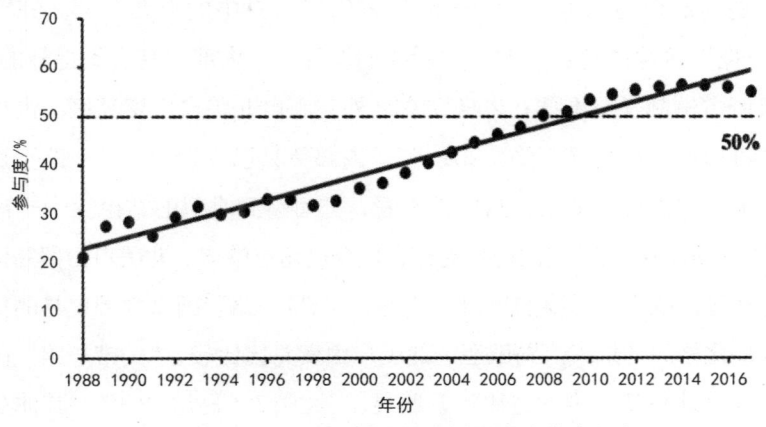

图1-9 "一带一路"国家在全球贸易中的参与度

其次,"一带一路"国家内部贸易更趋紧密,内部经济联系正日益加强。

一是"一带一路"国家内部贸易联系亦愈发紧密。从进口、出口两个角度来看,"一带一路"对外贸易额中的内部贸易占比均呈明显上升之势,1988年至2017年,近1/4的贸易流实现"由外转内"(见图1-10)。

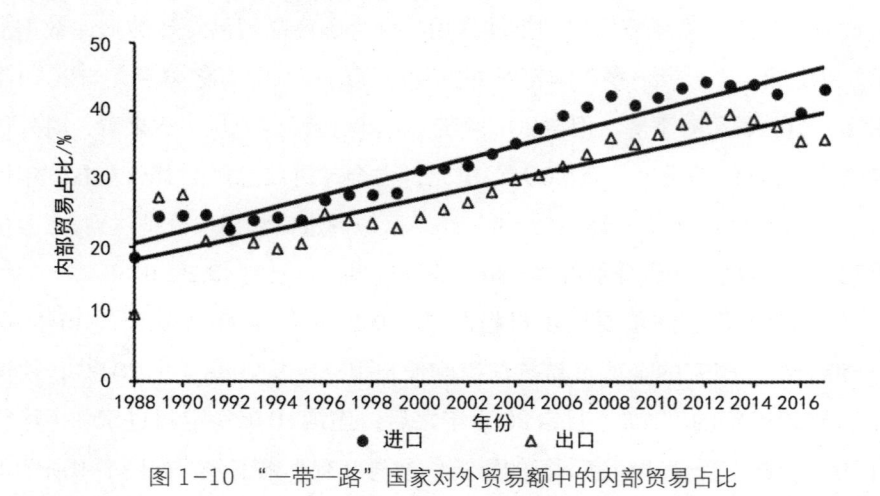

图1-10 "一带一路"国家对外贸易额中的内部贸易占比

二是内部贸易成为"一带一路"进出口贸易中的重要部分。完整考察"一带一路"国家的进口来源构成后我们发现,在内部贸易占比提升的背后,除欧盟所占份额长期维持在25%左右之外,源自北美自由贸易区、世界其他地区的进口份额均明显下降。2017年,内部贸易已成为"一带一路"进口来源的最大构成部分。就出口目的地来看,亦可得到类似的结论。"一带一路"出口总额中的内部贸易占比稳步提升,现今已超过欧盟、北美自由贸易区及世界其他地区,成为最重要的出口目的地。"一带一路"国家内部贸易的提升意味着区块化格局的形成。与欧盟、北美自由贸易区比较,"一带一路"国家内部贸易在全球总贸易中的占比提升明显,至2017年已达13.4%,其体量已相当于欧盟内部贸易的65%(见图1-11)。

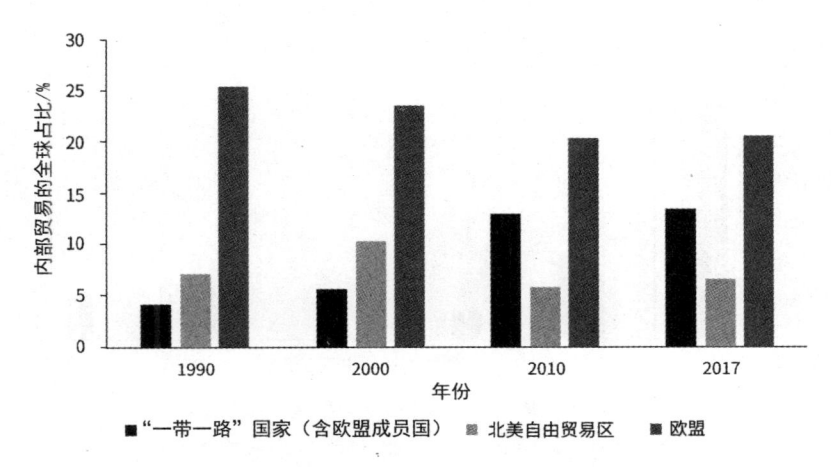

图 1-11 世界主要经济体内部贸易的全球占比

（三）"一带一路"逐渐形成以东盟为核心的贸易圈

在中美贸易摩擦背景下，随着中国对美国的出口和投资逐渐转向东盟，中国与东盟间的贸易和投资自由化程度得以提升，关税得以削减，以及"一带一路"推动中国与东盟之间的联系，双方合作进一步加强，东盟将成为中国对外贸易和投资的节点。当前，东盟为"一带一路"贸易规模最大的区域，内部贸易相较其他区域更为密切。从贸易总量来看，2017年"一带一路"中东盟国家与全球的贸易总额达到5.8万亿美元。其中，进口为2.7万亿美元，占"一带一路"中东盟国家自全球进口总额的52.6%；出口为3.1万亿美元，占"一带一路"中东盟国家向全球出口总额的60.5%。从"一带一路"内部贸易结构来看，东盟的进出口仍占据半壁江山，占比分别达到46.7%和57.0%。"一带一路"内部区域贸易关联性不断增强，逐渐形成以东盟为核心的贸易圈（见图1-12、1-13）。

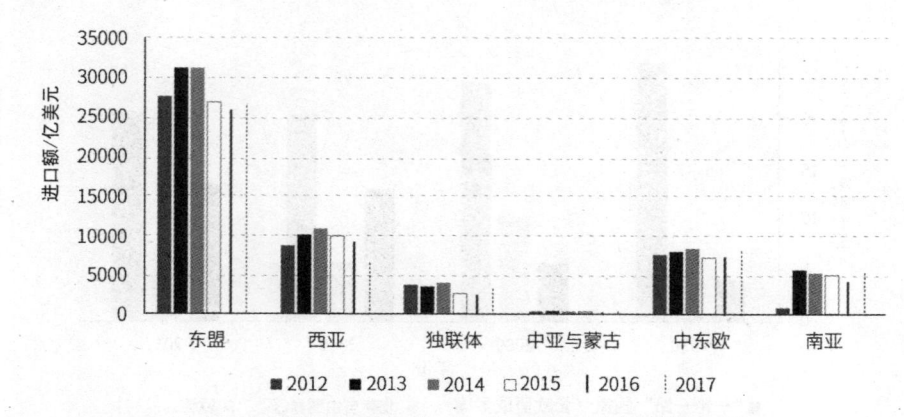

图 1-12 2012—2017 年"一带一路"不同区域进口额
数据来源：联合国商品贸易统计数据库

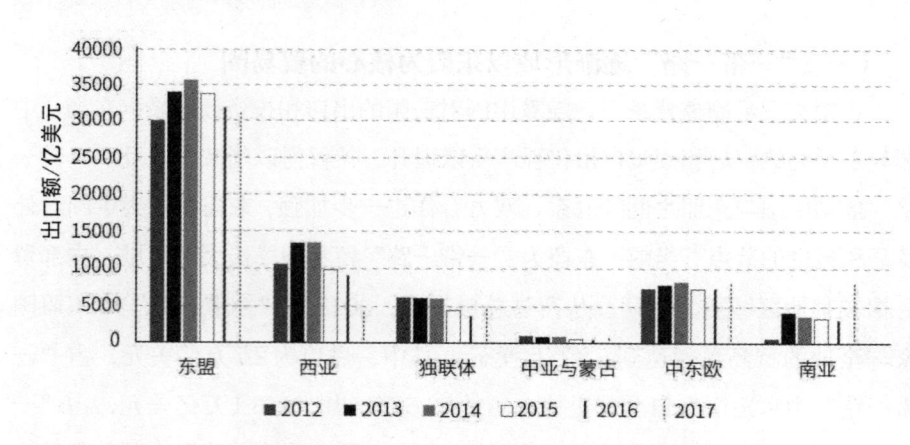

图 1-13 2012—2017 年"一带一路"不同区域出口额
数据来源：联合国商品贸易统计数据库

（四）中间品贸易成为"一带一路"区域贸易主要形式，资本品贸易增速不断加快

BEC分类法按照商品最终用途进行分类，技术含量较高的中间品、资本品代码为41、42、53和521。其中代码42和53代表资本货物零配件（运输设备零配件除外）和运输设备零配件，可以看作中间品；代码41和521分别代表资本货物（运输设备除外）和运输设备，可看作资本品。

2017年，"一带一路"区域内中间品和资本品贸易分别占区域内贸易的61.0%和30.2%，与2012年相比，中间品贸易占比下降3个百分点，资本品贸易占比则上升3.7个百分点，2012—2017年年均增速分别为-0.1%和3.7%。资本品贸易占比的上升很大程度上源自"一带一路"沿线国家基建项目需求。此外，一些国家吸引外资的政策也加快了部分技术含量相对较低的中间品、资本品产业转移，促进了该国的中间品、资本品贸易迅速发展。从"一带一路"沿线国家对全球贸易来看，中间品、资本品和消费品均呈现缓慢增长态势，消费品占比依然最低（8.8%），但其增速最快，2012—2017年年均增速为3.8%。

（五）中国引领"一带一路"价值链升级，效益进一步凸显

中国作为"一带一路"最大的中间品贸易国，庞大的"中国市场"将成为引领"一带一路"沿线国家经济持续增长的新动力。贸易投资是中国与"一带一路"沿线国家合作的优先方向。中国与"一带一路"沿线国家的贸易关系日益紧密，虽然贸易规模相对还较小，但贸易增速较快，区域内贸易互补性强于贸易竞争性。中国通过贸易投资便利化，积极推进国际产能和装备制造合作，开展多元化投资，培育"一带一路"经济合作新亮点。而庞大的"中国市场"将成为引领"一带一路"沿线国家经济持续增长的新动力。

一是中国是"一带一路"沿线国家最重要的贸易伙伴和最大的进出口市场。中国在"一带一路"提升全球贸易地位方面发挥了关键作用。中国是"一带一路"主要贸易国家的重要进出口市场，其贸易合作潜力正在持续释放。从贸易总额来看，中国在"一带一路"沿线国家中长期稳居最大贸易国的位置。2013—2018年，我国与"一带一路"沿线国家货物贸易总额超过6万亿美元，已经成为25个沿线国家最大的贸易伙伴（见图1-14）。

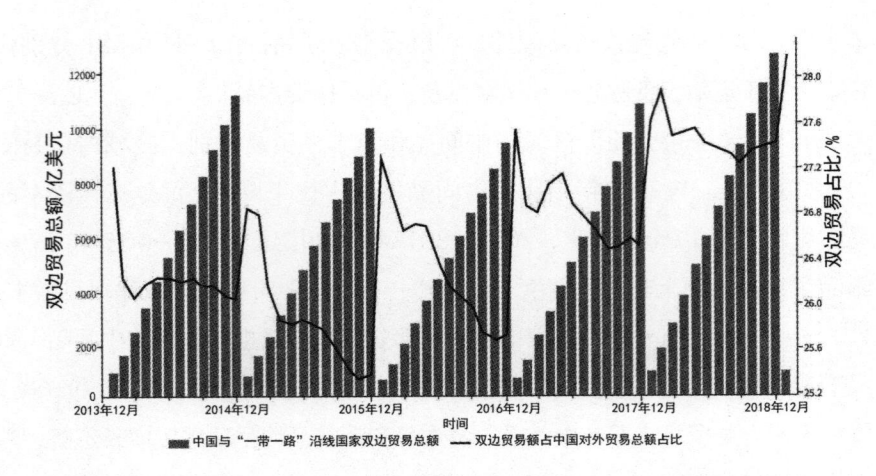

图 1-14 中国与"一带一路"沿线国家的双边贸易呈快速增长趋势
数据来源：中国海关总署

二是中国已成最大的中间品贸易国，市场需求助力"一带一路"生产网络形成。中间品贸易以及全球价值链贸易快速增长，成为全球贸易的主要形式。根据世界银行、世界贸易组织、经济合作与发展组织等联合出版的《全球价值链发展报告2017》，全球有三大生产中心深度参与全球产业链，分别是美国、亚洲（中国大陆、日本、韩国），以及欧洲（特别是德国）。目前，中国已经成为"一带一路"主要中间品贸易大国（见图1-15），位居全球中间品出口首位。

三是中国面向"一带一路"沿线国家的产业转移特征凸显。"一带一路"倡议下，印度尼西亚作为亚洲新工厂的代表，其与中国的生产关联逐渐增强，这主要是因为中国制造业转型升级的推进，一部分相对低技能的生产外包给东南亚等国家，使得中国与它们的生产关联大大提高。另外，随着中国人工、资源、能源和环境等成本的上涨，中国传统优势的加工制造业的国际竞争力受到削弱，劳动密集型产业大量向印度尼西亚、越南、马来西亚、缅甸等东南亚国家转移。近几年中国对东盟制造业的对外直接投资呈现加速上升的趋势，2015年、2016年中国对东盟制造业的直接投资同比增速分别为73.4%和

34.3%，2017年中国对东盟地区并购投资达341亿美元，同比增长268%，创出历史新高。2018年，中国对东盟非金融类直接投资流量达99.5亿美元，同比增长5.1%。截至2018年年底，中国对东盟累计投资890.1亿美元，东盟对华累计投资1167亿美元，双向存量投资15年间增长22倍，中国对东盟的投资贸易呈现加快增长势头。

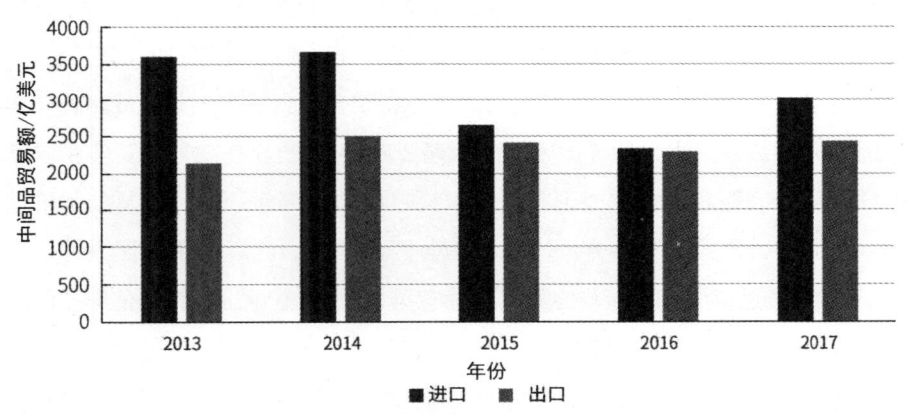

图 1-15 中国与"一带一路"沿线国家中间品贸易状况

随着中国资本品输出的加快，中国在"一带一路"区域的核心地位进一步凸显。

加快完善中国价值链支撑体系

未来全球产业竞争将是价值链上的竞争，价值链竞争决定中国产业核心竞争力，乃至决定未来经济的前途与命运。面对中美战略博弈引发的价值链重构，以及欧美等主要发达国家加快价值链竞争等多种挑战，中国必须以外部危机倒逼内部改革，统领战略安排，以"自主创新"为抓手，增强价值链韧性，全面构筑起稳固、灵活、创新、可持续、有竞争力的价值链支撑体系，加快向全球价值链上游攀升，推动贸易结构和产业结构全面升级。

（一）促进中国价值链、产业链、供应链升级的战略安排

全面提升中国整合国际资源的能力，创造价值链下产业升级转型的制度环境，要充分发挥政府汇聚全球的技术、智力等资源的能力。近年来，全球产业开始注重国家力量的重要作用。国家干预已经成为新一轮全球化竞争中维持国家创新力和产业竞争力的必要手段，美、欧、日、韩等主要国家都已经出台了引领本国未来产业发展的国家战略政策。特朗普上台后美国科技战略转向集中国家力量，德国出台的《国家工业战略2030》也凸显在高科技竞争中国家主导优势的战略意图，主要国家在未来科技颠覆性创新领域，以及加强价值链、产业链、供应链竞争方面不遗余力。因此，中国应着眼于顶层设计，在《关于积极推进供应链创新与应用的指导意见》[1]政策基础上，将价值链、供应链、产业链上升到国家战略层面。积极构筑中国自主的国家价值链体系，优化产业链和价值链生态体系，全面提升中国全球价值链水平，统筹战略安排。

一是要加速推进传统劳动密集型产业转型升级。一方面要抓住工业机器人发展的历史性机遇，用新技术改造提升劳动密集型产业，尽可能保持中国在这些领域的国际市场份额；另一方面要处理好产业转移与转型升级的关系，打造中国与承接国之间上下游产业链，避免产业空洞化。

二是要用开放发展战略引领资本技术密集型产业，提升国际竞争力。打造以5G、新一代信息技术、人工智能、数字经济、航空航天、生物制药等为核心的战略性新兴产业集群；加大汽车、石化等传统资本技术密集型产业开放与改革力度，加速提升其国际竞争力。

三是把增强服务业国际竞争力提升到国家战略高度。彻底改变"对外开

---

[1] 2017年10月13日，国务院发布了首项部署供应链创新发展的政策。2018年4月10日，商务部、工信部等8部门联合发布《关于开展供应链创新与应用试点的通知》，明确提出"融入全球供应链，打造'走出去'战略升级版"。

放不足，对内管制过度"的局面，把服务业作为新一轮开放重点，深化服务经济体制和市场化改革，增强服务业国际竞争力，扩大服务贸易出口。特别应更大力度提升以新一代信息技术和互联网为基础的数字贸易、跨境电子商务的竞争优势。

四是充分挖掘国内市场需求，推动全球高级要素向中国集聚。通过庞大的内需市场，吸收国外高级生产要素，如技术、人力资本是推动中国产业升级的重要政策选项。总体看，中国吸收国际资本的综合优势并未明显减弱。扩内需政策将进一步激发国内市场增长潜能，逐步提高的劳动力素质和相对完备的配套能力为吸收高附加值、高技术含量的外商投资创造了发展条件。此外，创新驱动发展战略的推进和鼓励战略性新兴产业发展措施的实施，为提高外资质量和水平提供了政策支撑，区域差异和多层次劳动力继续为多类型外商投资提供广阔空间。伴随着本土高增长的市场容量，中国正由全球跨国公司的制造中心转变为战略中心和决策中心，这带来了整个价值链的转移。中国应该改变片面的"市场换技术"的外向产业发展战略，充分挖掘庞大的内需市场，吸引全球高级生产要素向中国集聚，从利用自身要素成本竞争力向利用跨国生产要素融合的价值链竞争力转变。

（二）加快形成价值链、产业链、供应链安全保障战略体系

长期以来，美国对全球经济的控制力也体现在对全球价值链、产业链、供应链的控制上。美国政府在全球率先设立了维护其全球价值链、供应链安全的供应链竞争力委员会，在2012年制定了《全球供应链安全的国家战略》，每年以总统的《国家供应链竞争力报告》监测全球供应链。中国虽是价值链和供应链大国，但非强国，在全球化价值链、供应链安全建设上仍处于起步阶段。

首先，避免"断链"风险，加快实施"进口替代"战略。保持价值链、供应链稳固和有韧性，应加快实施"进口替代战略"。"进口替代"不意味着放弃进口，更不意味着故步自封，它的优势体现在：一是能为本国工业发展创造温和的成长环境，形成自身的技术创新能力；二是改善本国的经济结构，增强经济增长的独立性；三是提升本国在国际分工体系中的地位，加快工业化进程，推动经济发展方式转变。面对国际形势的变化以及中国经济形势的改变，保障价值链、产业链、供应链的稳定性，实现"进口替代"将助力国内产业升级，重构全球产业格局。因此，中国应加快推进某些产业进口替代，提高附加价值比重，全面提升全球价值链水平，将"危机"转化为一次真正的"机遇"。

其次，强化国家价值链、产业链、供应链安全保障体系建设。中国制造业体量庞大，需要的要素资源较多，但目前中国对一些具有战略意义的要素供给缺乏控制力，制造业供应链安全亟待加强。例如，油气、金属矿产资源严重依赖国外，海外权益资源不足；半导体材料、集成电路供应链主要被外国企业掌控；一些高附加值化学药品、特种化学制剂生产能力尚不具备等。因此应按照总体国家安全观的思想，将国家价值链、产业链、供应链安全纳入经济安全范畴，加强价值链、产业链、供应链安全保障体系顶层设计。具体包括：

一是强化工业能源与原材料价值链、产业链、供应链。重点是理顺能源价格，加强油气资源海外布局，充分保障工业能源供给，提升各类金属资源集约利用水平，建立和充实各类战略资源储备库。

二是强化半导体材料和集成电路价值链、产业链、供应链。持续加大国家投资力度，突破集成电路领域的技术瓶颈，消除技术代差，牢固掌控硅基半导体、化合物半导体等上游制造环节。

三是强化化学药品和制剂价值链、产业链、供应链。以保障特效药、新型药品、生物制药以及国防工业所需化学制剂供给为目标，增强基础化工、精细化工供应链，保持各类化学制剂生产能力。

四是加快对外领域的中国经济产业安全保障制度的完善与实施。在创造更加开放的制度环境的同时，也需要在法律、规则、规范等诸多层面保障国家核心利益不受到重大威胁。中美贸易摩擦升级加剧，以及高科技博弈的展开，已对全球产业链、供应链安全构成严重威胁，产业安全问题变得日益突出。从中长期看，中美科技博弈的大幕刚刚拉开，中国在促进产业开放、市场开放的同时，也需要在外商投资负面清单制度以及产业指导目录的框架下，加快完善国家经济安全保障制度。

全面确立"科技强国"和"创新立国"战略

中美博弈进入新阶段，贸易摩擦对中国经济乃至全球经济秩序产生深远影响，为化解外部危机，倒逼内部改革势在必行。

近两年来，中国改革开放的步伐不断加快，正在深化供给侧结构性改革，加快创新型国家建设，全面实施市场准入负面清单制度，促进市场统一和公平竞争，政府职能转变积极推进，扩大内需政策不断出台。除了加快结构性改革，更重要的是全面确立"科技强国"和"创新立国"战略，通过制度性开放以及参与推动双边、诸边、区域性自贸区网络，为未来发展创造更开放的内外部发展环境。

其中，"自主创新"是中国打赢中美持久战的关键。中国必须全面实施"科技强国"和"创新立国"战略，围绕产业链部署创新链，围绕战略性新兴产业集聚科技资源，对战略性新兴产业上下游的核心、关键以及共性技术进行攻关，通过创新链驱动，突破一批关键技术，使战略性新兴产业实现跨越式发展。以创新链为引导，增强传统优势产业的自主创新能力，推动拥有核心技术和关键技术的传统企业集聚优势资源加速发展，从而带动整个传统优势产业转型升级。特别是在加大基础创新和产业方面，全方位夯实研发与创新基础，尤其要促进科技人才和创新体系建设，加强作为国家基础设施重要组成部分的创新基础设施建设。但由于创新基础设施具有基础性、战略性、公共性、不可逆性、长期性等特点，发达国家普遍将创新基础设施建设作为强化本国自主创新能力和国际竞争力的重要举措。中国创新基础设施普遍落后，必须强化对国家创新基础设施建设的投入，未来需要更多考虑如何形成对创新基础设施、大数据、云计算等领先的信息基础平台，以及国家科技创新实验室等的可持续投入和发展机制。具体包括：

一是借鉴美、德等国家科研顶层统筹的经验，汇集国内优秀研发力量组建一些协同创新中心。例如，美国国防高级研究计划局（DAPAR）、Google X实验室、洛斯·阿拉莫斯国家实验室、德国人工智能研究中心（DFKI）等。瞄准受制于人的关键核心技术，特别是大数据、人工智能等关系全局的新兴领域技术短板，集中力量攻坚克难。

二是加大力度实施知识产权战略，促进产业结构不断升级。知识产权与货物贸易、服务贸易并重，成为世界贸易组织的三大支柱。世界贸易组织将货物贸易的规则、争端解决机制引入知识产权领域。随着知识产权在世界经济和科技发展中的作用日益凸显，越来越多的国家都认识到未来全球竞争的关键就是经济的竞争，经济竞争的实质是科学技术的竞争，而科学技术的竞争，归根结底就是知识产权的竞争。中美贸易摩擦中美国将知识产权武器化，这给我们更大的警示：一方面，促进知识产权管理在创新和产业升级中发挥更加积极的作用；但另一方面也需要通过知识产权保护本国核心利益。因此，政府应从政策和资金角度入手，推动企业实行质量、技术战略，提高产品的附加值和品牌效应，促使产业结构向高级化发展，这样才能从根本上解决知识产权壁垒的问题。进一步明确国家科技计划实施中的管理和承担单位对其研究成果享有知识产权，允许政府实验室和公立大学保留技术成果的知识产权，有权实施知识产权的商业化，并有义务按R&D投资比例建立相应的管理机构，从事知识产权管理和技术转移。同时，中国必须加紧制定和实施知识产权战略，保护国家的技术安全，提升国内的自主创新能力和防止跨国公司的知识产权滥用。

三是加大制造业产能共享的溢出效应。制造业产能共享主要是指基于新一代信息技术，通过互联网平台，围绕制造过程的各个环节，将闲置或优质的制造资源和制造能力进行共享，实现资源优化配置，最大化提升生产资源利用效率的新型经济形态。制造业产能共享主要包括设备共享、技术服务共享、生产能力共享，以及综合性服务共享，重构产业链、价值链、供应链。应特别发挥大企业优势，为创新和产业研发提供公共基础设施。华为等创新驱动大公司应为中小企业创新提供更多的基础平台，加大创新溢出效应。

四是培育高科技产业世界级领军企业。培育世界先进制造业集群，并将其置于长期战略突出位置，增强对全球价值链的参与度和控制力。因此，应加强全球研发布局，鼓励大幅提升企业R&D研发强度，特别是包括大型制造业在内的国有企业亟待在法人治理结构、国有资本授权经营体制、混合所有制、股权收益权激励等方面推进积极有效的改革。

（一）全面提升价值链、产业链、供应链竞争力

自2018年11月1日起，中国关税总水平逐步降至7.5%。2019年1月1日起下调94项产品的出口关税，并从2019年7月1日起下调298项信息技术产品的最惠国关税。然而，美国对中国输美2500亿美元的商品加征25%的关税，这一举措大幅提高了中国整体贸易成本，并抵消了此前降税的效果。为了优化国际产业合作，要消除价值链壁垒，综合考虑降低生产成本、贸易成本、循环成本等，进一步降低平均关税水平，削减关税峰值和最高关税，鼓励部门贸易自由化（零关税），抑制关税升级，取消进出口中的配额和其他数量限制，修改原产地规则中的累计原则以鼓励区域价值链贸易发展。

首先，进一步降低贸易成本。贸易成本包括关税壁垒和非关税壁垒以及贸易保护政策施加的贸易障碍。因此，一是税目和税率合理诉求进一步调整空间。例如，可以考虑设定特定税则税目、实施暂定关税税率、调整消费税率、提高出口退税率等，从而进一步提升国际竞争力。二是在协定税率方面，有进一步下调的空间。特别是随着"一带一路"倡议的不断推进，中国正在积极与更多的国家和地区签订双边及多边自贸协定。同时，随着各类关税税率的不断调整，协定税率与最惠国税率及暂定税率之间的差异也应有所变化。同时在非

关税壁垒方面，中国应积极通过改善营商环境，在WTO等多边贸易框架以及区域贸易协定框架下，积极推动贸易投资便利化措施，降低或消除价值链和供应链壁垒。

其次，降低综合生产成本。中国现行企业所得税率为25%，较美国降税后的21%高4个百分点，尤其是制造业领域，中美制造业成本正在拉近，中国的电力、煤炭、天然气、成品油价格均高于美国。因此，应加大力度推进制度性结构性改革，将减税与税改相结合，坚持结构性减税方向。特别是推进技术创新的普遍税收政策，对企业研发实行消费型增值税，降低研发投入的增值税税率，普遍实行增值税减免政策。同时，在融资、用地、社会保险、运输、能源、制度性交易方面推出进一步优化措施。

（二）向全球价值链与国家价值链互动模式转变

从产业分工路径看，过去中国工业及制造业的发展更多从属于全球产业分工模式下的全球价值链，而忽略了国内市场需求。在中美贸易冲突加剧，低成本、低价格的比较优势逐步丧失的竞争环境下，需要我们重新审视全球产业格局，将过去单纯依靠全球价值链模式向国家价值链模式转型，形成全球价值链和国家价值链相互协作的价值链模式，这也是减缓国际贸易冲突，提升中国工业，特别是制造业价值链的重要路径。

（三）避免"断链"风险，加快进口替代

进口替代不意味着放弃进口，更不意味着故步自封，它的优势体现在：一是能为本国工业发展创造温和的成长环境，形成自身的技术创新能力；二是改善本国的经济结构，增强经济增长的独立性；三是提升本国在国际分工体系中的地位，加快工业化进程，推动经济发展方式转变。面对国际形势的变化以及我国经济形势的改变，保障价值链、产业链、供应链的稳定性，实现"进口替代"将助力国内产业升级，重构全球产业格局。因此，我国需要加快推进

某些产业进口替代，加强高端制造产业创新投入，大幅提升制造业R&D强度，提高附加价值比重，全面提升中国全球价值链水平，从而将这次"危机"转化为一次真正的"机遇"。

推进"一带一路"实现价值链、产业链、供应链重构

中美贸易摩擦将推动中国产业在全球布局的速度，重构"一带一路"产业链、价值链、供应链。应支持自贸区与沿线国家开展贸易供应链安全与便利合作，通过依托经贸合作区、跨境产业集聚区、自由贸易区等，加快推动中国产业转移、国际产能合作。加强东、中、西部自贸区经济合作，做好产业链整合与分工，避免省际的无序竞争。同时消除投资和贸易壁垒，构建区域内和各国良好的营商环境，激发和释放合作潜力，促使"一带一路"更多国家融入全球供应链网络体系，实现生产率的大幅提升。

加快实施高质量对外开放战略，推进双边、诸边自由贸易协议实施。

面对美国的单边主义，在全球化遭遇强大"逆流"、多边贸易体系遭遇重创的背景下，中国坚定推动开放型世界经济体系建设，按照高质量发展的要求调整对外开放战略，扩大更高水平的对外开放。中国自2007年确定了实施自由贸易区战略，已经陆续与周边15个国家（地区）签订了区域自由贸易协定，这意味着在WTO多边贸易体制外，中国正通过跨国区域贸易合作，进一步构建开放型经济新体制。因此，应推动高质量、高标准自贸区发展战略，并在升级已有各类自由贸易协定的基础上，全面加强"一带一路"合作倡议，与其他各类贸易框架和区域贸易协定对接合作，在贸易政策、投资政策、产业政策以及全球价值链方面展开合作。加快打造立足周边、辐射"一带一路"、面向全球的自由贸易区网络框架。

此外，推进建立以全球价值链为重点的国际经贸以及全球投资协定。

WTO框架的规则很少考虑全球价值链，主要是自由贸易协定的规则多少会涉及全球价值链的相关内容。但是这些自由贸易协定的成员方数量有限。

一是对标高标准国际经贸规则，加快建设区域全面经济伙伴关系，推动中日韩自贸区协定、中欧双边投资协定（BIT）谈判尽早达成，并启动加入全面与进步跨太平洋伙伴关系协定（CPTPP）、中欧自贸协定的可行性研究。特别是区域全面经济伙伴关系、中日韩经济合作机制、全面与进步跨太平洋伙伴关系协定对提升区域竞争力的战略性需求更为紧迫。以高标准为目标推进中日韩自贸协定谈判有助于三国间贸易壁垒的取消和降低，将促进三国经济和产业链全面融合，并有助于探索适合亚太地区的贸易投资规则体系。

二是应主动倡导以中间品贸易为主导的诸边贸易谈判。从国际上看，中间产品贸易对各经济体的重要性显著增加，占整个服务贸易的70%，整个货物贸易的2/3。但目前的贸易规则仍以最终产品为对象，各区域、双边自由贸易协定中有关中间产品的贸易规则和标准各异，存在碎片化问题，亟须整合。从国内看，中国作为制造业大国，中间产品贸易量巨大，复进口正成为中国贸易的重要组成部分，中国与发达国家之间失衡的成分被严重夸大，成为贸易摩擦的重要来源。所以构建和完善贸易增加值统计体系，降低中间品进口关税，完善中间产品知识产权制度等对中国而言意义重大。因此，可以将中间产品贸易作为在国际贸易规则框架下中国主动发起诸边谈判的议题之一。

第二章

全球面临
逆全球化冲击

第一节 贸易失衡背后的真相

"失衡"一直是横亘在全球经济中的焦点问题。为解决"贸易失衡"问题,特朗普执政以来先后挑起与中国、墨西哥、加拿大、欧盟、印度、韩国等主要经济体的贸易冲突,已有近40个国家和地区受到美国的贸易威胁或关税制裁。然而,"关税大棒"适得其反,美国贸易逆差没有下降反而继续攀升。美国贸易逆差是结构性、系统性和长期性的,其不仅源于美国独特的"高消费—低储蓄"的经济发展模式,美元霸权的制度性基础,更源于各国之于不同资源禀赋和不同比较优势下国际大分工格局的全球化力量。

美国全球化史就是一部贸易失衡的历史

美国商务部公布的数据显示:2018年,美国商品出口额和进口额分别为1.67万亿美元和2.56万亿美元;以国际收支为基础的商品贸易逆差为8913亿美元,扩大了838亿美元,增幅10.4%。其中,美国对华货物贸易逆差总额4192亿美元,较2017年扩大436亿美元。美国对欧盟货物贸易逆差总额1693亿美元,较2017年扩大179亿美元。"美国优先"的贸易政策并未阻止美国贸易赤字持续扩大。

事实上，比中美贸易失衡历史更古老的话题恐怕是美国长期贸易失衡，某种程度上说，美国的全球化史几乎就是一部贸易失衡的历史。二战后，美国在经济实力上一直处于绝对优势地位。战后初期的美国由于产品具有较强竞争力，极力推崇贸易自由化战略。在1946—1970年的24年里，美国对外贸易一直表现为贸易盈余，然而随着布雷顿森林体系崩溃，美元与黄金脱钩，1971年美国出现了自1893年以来的首次贸易逆差，为1.52亿美元。此后逐年递增，一跃成为世界上最大的贸易逆差国。1987年超过千亿美元大关达到1736亿美元。2006年达到历史最高点，几乎占美国GDP的6%以及世界GDP的1.5%。美国对全球超过100个经济体呈现贸易逆差。从分布看，美国仅与中南美洲、中国香港、荷兰、澳大利亚、比利时少数经济体保持顺差，而与中国、欧盟、墨西哥、德国、日本等全球主要贸易伙伴都处于逆差状态，是全球最主要的逆差贡献国。

美国贸易逆差的"经济之谜"

美国长期持续大幅逆差似乎成为"经济之谜"，对此经济学界有不同的假说，比如储蓄失衡说、国际货币体系说、国际分工说等。美国庞大的贸易失衡和经常项目贸易逆差正是当前国际货币秩序和国际分工格局的重要体现。美国利用货币主导权，滥用金融信用，贸易赤字和财政赤字的增长速度远远超过其国内生产力的增长速度，美国极低的国民储蓄率导致的储蓄赤字也使得美国总需求长期超过总供给，成为全球经济的风险之源，并直接导致了2008年国际金融危机的爆发。

开放经济中的国民收入恒等式是我们理解美国贸易赤字、储蓄赤字、财政赤字及其相互关系的基本框架。根据国民收入恒等式：$(X-M)=(S-I)+(T-G)$（其中，X为出口，M为进口，S为私人储蓄，I为私人投资，T为税收收入，G为政府支出），将等式变形即可得到"财政赤字+储蓄赤字=贸易赤字"。可见，美国经常项目下的贸易逆差赤字实际上是由政府和居民支出超过收入所造成的，这部分的过度支出需要外部融资弥补其债务亏空，并使贸易失衡和经常项目赤字长期化、巨额化。美国财政部数据显示，美国政府债务占GDP比重从1974年的31.9%飙升至2018年的107.2%，美国国债规模也超过22万亿美元，再次刷新了美国国债规模的历史纪录。

从美国国内经济结构看，美国贸易逆差是储蓄—投资不平衡的结果。美国国内的国民储蓄率长期低于美国国内的国民投资率。国内储蓄不能满足国内投资需求，只能依靠"进口"储蓄来支撑国内投资需求，这就是典型的"美国模式"——"高消费、低储蓄"。美国经济分析局数据显示，美国总储蓄率在1965年到达最高点的24.9%后，20世纪80年代，储蓄率和投资率都出现了下降，但储蓄率下降得更快，导致资本流入和贸易逆差增加。这一时期美国储蓄率下降有两个重要原因：一是联邦预算赤字引起的公共储蓄率下降；二是私人储蓄率下降。此后，美国储蓄率一路下滑，直至降至2009年金融危机期间的最低点13.7%。虽然国际金融危机在一定程度上让美国风险意识和家庭预防性储蓄意识增强，达到了2018年的17.3%，然而在全球前十大经济体中，美国储蓄率仍是最低的。

对于"一国外部失衡归根结底是国内失衡的结果"这一论断，美国经济学界内部也有认同。2005年美国国会研究部经济学家在提交给国会的报告中指出："逆差扩大的原因主要是由国内外宏观经济条件决定的，并非受到贸易壁垒或者外国商品倾销的影响。美国支出超出了其产出，需求大于供给，其结果就是外国产品的净流入，导致贸易逆差。而同时，其他国家的产出超过其国内的支出，必然产生贸易顺差。"

美元霸权是美国经济增长的制度基础

二战后,国际政治经济秩序经历的最深刻变化就是美元霸权的形成,而这也使贸易逆差成为美元输出的主要途径。美元的特殊霸权地位,加上美国市场巨大的容纳能力,使得通过贸易逆差"出口"的美元又几乎通过资本与金融账户"进口",才会使得债务型经济增长模式得以长期存在,而且美元霸权的运行机制具有内在强化特征。

美元作为关键货币和美国作为流动性主要提供国这两点,是支撑美国历史上打贸易战甚至冷战从而维护霸权的最重要的制度安排。美元在国际货币体系中的中心地位为美国提供了全球性铸币税收入,美国政府不仅能够凭借政府职能在国内获得铸币税收入,而且能够基于美元在国际贸易和国际借贷中的地位,通过国际贸易取得铸币税收入。自20世纪70年代以来,由于美国公共债务和私人债务迅速增长,美国的储蓄与投资差距显著扩大,与此同时,同等数量的美元与美国国债在美国之外被增持。因此,当前的国际货币体系和经济格局决定了美元和美债的强劲需求,美国贸易逆差有增长的系统倾向。

然而,与此相伴也形成了所谓的"特里芬悖论"。"特里芬悖论"是指全球主要储备货币国家面临的两难困境:要保持储备货币国家的地位,要求经济必须坚固稳定,但同时国家必须保持贸易赤字和财政赤字,用资本输入来平衡国际收支,否则主权货币就不可能成为主要的贸易结算货币、国际储备货币和金融避险货币。但是,这种地位反过来又会侵蚀经济的坚固性和稳定性,这就形成了"特里芬悖论"。

金融分工理论下的国际"双循环"

恒等式论、美元特权论只能说明为什么美国存在贸易失衡，且长期存在贸易失衡，但并不能解释贸易失衡为何越来越严重这一现象。事实上，随着全球化分工格局的不断深化和各国主导产业形态的变化，20世纪八九十年代后世界经济呈现出一种新格局，即出现了以金融分工和贸易（产业）分工为纽带的"双循环"：一面是在实体经济有强大优势的德国、日本以及中国等商品输出大国，拥有庞大的贸易顺差和经常项目盈余；另一面是具有强大金融优势的以美国为代表的经济体，其主要输出货币、金融产品以及各类金融服务，因此拥有大量的贸易逆差和经常项目赤字。

基于新的金融分工理论来看贸易失衡背后的逻辑就更加清晰。一个国家必须提供对外贷款，为净出口融资，而世界其他国家也愿意借款，为其进口盈余融资。由于净进口或出口余额需要抵销净对外借款或贷款，经常账户余额必须刚好被资本账户余额抵销。简单来说，经常账户 = 商品 + 服务 + 要素服务 + 资金转移，其中要素服务包括应付外国投资者的利息、利润或外国投资赚取的利息收入。

20世纪80年代后期至90年代初，随着越来越多的国家开始通过对外借款来支持其经常账户赤字，这些资金流动显得越来越重要。例如，中国外汇储备作为美国财政部证券存放在纽约联邦储备银行可产生利息收入，这些利息作为借方记入美国经常账户，并作为贷方记入中国余额，金融账户下的失衡甚至超过简单的双边贸易往来所造成的失衡。

从20世纪70年代以来，金融资产在全球资产总额中扮演的角色越来越重要。随着美国去工业化的日益深入和经常项目账户逆差的日益扩大，美国的经济增长动力日益从生产和贸易转移到金融经济的增长上，特别是从20世纪80年代开始，美国的对外经济模式开始转变为贸易资本的输出和金融资本的输入，美国通过提供金融资产接收了大量的跨国资本流入。在此基础上，国际分工格局形成了新局面：美国通过向世界提供美元和金融产品，利用自身的信息优势和技术优势获得周转和交易中的溢价。

美国金融角色的转变对全球经济格局产生了较大影响，主要体现在以下方面：一是风险资本的盈利模式及金融机构资产负债结构的变化；二是一国资本的输出脱离了商品的输出；三是全球资源的配置更加依赖于全球范围内的资本流动；四是中心国家的金融风险更容易向外围国家转移，转移渠道增加。在全球经济增长乏力以及短期内不可能出现推动全球经济增长的创新因素的背景下，国际分工格局不可能从根本上发生改变，全球利益的分配将成为各国关注的焦点。然而，伴随着美国从"世界银行"转向"风险资本"的中心，全球利益分配方式已经不仅体现在贸易经常项目上，金融利益所得也成为全球利益分配的重要渠道。

从全球金融分工主导的资本循环来看，美国占据了全球金融分工体系最高端，美国金融资本不断向以中国为代表的发展中国家流动，而由发展中国家贸易盈余所形成的储备资产又通过资本流动输往美国。这种国际金融分工格局带来的最大影响是资本在全球配置中流动失衡，中国等国在全球金融分工体系中处于不利地位，而美元资本则凭借其作为国际货币在国际贸易定价结算、金融资产定值、交易和投资，以及储备货币等方面的优势地位，主导着全球金融格局。其负面结果就是不断金融自由化和放松规制导致的资产证券化，致使虚拟经济迅速发展，美国实体经济、制造业日益空心化以及贸易全球失衡进一步加剧。

美国贸易失衡中的结构性问题

美国贸易失衡不仅长期化、巨额化、系统化，还有明显的结构化特征。在美国逆差来源国中，亚洲，特别是东亚是其最主要的逆差来源。WTO统计数据显示，1985年至今，亚洲地区对美国货物贸易逆差贡献均值为73%。其中，亚洲地区对美国货物贸易顺差主要来自于6个国家和地区，即日本、韩国、印度尼西亚、印度、中国和中国台湾。这6个国家和地区对美国货物贸易顺差的贡献占整个亚洲地区的90%。而随着中国取代日本成为亚洲最重要的中间品贸易大国以及贸易节点，中国也取代日本成为美国最大的贸易逆差来源国。

美国贸易失衡的结构性特征可以说与全球价值链形成和深入发展不可分割。20世纪80年代以来，全球范围内制造业出现了三次跨国大转移，制造业跨国投资、技术合作、合同制造等大大推动了生产全球化，特别是随着跨国公司全球一体化和内部生产网络的形成，经济全球化在生产、制造、流通领域表现突出，全球价值链基础也由此形成。各国资源在世界范围内进行优化配置，产品的生产链也被最大限度地细分，出口品价值由不同生产模块上的不同国家组成，价值链贸易对全球经济和贸易增长的贡献度显著增加，平均占到全球货物贸易的60%左右。

全球价值链贸易形态下，大量的原材料类中间投入品、零部件类中间产品在整个价值链中流动，从而产生了大量的中间产品贸易。以加工贸易为代表的中间品贸易不仅催生了亚洲区域的"三角贸易"，也使得中国可以在较短时间内发展成为规模与深度兼具的"全球制造基地"。然而就价值链分工的水平和所处的位置而言，美国在全球价值链的高端，进口第三国的中间产品较少；而中国对美国的出口中，包含相当比例的中间投入品，中国从第三国进口中间产品形成贸易逆差，再向美国出口最终产品形成顺差，因此背负了其他国家对中国的顺差，并转化为中国对美国的顺差。

美国东亚银行所编制的数据就曾经反映了全球价值链对贸易失衡的影响。这些数据将美国作为一个国家的贸易失衡数据与根据贸易往来企业来源国所调整的数据予以区分，也即在全球范围而非美国国内衡量美国公司的贸易失衡。在这种情况下，美国贸易失衡水平显著降低。例如，一家美国公司在中国拥有合资企业，则对于企业在中国对美国的出口额，应将其中49%计为美国公司的份额，同时减少中国对美国的出口额。即使该企业位于中国，这些出口额仍然属于美国公司的出口收入。

联合国贸易和发展会议数据显示，跨国公司主导的全球价值链占全球贸易的70%以上，近年来，全球100家最大跨国公司的海外销售收入和雇员人数的增速都明显高于母公司的业绩增长。加入WTO以来，美国跨国公司主导中国加工贸易也成为价值转移和贸易利益的主要获利者。中国商务部发布的《关于中美经贸关系的研究报告》显示，2017年，中国货物贸易顺差的57%来自外资企业，59%来自加工贸易。以贸易总值和关境为基础的国际贸易统计法，高估了中美贸易逆差情况。一项资料表明，如果扣除跨国公司关联交易，美国对华逆差将下降30%；扣除在华外资企业出口的因素，美国对华逆差将减少63%；如果再扣除加工贸易部分，这个数字将减少更多。

由此可见，各国产业结构的关联度和依存度因全球价值链深入合作得以极大提高，一国产业结构只有在全球价值链分工中才能获得要素配置效率和资源整合效率提高所带来的全球化红利。美国贸易失衡的系统性问题不会因特朗普极限施压的关税政策和对全球主要贸易伙伴发动贸易战而发生根本改变，但却可能让全球进入一个更加动荡的新时期。

第二节 全球贸易面临"特朗普陷阱"

这是一个全球化处于低潮的时代,这是一个国际关系重回丛林的时代。特朗普政府与包括中国在内的全球主要经济体之间关于贸易问题的博弈日趋激烈,国际经贸秩序正遭遇二战后最严重的逆全球化与保护主义冲击。

二战后国际经贸秩序面临"特朗普陷阱"

多边贸易体系是二战后国际经济秩序的核心。关税及贸易总协定(General Agreement on Tariffs and Trade,GATT)以及后来的世界贸易组织,作为一个政府间缔结的关税和贸易规则,是奠定了战后国际贸易体系基础的多边国际协定,其宗旨不仅是要大幅度削减关税和其他贸易壁垒,更重要的是要消除国际贸易中的差别性歧视待遇,促进国际贸易公平化和自由化,以充分利用世界资源,提高全球福利水平。

特朗普政府已经成为全球贸易保护主义以及破坏国际经贸秩序的最大推手。特朗普公开提出要用"对抗性"的方法来解决国内结构性问题以及应对全球性挑战。特朗普发起的贸易摩擦本质上是对当今以全球价值链分工为主要特征的经济全球化的挑战。这一挑战从经济层面看是破坏全球生产网络,导致全球价值链收缩乃至断裂;从规则和制度层面看,则是要破坏、抛弃和重构全球自由贸易体制和秩序。如果特朗普政府制造的贸易摩擦不能得到有效控制,全球生产体系和制度规则势必遭遇双重破坏。特朗普就任以来,不仅加紧实施"反补贴""反倾销""337"等常规性贸易救济调查,"301条款"、"201条款"、"232条款"、"全球保障措施"以及对贸易伙伴征收惩罚性关税等非常规性和强硬的贸易保护措施也同步实施。难怪比起"修昔底德陷阱",有许多国外学者更担忧全球陷入"特朗普陷阱"。"特朗普陷阱"对中国以及对整个世界经济都是极其危险的。

"公平贸易政策"颠覆多边贸易规则体系

其实,特朗普政府的新贸易政策与奥巴马政府时期的贸易政策并无本质区别,都是高举"公平贸易"的大旗。只不过,特朗普政府从奥巴马政府主张的以规则为基础的"公平贸易"进一步转向了以利益为基础的"公平贸易"。具体来看,特朗普政府的对外贸易政策呈现出将经济安全上升到国家安全的高度、加强贸易执法维护"公平贸易"、重谈自贸协定寻求有利条款、改变甚至颠覆多边贸易规则体系等突出特点。

第一,"美国优先"比国际规则和秩序重要。特朗普政府对于国际机制保持"有利则用、不利则弃"的态度。特朗普政府在《2017年总统贸易政策议程》中就强调,美国不得不重新评估其构建的开放、多边的国际规则体系在运转和实现自身国家利益方面的效率。美国贸易代表办公室认定中国存在"强制技术转让"行为的主要理由之一是,中国对某些行业包括增值电信、基础电信、银行、医疗、测绘等服务业实行外资准入限制,而这些服务行业的开放问题显然涉及《服务贸易总协定》中的市场准入和国民待遇条款以及中国的服务贸易开放承诺。

第二,将经济安全上升至国家安全的高度。特朗普政府格外强调维护美国主权和经济安全,绝不容忍任何侵犯美国经济的不公平行动,表示将动用一切可用工具捍卫国家主权,并试图把国内经济和贸易政策纳入国家安全范畴,重塑围绕这些政策的全国性辩论。特朗普政府上任后每年发布的《总统贸易政策议程》均表示要捍卫美国国家安全,首份美国国家安全战略报告也强调"经济安全就是国家安全"。

第三，全面弱化甚至颠覆全球多边贸易体制。1995年WTO成立以来，以规则为基础的多边贸易体制在促进各国开展合作、逐步开放贸易和投资中发挥了重要作用，也为成员解决贸易争端提供了可靠和稳固的机制。然而，我们看到，当前特朗普政府贸易政策显示出架空、边缘化，甚至更具进攻性地破坏WTO等诸边和多边机制。WTO的一项基本规则是"最惠国待遇"（关税及贸易总协定第1条），即对所有成员一视同仁，不得亲疏有别。除此之外，"301条款"还违反了"不得单方面报复"规则（《争端解决谅解》第23条）。该规则要求，如果一方成员认为另一方成员的做法违反规则，应该向WTO提起诉讼，而不是自行采取报复措施。此处需要说明的是，美国在依据其国内法"301条款"对中国的知识产权和技术转让等进行调查的时候，刻意回避了WTO规则问题，即认为调查事项不属于WTO规则管辖范围，自然不会受制于第23条规则。

特朗普政府曾多次在公开场合抨击世贸组织规则及其运行机制，更拒绝支持多边贸易体制。对于WTO、世界银行、国际货币基金组织、二十国集团等国际贸易和经济制度体系，美国多次要求放弃其对自由贸易的承诺，并导致2017年、2018年的亚洲太平洋经济合作组织（APEC）贸易部长会议均未在支持多边贸易体制问题上达成一致立场。特朗普政府极力阻挠WTO体制的正常运行，美国已数次（按照墨西哥代表所指出，这已经是WTO争端解决机制连续第12次会议未能在甄选程序上达成任何成果了）阻挠上诉机构开启新法官甄选程序，导致WTO争端解决机制濒临瘫痪。

第四，重谈自贸协定，寻求更有利于美国利益的条款。自1984年同以色列签署第一份双边FTA生效以来，美国目前共实施了12个双边FTA和2个区域FTA，并推动跨太平洋伙伴关系协定（TPP）和跨大西洋贸易与投资伙伴协议（TTIP）等大型自贸协定的谈判，建立了以北美地区为核心的自贸协定网络。然而，特朗普认为美国无法从"特惠型贸易网络"中获益，因此提出以双边FTA取代多边FTA，并对现有FTA进行重新谈判，推翻过去对美国不利的规则，维护美国劳工利益。特朗普上任伊始即退出跨太平洋伙伴关系协定，并称将同跨太平洋伙伴关系协定成员国进行双边自由贸易协定谈判，同加拿大和墨西哥重谈北美自由贸易协议，同韩国重谈美韩自由贸易协定，暂停跨大西洋贸易与投资伙伴协议谈判。相比区域和多边自由贸易协定，双边自由贸易协定更易操作，且美国可凭借强大的经济实力和广阔的市场吸引力占据谈判的主导地位。正如美国著名的历史学家和外交政策专家罗伯特·卡根所指出的，特朗普的世界是一场你死我活的斗争，没有基于共同价值观的关系，只有由权力决定的交易。

第五，通过单边贸易制裁（霸权）维护所谓的"公平贸易"。特朗普政府宣称的以美国"利益优先"为前提的所谓"公平贸易"，实质上抛弃了目前全球多边贸易体系，以双边"讨价还价"方式来寻求对美国更为有利的贸易条件，其根本是"规则霸权"。据不完全统计，特朗普政府上台后至2018年，就对数十个国家的94项"不公平交易"展开调查，同比数量激增81%。事实上，公平贸易观并不是特朗普的"专利"，但特朗普赋予了公平贸易更加不同的含义。特朗普倡导的"公平"原则实际上是"对等"原则。

二战后，"公平""互惠"概念已被世界各国广泛接受，并成为关税及贸易总协定以及后来世界贸易组织维护自由开放的国际贸易体系的基本原则之一。不过，20世纪70年代以来美国所提倡的公平贸易核心理念本意是"对等"，即贸易伙伴国需和美国采取同等的关税减让政策及边境内政策。美国政策决策者不仅从开放程度的不对称定义不公平贸易，还将贸易伙伴国的国内政策和制度作为重要依据。在"对等"理念指导下，任何同贸易伙伴国之间的不平衡贸易都可以被称为不公平贸易。随着美国贸易赤字逐渐增大，"对等"原则逐渐成为美国对外贸易政策的基石，并形成"贸易有益、进口有害"的单边开放市场观念。

全球贸易摩擦中的"规则霸权"

特朗普的"公平贸易"观，本质上否认了现行国际贸易秩序形成的历史背景和各国的差异性，这显然是极具颠覆性的。特朗普要求的"公平"主要体现在"关税对等"和"竞争对等"两个方面。各国现行的贸易自由化水平不同很大一部分原因是历史形成的。抛开历史不谈，不同发展阶段的国家贸易自由化水平显然不会相同。

从关税差别上看，当今WTO成员间的关税差别是多边贸易谈判的产物。从1947年开始逐渐削减全球贸易壁垒、允许不对称关税是更多国家进入贸易规则体系的唯一途径，这一规则使得经济体较小、尚处于发展初期的国家能够更加缓慢地降低关税。各国在经济规模、发展水平、所具备的生产要素、对贸易自由化的政治敏锐性以及关税实施等方面均有所不同，短期内达成统一关税税率几乎是不可能完成的愿景。

而饱受指责的中美关税不对等问题真相到底如何？罔顾事实的选择性利用不如用确凿的数据来说话。当前中国实际的贸易加权平均税率为4.4%，美国贸易加权的实际进口关税税率为2.4%，欧盟为3%，澳大利亚为4%。在美国最惠国进口税率中，关税水平0.1%以上的有5906个，5%以上的有3335个，10%以上的有1120个，20%以上的有218个，30%以上的有47个，100%以上的有13个。如果我们进一步考虑到贸易结构的因素，中国实际的贸易加权平均税率只有4.4%，已经非常接近发达国家。

对于市场竞争和技术竞争，最大的破坏者也许就是全球最大的科技强国美国自己。早前，美国总统科学技术咨询委员会发表了名为《确保美国半导体的领导地位》的报告。报告提到，中国的半导体的崛起，对美国已经构成了"威胁"，建议政府对中国科技产业加以限制。为了遏制他国潜在的产业竞争和技术追赶，1974年至2018年5月，仅仅是"301调查"，美国就发起了125起之多，世贸组织成员均深受其害。遭到最多调查的成员是欧盟，共27次，排在其后的是日本16次、加拿大14次、韩国11次、巴西8次、阿根廷6次、印度5次。

美国正试图通过贸易政策干预"中国制造2025"国内产业政策，以减少中国高新技术产业发展的政策支持；通过"301调查"，美国以知识产权保护为由，限制对中国高新技术产品出口及外商直接投资技术转让等，以阻断中国"干中学"通道。根据中国国家统计局发布的《高技术产业（制造业）分类（2017）》进行分析，美国制裁清单中有578种产品是高技术产品，占制裁清单产品总数的43.36%，分布在8个产业中，占制裁总额的56.15%。这表明，从清单表现出来的结果来看，美国制裁确实考虑了限制中国高技术产业发展，通过美国外国投资委员会（CFIUS）扩权改革以及推动《外国投资风险审查现代化法案》立法进程，限制、关闭中国高新技术产品输美市场及其投资。而特朗普在不断升级的中美贸易摩擦中部署新举措，动用20世纪70年代通过的《国际紧急经济权法》，限制中资收购或投资于《中国制造2025》所列战略行业的美国企业。

与此同时，特朗普在其《新税改法案》中也明确规定，阻止美国企业将其经营活动或高价值的专利、版权和商标转移至低税收国家。参议院版本的《新税改法案》还特别为从海外获得无形收入的美国公司创造了一种叫作"专利盒"的条款。该条款规定，对美国公司获得的"外国来源的无形收入"适用13.1%的税率。此举最大的目的是阻止苹果、谷歌或高通等公司的技术流动，以及知识产权交易等创新合作。

当前，在特朗普领导下的美国已经打开"潘多拉魔盒"，贸易摩擦一旦开始，激烈程度升级无法避免。如何捍卫全球多边贸易体系，使其不至于坍塌，已经成为世界范围内支持自由贸易规则的所有国家的共同挑战和责任，应该坚定维护多边贸易体系，加快推进WTO机制改革的可行性的联合研究，并制定针对贸易保护主义的合作机制以及相关应急方案。

第三节 日韩贸易争端冲击亚洲区域经济整合

未来10年（自2019年始）全球国家竞争将是价值链上的竞争，而伴随着价值链竞争，全球贸易摩擦与冲突也不断升级。亚太价值链（尤其是东亚价值链）是全球贸易循环中最为关键的链条之一，也是全球增长最重要的驱动力。然而，中美贸易摩擦和日韩贸易争端正在对亚洲价值链产生结构性破坏，不仅可能导致亚洲价值链收缩、贸易增长停滞，也将对包括区域全面经济伙伴关系协定、中日韩FTA等在内的区域经济整合产生深远影响。

日韩贸易争端背后的半导体之争

2019年8月2日，韩国政府宣布将日本从其白名单中剔除，以应对日本的经济报复措施，这也导致日韩贸易争端进入新高度。表面上看起来是历史原因的"旧恨"，但本质上是为了争夺高科技主导权的大国博弈与竞争。

5G通信、量子技术和人工智能是当前全球高科技竞争的三大主战场，也是世界主要大国在高科技领域竞争的主战场。5G通信、量子技术和人工智能代表了全球高科技研究与产业发展的三个方向，谁能够在这三个领域率先取得突破，占得先机，谁就将在未来高科技竞争中拥有主动权和主导地位。各国在这三大高科技领域竞争的结果不仅决定着其在全球科技领域的地位，更决定着其在全球经贸领域的影响力、控制力和战略地位。

2019年7月1日，日本宣布加强对韩国半导体出口的管制，要求对氟化聚酰亚胺、光刻胶（photoresist）和蚀刻气体（氟化氢）三个产品进行单独许可和审查，并将韩国从安全保障认定的友好国家的"白名单"中剔除。所谓的

"白名单"包括美国、德国、法国等27个国家。2004年，日本将韩国列入"白名单"国家。在从日本出口之际，如果出口目的地是被列入名单的国家，出口企业能享受手续简化等优惠措施，而此次韩国成为首个被剔除的国家。如果韩国不在白名单之内，有可能转用于军事的产品在出口时就需要得到日本经济产业省的批准，像电子零部件、精密零部件、机床等都属于管制对象。

日韩在贸易争端中处于"不对称"地位。两国间贸易摩擦不断升级，世界第三大经济体和第十一大经济体的关系面临失控风险。日韩贸易争端表面上看是日本为了报复韩国不断向日本讨要战时劳工赔偿，但实质是刻意打压韩国的面板及存储产业。

日本政府于2019年7月4日针对韩国施行所需的氟化聚酰亚胺、光刻胶以及高纯度氟化氢出口管制。氟化聚酰亚胺是生产电视和手机面板的必用材料，光刻胶和氟化氢是制造可折叠屏幕的材料。日本占全球氟化聚酰亚胺和光刻胶总产量的90%，且全球半导体企业70%的氟化氢需从日本进口。鉴于这三种材料都不易存储，韩国三星电子、LG和SK等厂商一直高度依赖日本进口，三项原材料只有1~3个月库存，一旦断供，韩国半导体产业根本无力抵抗。

对于韩国而言，半导体产业是韩国出口的支柱产业。2019年第一季度，韩国半导体出口额为231.99亿美元，占韩国总出口额的17.5%，排名第一，远高于排名第二的机械产业9.7%的比例。自2017年来，半导体产业的景气是拉动韩国经济增长的主要动力。据韩国贸易协会公布的2019年1—5月半导体材料进口数据，三款原材料的对日进口金额为1660亿韩元。从韩国对日进口比重来看，光刻胶、氟化聚酰亚胺各占91.9%和93.7%，虽然对日本依赖程度高，但金额并不算太高，也就是说，日本遭受的损失是相对有限的。然而，韩国原材料对于产业链下游的制造生产起着决定性作用。比如，光刻胶短缺就是三星电子目前面临的最棘手问题，三星电子完全由日本进口该材料。

而反观日本，自持其牢牢地掌控着上游重要原材料等的供应，目前并没有松动迹象。半导体生产工艺主要分为设计、制造、封测三大环节，在后两个环节中，就需要关键设备和材料，它们也是保障芯片顺利生产的上游基石。而日本的硬核能力就是在上游的原材料和硬件设备上，众多技术门槛非常高，尤其是材料方面，不少日本企业的产品不可替代。这也是为什么日本断供，韩国半导体即使有第二供应商，却依旧被扼住"喉咙"。据IC Insights数据，2018年半导体产值约4700亿美元。由此可得，半导体材料产值约为总产值的11%，设备产值约为12%，两者相加为23%，占半导体产业的1/4左右。从日本出口比重来看，光刻胶在日本出口各地占比数据中，对美国（占21.8%）出口量最多，其次是中国台湾（17.9%）、中国大陆（16.7%），之后才是韩国（11.6%）。在氟化聚酰亚胺上，日本对韩国出口的占比为22.5%，韩国是第二大进口国。

除此之外，在全球半导体设备市场中，日本企业占据37%的市场份额。无论是电子束描画设备、涂布/显影设备、清洗设备、氧化炉、减压CVD设备等重要前端设备，还是以划片机为代表的重要后道封装设备，以及以探针器为代表的重要测试设备环节，日本企业都具备非常强劲的竞争力。

日韩贸易战可能导致本已放缓的全球半导体产业进一步"雪上加霜"。美国半导体行业协会（SIA）发布的数据显示，2019年第二季度全球芯片销售额同比下降16.8%，环比微增0.3%，至982亿美元。其中，6月芯片销售额同比下降16.8%，环比下降0.9%，至327亿美元。从2018年第四季度开始，芯片销售就呈现出同比下滑态势。

亚洲价值链中的中日韩"三角"

随着中国加入WTO，中国成为"世界工厂"，日韩从中国进口的资本品也不断增加，这样中日韩之间制造业的垂直分工开始下降，水平分工不断上升。水平分工进一步深化导致生产工序分工和中间品贸易增加。随着中日韩之间价值链日益复杂化，三国间贸易额也大规模增长。

事实上，20世纪80年代中期以来，亚太区域内贸易的增长速度几乎是世界贸易的两倍，而且远远超过了北美自由贸易区和欧盟区域内贸易的增长速度。亚太价值链（尤其是东亚价值链）是全球贸易循环中最为关键的链条之一，也是全球增长最重要的驱动力。亚洲区域内贸易额中60%~65%为中间产品贸易——在东亚国际产业链中，日本、韩国等将中国作为生产链的终端，中国则需要从东亚较发达经济体进口半成品和高技术零部件，同时从东盟进口能源矿产等大宗商品，然后将制成品销往欧美发达国家。

21世纪以来，亚太内部的贸易依存度与一体化进程不断上升。根据《博鳌亚洲论坛：亚洲经济一体化进程2019年度报告》数据，2017年，亚洲经济整体上对自身的依存度也有所提升，从2016年的50.74%上升至54.2%，为2004年以来最高。整体而言，区域各经济体对中国贸易的依存度在同步上升，而中国对日本、韩国两个经济体的依存度却呈现出下降的趋势，这一下降部分是由于中国对东盟国家的贸易依存度提升，已由2000年的8.5%上升至2017年的13%。从贸易增长的贡献来源看，新兴和发展中经济体的贡献要大于发达经济体。值得注意的是，亚洲地区的需求增长率高达8%，充当着全球贸易增长的重要驱动力。

从区域发展优势来看，亚太国家经济发展水平、发展阶段有很大的差异，而不少国家的产业结构和比较优势又可以形成互补，亚太经济体可以通过彼此市场的进一步对接，扩大需求规模，利用垂直专业化机制实现差异化竞争和专业化发展，从而为构筑完整的价值链创造条件，以改变"南—南""南—北"贸易的传统模式，形成更为紧密的价值链贸易合作方式。

亚洲区域经济整合恐遭遇冲击

当前，日韩贸易争端不断升级也给区域全面经济伙伴关系协定、中日韩自贸区等亚洲区域经济整合带来不确定性的阴影。

（一）区域全面经济伙伴关系协定

区域全面经济伙伴关系协定谈判于2012年由东盟发起，成员包括东盟10国、中国、日本、韩国、澳大利亚、新西兰和印度。区域全面经济伙伴关系协定涵盖全球约35亿的人口，GDP将达约23万亿美元，约占全球的32.2%，还将占有29.1%的全球贸易以及32.5%的全球投资，是当前亚洲地区规模最大的自由贸易协定谈判。经过27轮谈判，区域全面经济伙伴关系协定取得积极进展，最后达成。其中在市场准入方面，超过2/3的双边市场准入谈判已结束，东盟、中国、日本、韩国、印度、澳大利亚、新西兰参与的区域全面经济伙伴关系协定正处于谈判完成前"临门一脚"的阶段。

在中美贸易冲突不断加剧的情况下，区域国家希望在2019年年内结束谈判，借此抵御全球贸易保护主义的冲击。若2019年结束区域全面经济伙伴关系协定谈判，一个涵盖东盟10国、中日韩3国、澳大利亚、新西兰和印度共16国的区域多边FTA将成形。届时将囊括全球人口的48.7%、全球产出的31.6%、全球贸易额的28.5%，以及吸引全球1/5的FDI，并成为全球规模最大的FTA。根据区域全面经济伙伴关系协定大纲，谈判议题设定有：货品贸易、服务贸易、金融服务、电信服务业、自然人移动、投资、智慧财产权、电子商务、竞争、中小企业、政府采购经济和技术合作、争端解决、原产地规则、关务程序与贸易便捷化等共18个领域。

回顾以往，从关贸总协定迈入WTO，再到之后的各种FTA，长期以来欧美发达国家掌握全球贸易规则的制定权，并与新兴经济体的经贸发展节奏格格不入，甚至利用既有的贸易规则体系对新兴经济体进行"围追堵截"。就全球贸易格局看，区域全面经济伙伴关系协定正在构建全球贸易的新版图，进而实现东西方贸易格局的新转变。区域全面经济伙伴关系协定包含了全球最具发展潜力的中、印和东盟等经济体，未来的规模和影响力与日俱增，从而将西方主导的贸易格局转变为由新兴经济体主导的崭新格局。然而，日韩矛盾升级让这个覆盖人口最多国家的自贸区面临巨大的不确定性。

（二）中日韩自贸区

日韩贸易争端不仅对区域全面经济伙伴关系协定产生极大的负面冲击，也可能使正在提速的中日韩自贸区谈判搁浅。

中日韩自贸区被视为最"难产"的自贸区。自2002年中国提出中日韩自贸协定的设想，日韩予以积极回应，到2012年三国决定启动自贸协定谈判，花费了10年时间。2013年中日韩自贸协定开始第一轮谈判后，也因三国政治关系几经波折。2018年，受中日关系回暖推动，中日韩自贸协定谈判出现转机，三方同意加速三国自由贸易协定谈判，力争达成"全面、高水平、互惠且具有自身价值的自由贸易协定"。截至目前，该谈判已进行了15轮。

从经济规模上看，2018年中日韩经济总量达20.95万亿美元，超过欧盟，接近北美自贸区，比目前的全面与进步跨太平洋伙伴关系协定11国的经济总量多约10万亿美元，但经济一体化建设却落后于欧盟和北美，中日韩在经济实力和总量上均具备集结整合条件。

从价值链关联度看，中日韩三国间经贸联系非常紧密，产业链高度融合。中国是日本、韩国的最大贸易伙伴，日韩分别是中国第二和第三大贸易伙伴国、第一和第二大投资来源国。仅"中韩+中日"两个双边贸易之和即可与"中美贸易总量"相比。中日韩是自由贸易的受益者和积极倡导者，十几年来，中日韩三国各自自贸区的建设已经积累了非常多的经验。在当前不断恶化的日韩关系以及升级的贸易争端下，中日韩自贸区建设也将变得困难重重，或被无限期搁置。

第四节 全球新一轮减税浪潮

世界正迎来新一轮税改浪潮

当前，全球范围内结构性改革如火如荼，世界将迎来新一轮的税制改革浪潮，许多国家企业所得税率将出现类似"里根时代"的螺旋式下降态势，并带动个人所得税费的下降。在全球经济联系程度越发紧密的当下，税收政策的外溢性明显加强，美国税改引发部分国家和地区的抗议，引发新一轮全球减税浪潮，减税竞争已经在高税率的英国、法国、日本等发达国家开始并扩展至中国、印度等新兴经济体。

根据毕马威（KPMG）统计，为遏制"脱欧"对英国经济的冲击，英国政府减税计划于2017年4月正式生效。当前英国公司税税率为19%，在全球主要国家中处于偏低水平，仅高于德国和加拿大，而即便如此，在特朗普掀起的减税浪潮下，英国将在2020年把企业所得税税率下调至17%。一些人士还预测，英国最终将把这一税率降至二十国集团（G20）中的最低水平（15%）。此外，英国还计划免除外国企业在英的企业红利税以吸引投资。

2017年1月，德国也宣布对税制进行彻底改革，计划通过减税政策每年为企业和经济发展减负150亿欧元。

2017年7月，法国政府宣布2018年将减少约70亿欧元的强制性征税额度。法国政府在2018年财政预算案中明确表示将为80%的家庭逐步取消居住税，直至2020年全部取消。对于盈利低于50万欧元（约合人民币390万元）的企业，自2018年起公司税率将从33.3%降至28%，2022年则进一步降至25%。

亚洲地区，日本政府按照自身节奏逐步降低了企业实际税率，企业的整体实际税率由37%降至29.97%，下降7.03个百分点。美国税改法案通过后，日本政府已宣布将加快本国企业所得税的减免步伐，并考虑将企业所得税税率下调至20%。特别是法人税方面，大企业工资支出比上一年度上涨3%以上。若增加国内设备投资，其所增加的工资总额按照一定比例享受相关减税优惠。中小企业工资涨幅在1.5%的就可以享受减税优惠。

印度莫迪政府于2017年7月1日在全国范围内实施商品及服务税（goods and services tax，GST），以取代现有混乱的邦内和邦际销售税，推行5%、12%、18%、28%四档税率。

而中国在2019年《政府工作报告》中提出了包括近2万亿元减税降费在内的多目标任务和政策举措，从4月1日起，将制造业等行业增值税税率由16%降至13%，交通运输业和建筑业等行业增值税税率由10%降至9%。此次减税降费力度之大超过预期，是减轻企业负担、激发市场活力的重大举措，是完善税制、优化收入分配格局的重要改革，也被称为史上最大规模减税。

根据安永发布的《2019年全球税收政策和实务展望》报告，2019年伊始，许多国家（地区）已经开始了声势浩大的税制改革。在安永调查的48个国家（地区）中有16个（占比33%）正在进行着"重大""全面"的税制改革。其中，有11个国家（地区）声称该国（地区）正在进行重大税制改革。被调查的48个国家（地区）中有12个（占比25%）预计未来一年中将扩大企业所得税的税基；9个国家（占比19%，包括奥地利、巴西、比利时、哥伦比亚、法国、印度、卢森堡、荷兰和挪威）预计2019年，国内企业所得税税负将降低；5个国家（占比10%，包括澳大利亚、哥斯达黎加、意大利、西班牙和越南）则预计2019年企业所得税税负将上升；其余国家预计2019年企业所得税税负水平将与去年持平。

从国际视角观察，适度的税收竞争具有正向效应，有利于减轻各国企业税负，促进东道国吸引更多的外来资金和技术，弥补资金缺口，增强技术创新能力，进而扩大税基。适度的税收竞争促进了税收中性原则的实现，减少市场在资源配置中的扭曲，避免额外的经济效率损失，对于促进经济增长都有积极意义。但若陷入过度竞争，则会产生负面效应，国际税收竞争的"公平"原则难以体现。2013年税基侵蚀和利润转移（base erosion and profit shifting, BEPS）行动计划的推出，通过国际税收合作消除或减少全球化障碍，使得国际税收关系从竞争走向合作。

美国30年来最大规模减税

减税与税改是重塑国家竞争力的全球发展大势。被视为"美国30年来最大规模减税"的特朗普税改法案，不仅会对美国产生全方位影响，也正在引发全球连锁反应。特别是配合特朗普强势推动的贸易保护主义政策，带来了全球格局的动荡。根本而言，国家竞争力之战是企业、技术、成本优势的争夺战。

2017年12月22日，美国总统特朗普签署并发布规模总计1.5万亿美元的《减税和就业法案》。特朗普称"《减税和就业法案》是美国战后最全面深刻的税收改革"。这部《减税和就业法案》文本长达560多页。重点是在公司税，公司税有三大焦点：一是下调公司所得税税率，二是实现由全球征税制向属地制的过度以及废除递延制，三是建立新税种。其核心则在于"降成本、增实力、促回流"。可以说，减税法案是特朗普政府在"美国优先"理念指引下重塑美国竞争力和领导力的核心举措。此次税改出台基于全球宏观经济格局演变的大背景，受美国国内税收改革的内在驱动。

税改是特朗普"美国优先"战略的重要体现

税收改革作为美国新政府宏观政策和改革的重中之重，一直被视为特朗普施政的核心。从特朗普最初竞选方案口号——"让美国再次伟大"来看，特朗普的竞选纲领分为六个核心部分：减税、扩大基础设施投资、废除奥巴马医保法案、废除多德－弗兰克法案、完善移民制度、贸易保护政策。因此，从政策立场上讲，税改是特朗普政府在"美国优先"理念指引下，巩固美国全球领导地位的核心举措。

长期以来，高税负和复杂的税制成为影响美国企业竞争力和国内营商环境的重要制约因素。特朗普政府期待通过税制改革，为美国企业和国内营商环境"降成本"，并配合贸易保护、移民限制等政策，提升美国在国际竞争中的比较优势，引导全球产业、资本回流美国，短期内达到提高美国经济增速和国内就业率的政策目的，中长期则实现美国全方位把控全球产业链和国际分工格局，重塑美国的国际竞争力的目标，兑现"让美国再次伟大"的竞选诺言。

全球税收改革是美国税改的宏观背景

自20世纪80年代以来，随着资本和人口等主要生产要素在全球范围内的加速流动，以及储蓄和投资率下降，生产性税基向消费性税基转变，所得税税率高低对税基的流动起到至关重要的作用。各国为了争夺税基，所得税最高边际税率和税率基数均呈不断下降的趋势，特别是个人所得税、企业所得税最高边际税率不断下降。要素流动性越强，税率与税基流动性反向关系越明显；世界的扁平化趋势带来了各国在政策上的极大趋同性，国家间税制结构和税率的日益趋同，最终演变为全球税收竞争的白热化。具体表现为：

一是税收趋同与竞争加强趋势。以企业所得税为例，经济合作与发展组织国家企业所得税平均税率近年来逐渐收敛，维持在20%~35%的区间范围内。特朗普在竞选阶段屡次提及"美国拥有世界上最高税率"。总体而言，美国企业所得税法定最高税率和有效税率相比其他发达国家处于较高水平。近年来，发达国家企业所得税税率出现下降趋势，但美国几乎没有调整过企业所得税税率。在相对较高的税率水平下，企业税收对GDP的贡献在下降，意味着高税率对企业产生"挤出效应"。

二是税基侵蚀和利润转移。在企业税率为全球最高水平的法律管辖区，企业会想方设法利用转移定价等手段尽可能地少报在美国实现的利润，并将大量利润留存在海外。美国公共利益研究组织（PIRG）发布的研究报告显示，2015年（截至新税改前）美国公司前500强中有362家公司在"避税天堂"建立了共10366家子公司，并通过将海外利润留存在"避税天堂"的子公司来躲避美国高昂的企业税收。2015年，这362家企业在海外的留存利润共计达到2.5万亿美元。特别是很多美国跨国公司以寻找"避税天堂"来实现利润转移和避税。据美国国会税收联合委员会估算，截至2016年年底，美国企业海外未汇回利润的存量高达2.6万亿美元，约合当年美国GDP总量的14%。这种税收体系中的扭曲现象导致过度而低效的对外投资，并带来了美国国内的投资不足和税基侵蚀。

三是美税收制度已不适应全球征税系统发展。美国全球征税系统要求美国公司将在全球范围内的收入按照美国公司税要求缴纳税款。美国全球征税系统设置的初衷是使美国在全球具有绝对经济统治地位，作为全球投资的主要输出国获取更多税收收入。但在美国成为资本净输入国的情况下，全球征税系统反而会鼓励美国企业将利润留存在海外，进而减少美国国内的投资。因此，特朗普税改将通过修订海外递延收入政策向免税体制过渡，如何避免税基受到侵蚀，如何使得美国企业把海外所得收益汇回本国，比留在海外更具税收优势，如何使跨国公司创造的利润继续留在美国，以推动形成"投资—就业—收入"增长的良性循环就成为税改设计的关键。

美国税改重构全球竞争力

税收作为一个国家的基本经济制度，也越来越成为国家间竞争力与经济效率比拼的重要体现，因此也被视为特朗普施政的核心。进一步分析来看，美国《减税和就业法案》的主要亮点在于大幅降低企业所得税税率，相对温和地降低个人所得税税率，大幅降低海外利润回流税税率及一次性征收海外留存利润，实施税收属地制度，其核心则在于"降成本、增实力、促回流"，具体而言这些优惠政策主要包括：降低后的21%的企业所得税税率、符合条件的购入资产享受100%的税前扣除、股息的参权豁免规则、来源于境外的无形所得（foreign-derived intangible income，FDII）享受13.125%的优惠税率，以及海外企业利润汇回税现金部分税率将从目前的35%下降到15.5%，非流动资产按8%的税率等。

《减税和就业法案》的核心在于公司税。其税改法案涉及简化个税税级、提高起征点、降低企业所得税税率、一次性征收海外留存利润、实施税收属地原则等内容，但重点在于税收制度的改革，特别是公司税收政策方面的主要内容。

首先是下调公司所得税税率。公司所得税是对美国居民公司（US resident corporations）利润所征收的税赋。公司所得税是在公司作为一个法律实体的层面（entity-level）上征收的。税改前的最高税率是35%。公司利润还可能会在个人股东层面上被二次征税，第一次征的是红利税，第二次征的是出售股权的资本利得税。税改前，两次征税中较高的最高税率是23.8%。公司所得税税率由税改前的35%降低到21%，降税幅度不可谓不大。特朗普政府希望，大幅降税可以刺激居民消费、企业投资，从而刺激经济增长和就业。一种观点认为，税改前，美国企业有各种扣税、减税和逃税方法，美国企业实际税负并不像看起来那么重，因而减税幅度也不像看起来那么大。

其次是从全球征税到属地征税制度的过渡。美国税改的最大变化是从执行全球征税制（worldwide taxation）过渡到属地征税制（territorial taxation），以及取消递延制（deferral）。税改前，美国政府对美国公司（不包括"流动收入实体"）一律征收35%的公司所得税，而不问公司所得（利润）是源于美国国内还是海外。税改前，美国在实行"全球征税制"的同时还实行"递延制"。按照"全球征税制"，美国跨国公司需为海外利润收入缴纳35%的公司所得税。

根据"递延制"，美国跨国的（某些类型）海外利润，只要未汇回，未作为红利分配就不用缴纳所得税。但条件是："海外利润"处于美国跨国公司的海外子公司而不是其分支机构控制之下。美国跨国公司的这类子公司被称为"控股海外公司"（controlled foreign corporations，CFC）。取得"控股海外公司"资格的条件是公司的美国股东集体拥有海外子公司50%以上股权，其中每个美国股东需拥有海外子公司10%以上的股权。

根据税改法案，控股海外公司不能随便使用这些利润收入。例如，不能将这些收入用于分红、投资于母公司的美国业务、购买不动产等。但控股海外公司可以把"未汇回"收入存入美国银行，也可以用"未汇回"收入购买美国国库券、非关联公司股票。

现实中，大型跨国公司几乎可以将"并未汇回的海外收入"用于任何地方，真正的问题是美国损失了税收收入。根据美国参众两院联合税收委员会（JCT）估计，税改前美国跨国公司囤积海外的利润高达2.6万亿美元。高盛则估计这一数字为3.1万亿美元。美国跨国公司到底在海外囤积了多少利润收入很难估计。但美国跨国公司的收支平衡表显示：2008年美国跨国公司海外利润的43%来源于占世界人口不到1%的百慕大（英国海外领地）、爱尔兰、卢森堡、荷兰和瑞士。

税改后，美国实行"属地征税制"。从政府角度来看，减税降负能让企业更专注本土业务的发展，帮助提振美国经济和创造就业。 一般而言，美国政府将只对公司的国内利润收入征税。原则上，美国跨国公司在向海外东道国（税源国）政府纳税后，无须再向美国政府纳税。取消"递延制"后，税改对已有的海外利润和未来的海外利润采取了不同处理方式。控股海外公司从1987年年初到2017年年底的30年中在海外囤积的所有利润，都必须纳税。如果是一次性汇回，对汇回的利润一次性征收15.5%（现金）或8%（非流动资产）的所得税。如果不想一次性汇回，也可以最长分8年汇回。其中前5年每年汇回8%，其余的15%、20%、25%要在以后的第6年、第7年和第8年中分别汇回。利润是否实际汇回并无硬性规定，但税是一定要补交的。

中美竞争在于成本优势的竞争

国之竞争在于制造业之争，制造业竞争归根结底在于成本之争。近年来，中美成本比较优势的差距正日趋缩小。

第一，中国宏观税负整体高于美国。宏观税负有狭义和广义之分，最狭义的宏观税负是指一国税收收入占GDP的比重，最广义的宏观税负是指一国所有政府收入占GDP比重。从狭义角度来看，中国的宏观税负略高于其他新兴经济体；然而，从广义角度来看，中国宏观税负明显偏高。我们将公共财政收入、政府性基金收入、社保基金收入、国有资本经营收入加总，以此来衡量中国的广义税负。广义财政收入口径下2015年中国的"宏观税负"为29.33%，如果考虑国有土地使用权出让收入，则为34.3%，与经济合作与发展组织平均的宏观税负34.27%持平，并高于美国的26.36%。

第二，中国以间接税为主的税收体制让企业压力大。中美税制结构区别在于直接税与间接税之分。中国税制结构中的间接税比重过大，大量的税收由企业作为纳税人缴纳，即使是可转嫁的流转税也会让企业产生实际负税的错觉。根据2016年数据，也就是税改前美国联邦税收结构数据，美国直接税比重占税收总收入的80%以上。美国是以直接税为主体的国家，税收主要来自个人；中国是以间接税为主体的国家，税收主要来自企业。

第三，税费名目繁杂导致中国企业税负感较高。在主要税种上，中国涉及企业税费目录超过10种，其中企业所得税、增值税、营业税3种占比较大。根据2016年的税收数据，我国企业所得税、增值税、营业税占总税收的比重分别为22.1%、31.2%、8.8%，合计占比达到62.1%。根据经济合作与发展组织数据库最新数据，美国的企业所得税水平不仅低于欧盟国家22.1%的标准税率，而且也低于经济合作与发展组织国家24.8%的平均水平。

就制造业税负成本而言，我国制造业并不具优势：在世界银行《2018年营商环境报告》公布的营商环境排名中，我国排第78位，美国、德国和日本分别为第6、第20和第34名。其中，税款缴纳作为重要指标，我国排名更加靠后，排在第130名，美国、德国和日本分别为第36、第41和第68名。从能源价格看，我国的电力、煤炭、天然气、成品油价格均高于美国。此外，近年来中国企业社保总费率水平持续保持高位，社会保险（五险一金）的企业缴费率为43%，高于美国的13.65%。而近期启动的社保征管体制改革，虽然从长远看，有利于提升社保征管效率，可以部分弥补养老金缺口，但短期内将进一步推升中国企业部门的相对生产和人工成本。

第四，作为中间品贸易大国，隐形贸易壁垒不容忽视。近年来，随着进口产品结构的变化，我国实际关税税率有所上升。2001年，我国加入WTO，实际关税水平从4%左右降到了2%。之后持续下降，至2006年降至最低水平。2006年以后，随着内需尤其是消费需求的扩大，高关税的消费品进口增多，导致实际关税抬升。但事实上关税对进口产品价格的影响要远低于进口环节增值税和消费税。

2017年，我国关税实际税率为2.48%左右，而进口环节增值税和消费税实际税率则达到12.18%。而且2008年以来，进口环节增值税和消费税的实际税率水平迅速提升，从2008年的9.29%提升到12.18%，征收额也从当年的

7391亿元增长到2017年的12784亿元。海关数据显示，我国进口环节征收的增值税和消费税约是关税的5倍，由于是海关代征，很容易被归入贸易壁垒，因此，作为全球最大的中间品贸易大国，进一步深化增值税改革、降低隐形关税壁垒的影响意义更大。

第五节 美国税改引发全球价值链格局重大调整

当然，特朗普税改对企业的税收优惠，在很大程度上可以吸引资本回流，但是若要让更多资本回流，税收并不是唯一因素。也正因如此，特朗普税改法案中征税制度改革，以及促进资本回流的产业保护政策影响更为深远。根据德勤发布的《2016全球制造业竞争力指数》报告，2016年中国继续被列为最具竞争力的制造业国家，中国优势主要来自于研发支出、低成本与中产阶级扩大形成强大的国内产品消费需求、强大的原材料供应基地、具备竞争力的物质基础设施等方面。美国税改优惠在未来更加可能是在美、德、日之间造成一个重新布局的局面，而非中美之间。因此，美国税改也进一步加剧了世界范围内的"减税潮"：英国的企业所得税税率是19%，按照此前通过的法律，到2020年将降至17%，法国、日本、印度，以及中国台湾、中国香港地区，也都制订并实施了本国（地区）减税计划，说明各国（地区）之间制造业成本、国际贸易竞争以及税制竞争日趋激烈。

此次税改法案中一个非常重要的制度安排是由全球征税原则向属地原则转变。美国是一个资本输出型国家，其资本输出排名世界第一，但其企业所得税的标准税率较高，又采用全球征税原则。因此，一方面美国企业担心过多纳税而境外投资收益无法汇回美国，另一方面为了避税导致大量的离岸公司产生，企业为了规避税收将公司的架构进行多层级伞形设计，母公司与分（子）公司之间严重脱节，中间层存在大量的壳公司。美国企业在海外留存资产及利润，导致大量的就业机会输出，显然会抑制美国经济的发展。此外，促进境外资本回流的方案，除了对于资本利得的回流课征如10%的低税率以外，更重要的一点是，拟放弃抵免法而采用免税法，对其他国家贸易竞争进一步施压。

美国历史上有几次重要的税收改革，从历次税改效果看，里根1986年签署新税法之后，里根税改时期国际资本流入美国的规模增幅高达七成。小布什执政期间连续两次减税，国际资本流入美国的效果显著。2001—2006年，美国国会以5.25%的税率推动海外递延所得与利润回流，总共有约3620亿美元海外资金回流美国，约占海外游资的2/3。

联合国贸易和发展会议公布的数据显示，2018年上半年全球FDI下降41%，从2017年上半年的8000亿美元下降至4700亿美元，为2005年以来的最低水平。根据联合国贸易和发展会议企业贸易投资司司长詹晓宁的说法，美国跨国公司在税制改革后将海外子公司留存收益大量汇回美国是导致全球FDI下降的主要原因。2017年全球FDI减少23%。然而，税改能否促进资本长期回流仍具有很大的不确定性。特朗普实施新税改之后一年，海外资本大规模回流并未出现。据美国商务部统计，税改以来2018年回流资金总额为6537亿美元，其中第一、二、三、四季度分别为2949亿美元、1837亿美元、927亿美元和824亿美元，显示了逐季下降之势。相比之下，税改正式开始前的2017年第三季度，海外汇回资金即有551亿美元。而且一些大企业税改前就承诺纳税并汇回资金，如苹果公司承诺缴税380亿美元，如果全部按照15.5%的税率计算，并且资金一次性回流，仅苹果公司回流资金的数额就应高达2451.61亿美元。由此可见，通过降税刺激资本回流的政策并非成功之举。

税改效应开始递减，美国共和党在中期选举前又酝酿了新的降税措施。2018年9月众院通过三个税改新法案：第一项是税制改革2.0版本《保护家庭与小企业减税法》，把2025年到期终止的《减税和就业法案》中有关个人与小企业减税政策永久化。第二项是《美国创新法》，将完善针对初创企业成本扣除的规定，把所有有关规定合并实施。纳税人在纳税年度可以选择扣除实际投产企业创业总金额和组织支出2万美元，12万美元以上的部分可以从中减除（但结果不得小于零），剩余部分支出在180个月内逐步摊销。第三项是《家庭储蓄法》，通过建立退休账户等新型储蓄工具，鼓励家庭增加储蓄。

美国税改挑战国际税收规则

特朗普执政以来的一系列"组合拳"带有极为鲜明的经济民族主义色彩，其目标直指"让美国再次伟大"。可以说，税改让产业资本回流与主张通过限制进口来保护国内制造业，采取单边贸易制裁行动，摆脱多边国际规则束缚，重谈各类贸易协定法案"一脉相承"。深入分析税改方案中的许多细节规则，其已经违背了多边自由贸易体制的基本原则，是对现存国际经贸体系和全球税收治理框架的重大挑战，有悖"税收公平"原则。

一是对美国企业出口无形商品所得税进行税收减免。此次税改中，对美国企业向海外市场出口无形商品所得进行税收减免条款中来自外国的无形收入的税率降至12.5%，全球无形资产低税收入（global intangible low-taxed income，GILTI）的税率降至10%。这或构成《补贴与反补贴协议》规定的禁止性补贴认定。从美国已通过的税改方案看，欧盟反对的税改条款集中在受控外国企业规则方面，税改条款规定对企业"向海外市场出口无形商品所得"实行减免。

二是美企业对境外关联方特定支付征收"消费税"。欧盟认为美国税改方案中的个别条款会严重干扰贸易和投资在经济体之间的真实流动，既违反欧盟与美国签订的避免双重征税协议，也与WTO等全球贸易规则不符。我们进一步分析梳理WTO、经济合作与发展组织基本原则及美国税改内容，认为税改条款对企业向境外关联方的特定支付征收20%"消费税"，或有违WTO规定的国民待遇原则。具体而言，《关税及贸易总协定》规定国内税与国内规章的国民待遇原则，其中第二条规定："一缔约国领土的产品输入到另一缔约国领土时，不应对它直接或间接征收高于对相同的国内产品所直接或间接征收的国内税或其他国内费用。"美国的税改方案规定对企业向境外关联方的特定支付征收20%关税，这意味着美国对流入美国境内的部分商品或服务间接征收了额外20%的关税，这与WTO规定的国民待遇原则背道而驰。同时亦有违背经济合作与发展组织避免双重课税的嫌疑。

三是新设立了"海外低税无形收入税"。参议院版本的《减税和就业法案》为从海外获得无形收入的美国公司创造了一种叫作"专利盒"的东西。该条款规定，对美国公司获得的"外国来源的无形收入"适用13.1%的税率。由于海外无形收入税的引入减轻了美国公司出口知识产权密集产品和服务的所得税，美国高科技公司的竞争力得以加强。苹果、谷歌或高通等公司在从公共资助的基础研究中获得巨大利益后，把大部分利润藏在海外。此举旨在鼓励美国公司把知识产权保留在美国国内。而欧盟也认为美国引入海外无形收入税已构成《补贴与反补贴协议》禁止性补贴认定。

特别是2018年以来中美贸易争端升级，美国对我国输美高科技产品加征高额关税让情况更趋复杂。从全球高科技制造业产业链分工来看，美国依然是设计与研发中心，而中国、墨西哥、南美洲各国则负责生产制造。考虑到劳动力成本、劳动资源禀赋差异，形成的全球产业链布局会因为比较优势而逐渐强化、稳固。短期来看，支撑产业链尤其是传统制造业产业链重塑后带来较高的重置成本。而更加可行的方式是将利润在产业链内部转移，将更多利润留存在美国。由于技术密集型产业链环节重置成本较低，因此在全球产业链分工方面，此次减税并叠加贸易摩擦引发全球产业链动荡，更可能吸引技术密集型制造业回流并重新调整知识产权、研发、生产等的全球化布局及定价模式。

用改革重塑中国全球竞争力

特朗普新税改的中长期影响仍具有不确定性，但作为全球最大经济体的美国大刀阔斧地进行税收改革，势必会对中美经贸以及全球经济产生深远影响。特别是中美贸易摩擦僵持不下，势必导致全球生产链、价值链重新洗牌。征收高额关税不仅会损害中国贸易产业利益，也通过贸易、投资、消费等渠道影响到美国消费者福利，损害美国跨国公司利益，以及全球价值链上的利益相关国家。作为大国竞争与博弈的重要一环，我国应加快包括税收体制改革在内的系统化改革，提升全球竞争力。

第一，加快推动税制改革，由间接税为主向直接税为主的框架转变。基于税制改革"立足国情"的原则，当前首要的是应继续完善现行增值税制，简并税率和优化结构。充分发挥增值税的效率优势，促进经济结构的转型升级和经济增长，并积极着手研究现行增值税由生产地课税转向消费地课税的相关问题。从中长期看，以直接税为主体的税制弹性较强，一方面自动稳定机制可使税负直接随企业利润和居民收入下降而降低，另一方面相机抉择机制可使减税政策直接产生减负效果。比如，财政部、税务总局2017年12月28日联合印发《财政部 税务总局关于完善企业境外所得税收抵免政策问题的通知》，增加不分国（地区）别、不分项的综合抵免方法，消除部分企业存在抵免不够充分的问题。并适当扩大抵免层级，由三层扩大至五层，这样可以使得纳税人抵免更加充分，从而有效降低企业境外所得总体税收负担。我国需要调整税制结构，通过继续降低间接税比重，提高直接税比重，逐步构建直接税框架。

第二,"正税清费",调整税费结构,全面加大降费力度。我国现行企业所得税税率为25%,较美国降税后的21%高4个百分点。减税降费措施实行以来,累计为企业减轻负担超过2万亿元,但改革调整庞大复杂的税费体系,"正税清费"仍有较大空间。因此,建议加快建立政府定价收费项目清单制度,公开中央和各地收费目录清单,完善使用者付费项目的公共定价机制和相关管理制度,将具有"租"性质的收费纳入一般公共预算管理。以降费倒逼改革,继续降低社保缴费水平,加快养老保险全国统筹,拓展"结构性减负"空间。加快建立控制社会总负担水平的体制机制,向改革要效益、向制度要红利。

第三,完善价格形成分配机制改革,提高政府再分配能力,积极推动现代经济体系建设。减少间接税对价格的扭曲,使其能更精确地反映市场供求状况,加强对资源配置的作用,从而增强政府的再分配能力。政府再分配能力现代化是指政府在全社会集中征收税收、进行财政转移支付、提供社会保障能力的转型过程。未来应加快推进现代财税制度改革,提高国家再分配的能力,调整贫富差距。

第四,推进国际税收监管、政策协调与合作,全面加强税收合规性的全球治理。应推动落实税基侵蚀和利润转移行动计划,避免税基侵蚀、跨国公司利润转移以及转让定价。由于跨国公司在布局产业链和国际化战略时,常常在低税负国家或地区设立"主体公司",因此,美国新税改可能会加大中国税收主权风险。中国应全面落实税基侵蚀和利润转移15项行动计划要求,对跨国企业的投资和经营架构设计、运营功能安排、合规管理、税收筹划和税收透明度等方面提出更严格的要求,推动税基侵蚀和利润转移计划在中国落地。同时,加快推进《多边税收征管互助公约》下的国际税收监管合作与政策协调。按照《经济合作与发展组织税收协定范本》和《联合国协定范本》的规定,国际税收协定主要包括避免双重征税、防止偷漏税、消除税收歧视和解决国际税务争端等内容。我国已于2013年8月27日正式签署了《多边税收征管互助公约》。该公约是全新的国际合作形式,其影响力越来越大,已成为开展国际税收征管互助协作的新标准，在促进各国的税收征管、维护公平的税收秩序方面发挥重要作用。因此，我国应积极推进国际税收监管合作，防止出现有害的国际税收竞争，进而共同营造增长友好型国际税收环境。

第五，统领全面提升中国产业全球竞争力的战略安排。未来中美产业竞争势必越来越激烈，面对新兴发展中国家低成本竞争的"两面夹击"态势，中国必须统领战略安排，建立起新的竞争优势，从主要依靠传统优势产品向更多发挥综合优势转变。中国应着力增强零部件或资本品等中间品贸易竞争力，增强自主研发和创新能力。当前中国已经成为全球最大的中间品进口大国，在最大限度促进零部件进口技术溢出的基础上，应引导国内企业加强零部件产品的自主创新能力，着力提升我国本土企业的零部件生产质量和工艺，走出我国核心零部件过分依赖国外的困境，逐步进入全球高端制造业采购体系。

第六节 中国重塑全球价值链的历史机遇

美国正式开启"特朗普时代"。"特朗普主义"的核心是"美国优先"的全球利益再分配。因此，就业政策、产业政策、贸易政策、能源政策以及外交政策，无不以所谓的纠偏"全球化轨道"为出发点，重构全球秩序与格局。未来无论特朗普的施政纲领还有多少不确定性，也都是带着对全球化的"怨恨"和"愤怒"，以反建制、反主流的角色上台的，这不仅预示着全球层面将由此引发一场经济结构的再造，而且，也意味着全球将面临以强硬的保护主义和资源要素流动壁垒为特征的逆全球化的冲击。

全球化发生逆转的原因与机制

当今世界是一个充满动荡的世界，是一个新机遇与新挑战层出不穷的世界，是一个国际体系和国际秩序深度调整的世界。本质而言，"特朗普主义"并不是个别现象，英国全面开启"脱欧"谈判进程，欧洲多国大选掀起极右翼主义潮流，这些都表明，建立在自由主义基础上的发达市场经济国家，通过全球化获取超额资本收益的全球跨国资本及其精英阶层，成为担忧全球化的主体，它们更加倾向保护主义。

应该说，这些年，逆全球化风潮愈演愈烈，这在全球范围内不乏其基础。为什么全球化会发生逆转？全球化导致重要的结构性变化，而这些转变对不同社会群体的影响并不相同，那些认为在全球化过程中导致"利益分配"不均，特别是所谓的"受益群体"与"受损群体"之间的矛盾是全球化逆转的重要推动力。

在一些发达经济体和成熟的工业化国家眼中，发达经济体内部逐渐失去竞争优势的产业不断向国外转移，造成本国产业空心化。这些都使得以传统农业和传统制造业为代表的"旧经济部门"利益受损，部门内利润下滑和失业率增加。特别是对西方的精英们而言，全球化最重要的后果是中国的崛起及其对世界的影响。

理论界对逆全球化的根源也有分析。国际学者哈罗德·詹姆斯坚信，制度是导致全球化逆转的罪魁祸首。在他关于上一轮全球化的研究中，他找到了显示"钟摆运动"逆转开始的重要信号。国际金融秩序的失灵会导致严重的金融危机；商品和人的跨国自由流动给各工业国生活水平和工作机会带来的消极影响，会激起人们对自由贸易和移民的强烈政治反弹。

也有研究者从金融资本主义的角度进行分析，认为以美国为代表的金融扩张集中在两个具体的领域：一是快速飙升的联邦债务，二是以次级贷款为代表的住房贷款抵押证券（mortgage-backed securities）。联邦债务的居高不下与二战后国际金融秩序的制度缺陷有直接关系。

而一些发展中经济体和后发国家也持逆全球化的主张。它们认为，以美国为代表的消费国和以中国为代表的大部分生产国，在这一全球分工结构中都获得了较大部分的实际利益。消费国得到了全球供应的廉价商品，生产国实现了产能、技术、资本的积累和劳动力素质的提升。但更多依赖资源出口的资源国和价值链低端的生产国并未享受到这种红利，主要表现为在全球化进程中出现的增长低迷、资源透支、效率低下、产业不振等问题。

受此影响，2008年国际金融危机后，全球化进入深度调整期，特别是全球需求的萎缩和增长低迷导致全球存量市场资源进一步收缩，在经过长期由全球化和全球贸易推动的经济增长之后，各国政府在经济困难时期越来越多地寻求保护本土产业。近年来出现的各种形式的包括保护主义、分离主义在内的逆全球化，甚至是去全球化的现象，不仅影响了经济全球化的深入发展与合作，也冲击世界经济秩序，给世界经济增添了诸多不确定性。2019年6月，在日本大阪二十国集团（G20）峰会召开之际，WTO发布有关G20贸易措施的第21次监测报告显示，从2018年10月中旬到2019年5月中旬，G20经济体共采取了20项新的贸易限制措施，其中包括加征关税、实施进口禁令以及新的出口海关程序等，这一新贸易限制措施的规模创下历史第二高，是该统计自2012年5月实施以来平均值的3.5倍以上，共有3359亿美元国际贸易商品受到波及。

然而，我们不禁要问，现在全球的问题是全球化导致的危机吗？逆全球化、重归保护主义、孤立主义就可以解决当前的问题吗？事实证明，金融危机已经过去10年有余，但全球并没有真正从危机中完全走出来。长期以来作为世界经济增长引擎的国际贸易年均增速为世界经济增速的1.5倍，甚至2倍，而愈演愈烈的保护主义直接导致这一"引擎"开始严重放缓、停滞甚至面临"熄火"风险。根据WTO全球贸易增长报告，1990—2007年全球国际贸易增长6.9%，WTO统计数据显示，自2008年全球金融危机以来，全球贸易增长一直难以超越经济增长，结束了长期以来贸易增长率几乎是全球GDP增长率两倍的纪录。金融危机导致全球贸易量在2009年出现断崖式暴跌，2010—2011年短暂的两年反弹之后，2012—2018年世界贸易增长率平均仅为危机前20年平均年增长率的一半。荷兰经济政策分析局公布的报告还显示，2018年全球跨境商品贸易量增长3.3%，较2017年4.7%的增幅有所放缓，其中，第四季度全球贸易量环比下降0.9%。

全球经贸体系已经发生结构性变化

事实已经证明，用保守思维对付开放的世界注定是违背历史潮流的。21世纪以来全球的经济和贸易体系正在出现新的变化，其主要特点就是全球价值链模式下中间产品贸易增多，全球生产由跨国投资驱动，服务贸易对生产网络的运转发挥重要作用，并早已成为全球化发展的核心驱动力量。当前，国际分工越来越表现为相同产业不同产品之间和相同产品不同工序、不同增值环节之间的多层次分工。国际分工的范围和领域不断扩大，逐渐由产业间分工发展为产业内分工，进而演进为以产品内部分工为基础的中间投入品贸易（称为产品内贸易），从而形成了"全球价值链分工"。

在全球价值链分工时代，全球经济体系与其以发达国家和发展中国家来区分，不如以全球生产者和消费者来划分。全球生产和贸易模式正从最终品贸易转向价值链贸易。在新的国际分工和全球价值链模式下，产品流动，尤其是中间产品的跨境流动实质上是参与全球生产的一个过程和流转环节。全球价值链革命造成中间品贸易在国际贸易中的迅猛增长，这意味着与传统意义上的所谓"外需"已经截然不同，在这种新价值链模式下，产品生产已经具有了"世界制造"的意义，"世界制造"正在取代"美国制造""德国制造""中国制造",成为新的大趋势。

各国产业结构的关联性和依存度大大提高,一国产业结构必须在与其他国家产业结构的互联互动中进行,在互利共赢中实现动态调整和升级,国家也因此才能获得资源整合、要素配置效率和全要素生产率的提高所带来的全球共同发展的红利。中国作为全球价值链的重要环节,以及全球最大的中间品贸易大国,对全球贸易存在巨大的贸易创造效应,这意味着中国不但没有压缩,反而给其他经济体创造了更多的贸易机会。从成为全球最大的出口国到跃居为世界最大的贸易国,中国既是贸易自由化与投资便利化的参与者与受益者,更是贸易全球化的直接推动者。据国际货币基金组织(IMF)统计数据测算,2009—2018年,中国对全球GDP增量的贡献率高达34%(按市场汇率核算)或27.7%(按购买力平价核算),稳居世界第一位。2018年,中国进出口规模创历史新高,超过30万亿元,继续保持全球第一贸易大国地位。

与之相反,2008年之后,一方面,美国贸易保护主义措施增多,在全球占比不断提高。全球贸易预警组织统计数据显示,2017年,全球共有837项新的保护主义干预措施,其中美国出台143项措施,占全球总数的17.1%。2018年1月到7月底,美国出台的保护主义措施占全球比重达到33%,各类歧视性保护措施位居各国之首,成为限制贸易自由化最激进的国家。另一方面,美国大力实施"本土化制造",但美国经济潜在增长率和全要素生产率依旧徘徊不前。美国劳工部数据显示,2008年以来,美国非农部门的劳动生产率一直徘徊不前,2019年第一季度美国劳动生产率为1.99%,相较2018年的1.12%虽有小幅增长,但相比20世纪50年代美国劳动生产率的最高值9.69%仍有很大差距。这意味着"回归本土"战略对提升经济产出和要素效率并未产生实质影响。

中国需引导并推动新一轮全球化发展

改革开放40余年来,中国参与全球化所获得的红利是显而易见的,而未来中国应该在全球化格局中处于何种位置,扮演何种角色,不仅将决定中国自身的发展,也势必影响未来全球化的走向。

从中美爆发贸易摩擦的角度看,作为全球两个最大的经济体,一旦出现报复性贸易摩擦将导致两败俱伤,并给世界经济带来重创。根据美国彼得森国际经济研究所测算,即使发生短暂的贸易摩擦,美国私营领域也将失去130万个工作岗位,占私营领域总工作人数的1%。

毋庸置疑,全球政治经济格局正处于前所未有的新的调整时期,在这个过程中发生的冲突与博弈正是这一变化的突出表现。根本而言,商品、资本和人员的自由流动是全球化繁荣的基础,一切阻碍这种要素自由流动的力量无疑是对全球化的巨大挑战。

近年来,中国积极推进包括构建对外开放新体制,以及"一带一路""亚太自贸区"等在内的全球化进程。特别是中国政府提出"三个共同体"论,即责任共同体、命运共同体和利益共同体,反映了中国希望推动全球化发展的新思维。责任共同体注重中国与利益相关者都有共同维护地区和世界和平、安全与繁荣的责任,在地区治理和全球治理中责任共同担当;命运共同体强调人类社会在全球化时代已经形成了相互依赖的关系,各国息息相关,紧密相连,同呼吸,共命运;利益共同体强调尊重彼此利益,共生共赢。

笔者认为,逆全球化冲击对于积极倡导全球化,主张构建"包容性"发展的中国而言,无疑是一次重大挑战,但也是一次难得的历史性机遇。中国需要推动新一轮全球化,以全球价值链重塑为契机全面提升国家的产业结构竞争力,也需要更好地贡献治理理念和治理规则这样的"公共产品"来创造新的全球化净收益。从这一点来讲,"特朗普主义"下的逆全球化冲击既是前所未有的重大挑战，也很可能是为全球带来一次重大变革的机遇。在全球结构和秩序重建、重构过程中，那些真正符合未来发展趋势的潮流和规则以及价值主张，才是最有生命力的。

第三章

数字贸易重塑
国家竞争格局

第一节　全球数字贸易新规则与新挑战

数字经济与数字贸易发展重塑国家竞争格局。近年来，全球旧的体系、规则、价值观和经济形态正在动摇和演化；新的体系、规则和经济形态在形成新动力的同时，也加大了主要大国间的规则竞争与博弈。

数字贸易驱动新型全球化发展

面对传统经济与传统贸易增长缺乏动力的现状，数字经济与数字贸易的发展无疑给我们提供了一个新的视角和一条新的探索增长的路径。与传统经济相对应的"数字经济"是一种新的经济形态和新的经济系统，全球尚未有统一而明确的定义。一般主要是指各类数字化投入带来的全部经济产出，包括数字技能、数字设备（软硬件和通信设备），用于生产环节的数字化中间品和服务，以及在整个数字价值链过程中产生的大量数据。

美国是数字信息技术发源地，近半个世纪以来，美国的企业、政府、科研机构紧密携手，主导着全球数字经济的发展进程，包括英特尔、IBM（国际商业机器公司）、高通、苹果、微软、谷歌等信息和通信技术巨头成为全球数字价值链的主干。近年来，全球数字经济高速发展，且增速远远高于同期

GDP的增速。2016年美国数字经济增速高达6.8%，同期GDP增速为1.6%。2016年，美国数字经济总量达到11万亿美元，占GDP的比重为59.2%，是全球数字经济的核心引擎。

中国数字经济虽然起步较晚，但近年来发展势头举世瞩目，并已成为带动经济增长的核心驱动力。中国信息通信研究院2019年发布报告，2018年中国数字经济总量达到31.3万亿元，按可比口径计算，名义增长20.9%，占GDP比重达到34.8%，占比同比提升1.9个百分点。2018年中国数字经济对GDP的贡献率达67.9%，贡献率同比提升12.9个百分点，超越部分发达国家水平，成为带动我国国民经济发展的核心关键力量。产业数字化在数字经济中占据主导位置，2018年产业数字化部分规模为24.9万亿元，同比名义增长23.1%，在数字经济中占比达到79.51%。中国产业数字化部分占GDP比重由2008年的8.8%提升至2018年的27.6%，增长十分迅速，产业数字化部分对数字经济增长的贡献度高达86.4%。

根据国际数据公司预计，2019年亚太地区数字消费额有望从2015年的7万亿美元增至17万亿美元。在未来5年里，G20的互联网经济预计将以每年8%的速度增长，远超传统的经济部门。研究表明，数字化程度每提高10%，人均GDP增长0.5%至0.62%。在全球经济增长乏力情形下，数字经济被视为推动经济变革、效率变革和动力变革的加速器，撬动经济发展的新杠杆。根据预测，2035年中国的数字经济规模将达16万亿美元。

数字经济的快速发展及其新产生的巨大活力，使得美国、日本及欧盟政府意识到数字经济的发展对于推动本国和地区经济社会发展的重要作用和意义。它们开始关注数字经济的发展，将数字经济作为推动经济发展的新动力、新引擎。2008年国际金融危机以来，面对金融危机后经济复苏乏力的局面，美国、欧盟、日本等主要经济体纷纷将数字经济视为实现经济复苏与新增长的关键依托，出台了国家层面的数字经济发展战略政策（见表3-1）。

表 3-1 国际金融危机以来全球主要国家推出数字经济战略政策

国家（地区）政策	主要内容
美国"数字经济议程"	自由开放的互联网、互联网信任和安全、创新和新兴技术
欧盟"数字单一市场战略"	破除法律与行政壁垒，实现数字商品服务自由流通；加强网络交流平台的管理；优化电信和音频、视频市场；推动数字技术发展；增加数字产业投资
德国"数字经济战略2025"	构建千兆光纤网络；开拓新的创业时代；建立投资及创新领域监管框架；在基础设施领域推进智能互联以加速经济发展；加强数据安全，保障数据主权；促进中小企业、手工业和服务业商业模式数字化转型；帮助德国企业推行工业 4.0；注重科研创新，数字技术发展达到顶尖水平
英国"数字经济法"	重视通信基础设施特别是宽带的建设，建立了数字版权保护的法律和管制框架，保护在线著作权等
中国"互联网＋"战略、"中国制造 2025"和国家大数据战略等	通过优化生产要素、更新业务体系、重构商业模式等途径来完成经济转型和升级；推动移动互联网、云计算、大数据、物联网等与现代制造业结合，促进电子商务、工业互联网和数字金融的创新发展。十九大报告中指出要"推动互联网、大数据、人工智能和实体经济深度融合"
日本"2015 年 i-Japan 战略"	电子政府战略、医疗和健康领域信息化发展战略、教育和人才信息化战略

数据来源：笔者根据各国（地区）发布信息整理

"数字贸易"的概念与立场之争

事实上，尽管当下全球已经逐渐进入了数字贸易时代，但截至目前仍然没有一个针对"数字贸易"的统一定义。相比较而言，发达国家与发展中国家在理解数字经济和数字贸易方面有很大不同。以中美为例，中美处于数字经济和数字贸易发展的不同阶段。中国正处于实体数字化、工业化与信息化还未深度融合的发展阶段，而美国已经处于数字实体化，进入由信息化向数字化转型的高级阶段，这使得中美两国在理解数字经济和数字贸易方面存在重大差异。

目前，仅有美国将数字贸易从数字经济中分离出来，并于2013年7月由美国国际贸易委员会（USITC）率先在全球发布首部数字贸易调研报告《美国和全球经济中的数字贸易Ⅰ》。该报告认为，"数字贸易就是通过互联网交付实现的产品和服务活动，分为国内商务和国际贸易活动"。数字产品和服务的内涵不断扩大，数字贸易的领域与范围不断拓展。在美国，互联网正在与如零售、娱乐、出版、休闲、金融、卫生、教育等越来越多的行业深度融合，诸如云计算正在改变信息通信服务的提供方式，改变经济中大多数商品和服务的生产和交付方式，这不仅丰富了数字贸易的内涵，而且拓展了数字贸易的范围。

（一）国际上对数字贸易概念的主要定义

总体而言，不同的国家或国际组织对数字贸易的范围划分和定义均各不相同。最狭隘的定义是将数字贸易定义为数字化产品的贸易，而更广泛的数字贸易定义似乎是利用数字技术进行商业活动。同时，这些主体也不尽然都使用"数字贸易"这一新词语，"电子商务"也时常出现，下面笔者列举了一些国家和组织对数字贸易的定义。

1.世界贸易组织

WTO并没有采用"数字贸易"这种表述，而是采用"电子商务"这个概念，并将其定义为"通过电子方式生产、分销、营销、销售或交付货物和服务"。这一定义早在1998年第2次部长会议设立的"电子商务工作计划"中就被提出了，但随后近20年时间里该议题却未得到充分重视，直到近两年才又进入各成员方视野。

2.联合国贸易和发展会议

联合国贸易和发展会议（2015年）将电子商务定义为通过计算机网络进行的购买和销售行为。对联合国贸易和发展会议而言，电子商务涉及搭配实物商品以及以数字方式提供的无形（数字）产品和服务。

3.美国国际贸易委员会

2013年7月，美国国际贸易委员会在《美国和全球经济中的数字贸易Ⅰ》中正式提出了"数字贸易"定义，即通过互联网传输产品和服务的国内商务和国际贸易活动，包括四个方面的内容：一是数字化交付内容，如音乐、游戏；二是社交媒体，如社交网络网站、用户评价网站等；三是搜索引擎；四是其他数字化产品和服务，如软件服务、在云端交付的数据服务等。美国国际贸易委员会采用了相对狭窄的数字贸易定义，它排除了大部分的实体商品贸易，比如在线订购的商品和需要数字副本对应的实体商品，像书、软件、音乐还有电影都通过CD或DVD的方式售卖。

2017年，美国国际贸易委员会在《全球数字贸易的市场机遇与主要贸易限制》报告中进一步完善了2013年的定义，指出数字贸易是任何行业的公司通过互联网进行产品和服务的交付，以及如智能手机和互联网传感器等相关产品的交付，它虽然包括电商平台提供的相关产品和服务，但排除了网络订购的实体产品和其数字附属品。

4.欧盟

欧盟在数字贸易方面制定了建立"单一数字市场"的目标。这被定义为"个人和企业可以在公平竞争的条件下无缝访问和在线活动，无论其国籍或居住地"（欧盟委员会，2016）。这一举措超越了改善数字贸易环境的改革；它包含了电信行业日益激烈的竞争，以及数据保护和隐私条款的改进。

（二）美国版"数字贸易"概念界定及其重点内容

数字贸易的研究是一个具有挑战性的课题，对于"数字贸易"，目前在国际上也没有标准和被普遍接受的定义。联合国贸易和发展会议一份关于数据保护的报告指出，社会与文化的不同将影响各国监管隐私的方式，这会对贸易产生一定的影响。联合国贸易和发展会议在评估全球的隐私和数据流动制度时指出若干核心共同原则：开放、收集限制、使用限制、安全、数据质量、访问和更正、问责。报告建议各种不同的协定或机制朝着国际协调或兼容性的方向迈进。

迄今为止，数字贸易的内涵和外延仍在演变之中。但是从美国目前相关官方机构给出的定义来看，其既包含了货物，也包含了服务，既包括最终用户使用的产品和服务的贸易，也包含了辅助数字贸易的手段（如互联网平台和应用），还包含了数据流动等。例如，2013年7月，美国国际贸易委员会在《美国和全球经济中的数字贸易Ⅰ》中正式提出了"数字贸易"定义，即通过互联网传输产品和服务的国内商务和国际贸易活动，具体的交易标的为：音乐、游戏、视频、书籍等数字内容，社交媒体、用户评论网站等数字媒介，搜索引擎；其他产品与服务。而美国贸易代表办公室认为，数字贸易是一个广泛的概念，不仅包括个人消费品在互联网上的销售以及在线服务的提供，还包括实现全球价值链的数据流、实现智能制造的服务以及无数其他平台和应用。这就使得数字贸易中要探讨的规则比传统的货物和服务贸易要更广泛、更复杂、更具不确定性。

美国国际贸易委员会广泛地将数字贸易定义为"美国国内商业和国际贸易，在这其中，互联网和互联网技术在订购、生产或交付产品和服务方面发挥着特别重要的作用"。因此，数字贸易不仅包括电影和视频、游戏这样的终端产品，还包括提高经济生产力和综合竞争力的手段。数字贸易的规则正在演变，因为世界各国政府都在尝试不同的方法，并试图平衡不同的政策重点和目标。数字贸易的问题，如侵犯知识产权、国家安全措施或产业政策，往往因被各个部门交叉管理而无法得到有效解决。

美国国际贸易委员会提供了两种统计数字贸易数据的思路：一是统计数

字产品和服务，有各大国际贸易数据库和相关产业公司交易数据，但会包括一定比例的实物产品；二是统计互联网宽带跨境数据流，不含实物产品，但通过光纤产生的跨境数据流十分庞大，且数据流的产生并不意味着数字贸易这种营利性商业活动的产生，会过分高估国际数字贸易额。两种方法都会存在一定程度偏差，但是第一种方法的数据更公开易得。美国商务部经济分析局认为可以将数字相关产业的服务贸易视为全部数字化，作为数字贸易中数字服务的代理数据。美国国际贸易委员会将以下产业视为全部数字化：一是金融与保险服务行业绝大多数数字化；二是个人、文化与娱乐服务和数字内容产业交集较多，医疗、教育等是高数字密集度产业；三是专利费与许可费服务很多涉及互联网技术，如复制、分发数字产品和服务，而数字贸易对象多为知识或技术密集型；四是商业、专业与技术服务是最大的数字化服务部门，其子分类大量使用数字资源。本书使用经济合作与发展组织数据库，基于美国国际贸易委员会（2014）与美国商务部经济分析局（USBEA）研究，筛选数字贸易产业分类，收集代理数据。

　　美国的其他机构也根据自身的需要，给出了"数字贸易"的相关定义。美国商务部经济分析局在2012年的《数字化服务贸易的趋势》中提出"数字化服务贸易"概念，即因为信息通信技术进步而实现的服务的跨境贸易，具体分类如下：版权和许可费，金融和保险产品，长途通信，商业、专业和技术服务等。这一概念主要用于衡量美国的国际数字服务贸易。2017年，美国贸易代表办公室发布的《数字贸易的主要障碍》报告，认为"数字贸易"应当是一个广泛的概念，不仅包括个人消费品在互联网上的销售以及在线服务的提供，还包括实现全球价值链的数据流、实现智能制造的服务以及其他无数平台和应用。该报告列举了诸多事实：物联网已经将超过50亿台设备连接起来，汽车、冰箱、飞机甚至整幢建筑物都在不断地生成数据并将其发送到数据处理中心。制造业产生的大量数据被广泛应用于研发、生产、运营、服务等价值链各个环节，从而降低生产成本并提高生产效率。

(三)中国对"数字贸易"概念界定及其重点内容

中国尚未开展数字贸易方面的统计,与国际组织签署的约束性或者非约束性文件中也尚未使用"数字贸易"这个概念,目前使用的是"电子商务"和"跨境电子商务"的概念。在中国,由于数字贸易发展时间短、发展速度快,加之数字贸易的发展模式多样,使得社会各界对数字贸易的认识不一。就目前来看,学界与业界尚未对"数字贸易"这一概念达成广泛的共识。原有对"数字贸易"的理解已经无法满足新形势的需要,而建立在全新实践基础之上的"数字贸易"概念又迟迟得不到确立。这导致学界针对这一相关领域的研究与讨论无法得到有效开展,业界同样无法对行业未来的发展趋势进行科学的预判。因此,有必要对"数字贸易"进行一次全面的梳理,明确"数字贸易"的内涵与外延,形成一个被有关各方所普遍接受的"数字贸易"定义。唯有如此,才能更好地评估与洞悉世界与中国数字贸易的发展现状及未来的发展趋势,才能推动相关领域学术研究的顺利进行。通过梳理研究发现,中国对数字贸易的界定与数字经济及数字贸易发展阶段直接相关。中国版本目前更加侧重于货物和实体的网络化、线上化、数字化和智能化,较为关注的跨境电子商务,对象以货物贸易为主,但传统跨境电子商务的概念也发生了很大变化。

中国信息通信研究院数字经济研究部认为,数字贸易是指不同行业的企业通过相关设备在网络上进行的产品和服务的交易。数字贸易具备信息成本极小化、贸易流程极简化、贸易商品数字化等特征,将对世界格局贸易产生深远的影响。

中国国际经济交流中心"E-国际贸易研究"课题组将数字贸易拓展为"E国际贸易",指出"E国际贸易"就是基于互联网、物联网、云计算、云服务、人工智能等新一代信息技术所引发的新贸易形态,亦即国际贸易的"E化",是一种高度信息化、智能化、国际化、网络化的线下线上一体化的贸易方式,是当代数字经济、共享经济、平台经济、信息经济和知识经济的综合表现形态。"E国际贸易"是建立在现代互联网技术、云计算技术,形成大数据流量处理能力的基础上，依托跨境国际贸易平台的共享功能，以数据的流动带动全球消费者和生产者、供应商、中间商集成产生贸易流量所形成的一种国际化、信息化、市场化、社会化、平台化的全新贸易方式，是下一代主要贸易方式。

我们研究认为，数字贸易与跨境电子商务的差异在于：一方面，作为有机组成部分，跨境电子商务会助推数字贸易时代早日到来。电子商务特别是跨境电子商务作为数字贸易的重要组成部分，已经逐渐展现其旺盛的生命力与广阔的发展前景。未来，随着云计算、大数据、人工智能等新型数字技术的广泛应用，跨境电子商务的分析、预测、运营管理能力将得到大幅提升。原来以货物交易活动为主的跨境电子商务，将不断拓展其商务活动半径，整合传统产业链，推动生产、贸易活动的数字化、智能化转型。

另一方面，作为新型贸易活动，数字贸易是跨境电子商务未来发展的高级形态。需要注意的是，现阶段的跨境电子商务仍然处于数字贸易的初级阶段，产业的垂直整合力度不够，对传统产业的影响十分有限。而数字贸易并非只是简单的货物交易活动，它突出强调数字技术与传统产业的融合发展，以推动消费互联网向产业互联网转变，并将实现制造业的智能化升级作为最终目标。因而，数字贸易是跨境电子商务未来发展的更高目标。

从上述定义中看出，数字贸易的定义随着时间的变化似乎越来越广泛了，外延有了极大的拓展，这也是各国争相展开数字贸易竞争的一个原因。数字贸易作为一种新型贸易方式，由于其主要依托互联网体现出的自由化和开放性等特点，造成了不同的国家对于数字贸易的态度各不相同。同时，数字贸易与传统世界贸易组织框架下货物贸易与服务贸易规则之间都产生了不适应和冲突，WTO各成员方对于数字贸易究竟适用货物贸易规则还是服务贸易规则（GATS）还未达成一致。

从广义上来看，数字贸易与跨境电子商务并没有本质上的区别，两者一脉相承，具有诸多相同特点和属性。但是在现实应用中，跨境电子商务通常主要指基于互联网而进行的跨境货物贸易以及相关的服务,跨境电子商务的核心仍然在于"货物流动";而数字贸易更侧重于数字化交付内容及服务的跨境流动,核心在于"数据流动"。基于对美国版与中国版的异同的分析,笔者认为,数字贸易是以现代信息网络为载体,线上线下一体化,以跨境数据流动带动全球消费者和生产者、供应商、中间商集成产生贸易流量,通过大数据、云计算、物联网、人工智能等新一代信息技术融合使用,实现实体货物、数字产品与服务、数字化知识与信息等高效交换的新型贸易形态。

(四)美国积极推动数字贸易战略新动向与重大举措

截至2018年,美国为促进数字贸易发展采取了一系列新举措。作为世界数字贸易发展领导者的美国,为了巩固和扩大自身在数字贸易领域的竞争优势和地位,强化数字贸易作为经济增长极的作用,开拓数字贸易新市场,引领世界数字贸易的发展,一直在推动和主导数字贸易规则谈判。

第一,在多边谈判框架下,初步形成数字贸易规制。在多边谈判框架下,对于数字贸易的规制主要体现在如下两个方面:一是美国在1997年的《全球电子商务纲要》中就表明了追求电子商务全球自由化的立场。1998年5月,时任美国总统的克林顿亲赴WTO部长级会议,敦促各国支持美国关于电子商务永久免税的建议。二是2008年11月,APEC提出《数字繁荣的行动清单》并明确六大行动关键领域:基础设施、投资、创新、智力资本、信息流、整合。

第二,在双边谈判框架下,进一步强化多边数字贸易规则的落实。在双边谈判框架下,2012年美国与韩国签署的《美国与韩国自由贸易协定》中明确规定,应在负面清单基础上对数字产品给予非歧视待遇,尽力避免对电子信息的跨境流动设置不必要的障碍。美国在自由贸易协定中专设电子商务章,旨在对数字传输的内容产品提供自由贸易的待遇。

第三,在区域和诸边谈判框架下,积极推进数字贸易新规制的构建。在数字贸易中亚洲拥有最大的增长潜力。而欧盟是美国最大的数字贸易伙伴。美国高度重视亚洲和欧盟的数字贸易市场。美国以《跨太平洋伙伴关系协定》、《跨大西洋贸易与投资伙伴协议》、《国际服务贸易协定》(TISA)为抓手，三位一体推进数字贸易规则谈判，推动区域和次多边数字贸易国际规则的构建，从而为主导和推动全球多边数字贸易规则奠定坚实基础。

与此同时，美国也在积极推动跨境电子商务的发展。美国在2015年发布了跨境电子商务发展10年规划，其发展目标是到2025年使跨境电子商务规模达到整个国际贸易额的70%。同年美国在APEC第二次高官会上提出通过数字经济促进包容性增长的提案（2015/SOM2/028），提到将"便利数字贸易促进包容性增长"作为下一代贸易与投资议题，并特别提到在APEC下建立一个便利数字贸易的框架。

当然，美国发展数字贸易仍面临着众多的潜在挑战与风险：一是数字贸易本地化措施阻碍数字贸易市场开放，本地化措施对美国国际数字贸易市场的拓展构成潜在威胁。二是分歧的数据隐私保护措施。已经有超过60个国家采取了数字本地化做法，其目的主要包括对隐私的担忧、对国家安全的担忧或者发展经济的考虑，具体做法一般是要求在境内设立数据中心或者要求数据存储在境内。三是非中性的审查措施，构成数字贸易市场准入壁垒（见表3-2）。

表 3-2 部分国家相关数据本地化政策措施

年份	国家	内容
2013	巴西	要求谷歌、脸书等公司在境内建立数据中心
2014	尼日利亚	《尼日利亚信息和通信技术内容开发指导方针》规定了施行采购限制、信息和通信技术硬件的当地内容含量要求、当地发展计划的建立、对跨境数据流的限制
2015	印度	印度储备银行发布《印度支付系统数据存储通知》，要求所有系统供应商在印度存储支付数据，以确保更好的监控
2015	印度尼西亚	强制在智能手机制造中使用本地内容以及强制数据存储本地化

续表

年份	国家	内容
2014	俄罗斯	俄罗斯议会通过了一项数据保留和数据挖掘的法案,规定所有互联网公司都要在俄罗斯境内的服务器中存储用户数据,时长至少应达到6个月
2015	俄罗斯	要求数据运营商确保所有对俄罗斯公民个人数据的收集和使用都必须使用位于俄罗斯境内的数据库
2015	韩国	《信息通信网络的促进利用与信息保护法》规定,政府可以要求信息通信服务提供商或用户采取必要手段防止任何有关工业、经济、科学、技术等的重要信息通过网络流向国外
2012	澳大利亚	《个人信息电子健康记录控制法》要求医疗信息存储必须本地化
2016	俄罗斯	人力资源社交媒体"领英"由于没有遵守2014年通过的法案而被列入俄罗斯网络黑名单
2017	俄罗斯	包括微信在内的多个通信社交类软件在俄罗斯被禁,原因包括没有将用户数据保留在俄罗斯境内
2017	中国	《网络安全法》第37条有关关键信息基础设施的数据储存本地化规定的补充。第37条规定:"应当按照国家网信部门会同国务院有关部门制定的办法进行安全评估。"然而,《个人信息和重要数据出境安全评估办法(征求意见稿)》(以下简称《办法》)并不只关注数据本地化义务与关键信息基础设施运营者进行个人信息及重要数据出境传输所应进行的安全评估的要求。《办法》在进一步扩大了所有的网络运营者的义务范围的同时,还进一步创设了补充数据本地化要求的新义务,形成了一个大范围实施个人信息和重要数据储存本地化与个人信息及重要数据出境传输规范化的法律框架
2018	印度	印度发布的《个人数据保护法案(草案)》,全面借鉴《通用数据保护条例》(GDPR)的核心原则,保障数据主体对于数据的控制权。2018年4月,印度央行发布通知,要求"所有系统提供商应确保其运营支付系统在印度境内发生的全部数据只存储在印度,这些数据应包括终端到终端支付指令的数据收集、存储和处理的完整详细信息
2018	澳大利亚	2018年2月生效的澳大利亚"数据泄露事件通报"(NDB)规定了各职能实体在应对数据泄露事件方面的具体要求
2018	加拿大	加拿大政府公布了《保护个人信息和电子文件法案》,要求加拿大的公司如有泄露客户个人信息及数据的情况,必须尽快报告,否则将面临处罚

续表

年份	国家	内容
2018	美国	美国加州通过的《加州消费者隐私法案》（CCPA），强化规范企业收集处理数据的方式
2019	越南	2019年1月，在越南生效的《网络安全法》中也明确要求在越南提供互联网服务的国内外企业应在越南设立办事处，并将所收集的信息加入本地化存储

资料来源：笔者根据公开信息整理

特朗普政府已经着手建立面向数字贸易政策和挑战的新架构。为了实现国会确定的数字贸易谈判目标，美国从2016年开始建立专门针对数字贸易的组织架构。2016年7月，美国贸易代表办公室内部建立了数字贸易工作组，以快速识别数字贸易壁垒和制定相应政策规则。该工作组由美国贸易代表办公室代表Robert Holleyman直接领导，其工作人员来自美国贸易代表办公室内部的电子商务、电信、服务、知识产权、创新和工业竞争力领域。工作组成立以后，已经开展了多项有成效的工作，包括为《2017年外国贸易壁垒评估报告》识别出最新的数字贸易障碍，制定在国际上推广数字贸易规则的战略，推动美国国际贸易委员会对主要国外市场上的数字贸易壁垒开展调查和评估。此外，美国商务部从2016年开始在主要贸易伙伴国家派驻数字贸易参赞，帮助美国企业解决相关问题并采取对策。

全球数字贸易中的"数字主权"与"数据权属"

近年来，随着数字经济和数字贸易爆发式增长，以及国家和地区间的数字经济交流日趋活跃，数字贸易中的"数字主权"与"数据权属"问题开始引起高度关注。

"数字主权"已经成为数字经济时代国家利益的核心。数字主权又可称为信息主权，可以从三个不同的层面进行理解。从国家层面来讲，数字主权是指一个国家对本国数据所享有的最高的管理权力，是国家主权的重要组成部分。从部门行业和企业层面来讲，数字主权是指行业部门、公司企业对本部门的所有经营管理过程中产生的各种有价值数据资源的占有、使用、解释、自我管理、自我保护，并且不受任何组织、单位和个人侵犯的权力。从个人层面来讲，数字主权不仅包括个人隐私信息不被他人侵犯的权力，而且还包括个人合法取得的各种有价值数据资源的占有、使用、解释、自我管理、自我保护，并且不受任何组织、单位和个人侵犯的权力。部门、行业、企业层面和个人的数字主权必须无条件地服从国家的数字主权的需要，国家数字主权是第一位的。

推动数字贸易发展首先必须回答"数据确权"或者"数据权属"问题。随着个人、企业、国家等实体不断地被数字化和虚拟化，以及技术驱动和数据爆发式增长，数据的流动属性和资源属性不断增强。数据可以为企业创造巨大的财富价值，也可能对国家安全和个人隐私造成巨大的冲击。数据利用要趋利避害，实体对数据权属的制度安排和主张提出要求：公民要求个人信息、隐私数据不被泄露和滥用；企业关注数据的经济价值，可以合法合规通过数据创造价值；国家要求对数据拥有一定的控制力，切实保障国家安全。因此，数字经济时代，数据的共性、网络的整体性以及全球的可进入性让数字主权成为各国对数据及相关技术、基础设施等进行治理的前提和基础。

从法理上看，数据确权与权属构成问题非常复杂。一方面，数据的来源具有多样性，个人、企业和政府对数据权属的认识和关注重点有明显的差异；另一方面，信息技术水平、数据控制能力、数据分析能力、跨国公司数量、国家外交环境等因素都对数据确权有一定的影响。

从主权角度研究数字主权问题，核心是保障国家安全。该视角的逻辑出发点在于数据是事关国家安全的战略资源，随着云计算、大数据、移动互联网的快速发展，数据获取、存储和分析更加便捷和高效，国家安全面临威胁。对数据提出主权要求，有助于更好地行使管辖权、控制权等权利。

另外，从物权角度关注数据产权问题。数据产权主要集中于所有权，重点关注对数据的占有、使用、收益和处分的权利分配，即"谁的数据，归谁所有"。早期人们并没有认识到数据能创造价值。

现阶段，数字主权的相关法律政策主要围绕数据的管理和控制而展开，而各国在数字主权方面的主张和实践集中表现在其对跨境数据流动管理的诉求上。从国际上来看，越来越多的国家和地区围绕数据管理，从法律上开始构建其数字主权相关制度，包括：对重要数据的跨境出口施加限制，以维护本国数据安全，实现数据分级分类管理；通过对个人数据本地化存储的立法调整，强化对数据的控制以及延伸对数据的域外管辖权等。

第二节 全球贸易大国的数字贸易未来

数字贸易在全球经济和贸易中扮演着越来越重要的角色。在过去十几年间，全球数字贸易从数量到价值呈现出指数级增长，成为全球贸易增长最为显著的新形态。然而，从全球治理与规则层面看，多边贸易协定未能适应数字贸易快速发展，其贸易规则不仅不完善，且远远滞后于实践，这也导致建立适应数字贸易发展新态势的全球规则框架的呼声越来越高。特别是当前全球逆全球化、保护主义、单边主义、排外主义风潮迭起，地缘政治及新科技革命下国际竞争加剧，全球治理体系重构，经济全球化面临方向性选择。

早在2010年，美国前国务卿希拉里就以"硅幕"来概括其外交观和贸易观。她以"A new information curtain is descending across much of the world"（一张新的信息铁幕正在把世界分离）这一句式来概括当下世界局势。丘吉尔的"铁幕"（iron curtain）为众人所熟知，而希拉里则以"information curtain"来概括她的外交观和国际贸易观，也被称为"硅幕"。当前，特朗普政府切断技术链、供应链、产业链、价值链，以及通过签证手段、人才政策、移民政策等防止技术外流，进而实现技术封锁，"硅幕"也正在徐徐拉开。

中国应以超前的洞察力，把数字贸易规则制定作为参与新一轮全球多边贸易治理改革的契机，积极参与规则制定，加快推动数字贸易及新型全球化发展。

全球数字贸易政策主张及其分歧表现

数字贸易是具有挑战性的前沿性议题。数字贸易作为一种新型贸易方式，发展过程将面临各种全新挑战，具体包括以下各个方面。

（一）逐步分化的数字贸易政策

一些分析观点认为，在数字贸易呈现战略性贸易竞争特征、具有垄断支配地位的数字企业日益引发全球关注的背景下，不少经济体正在追求分化的数字贸易政策。监管方式及适用范围和领域的差异，不仅对各国间的监管互认构成了挑战，也加剧了国家之间因政策不同而引发的紧张局面。例如，欧盟在"数字税"问题上尚未达成整体性意见。2018年12月，欧洲议会以压倒性结果通过了与数字税相关的两份决议，第一份是关于如何对数字服务进行征税，第二份则是希望改革数字服务的税基。虽然该项决议不具约束力，仍需欧盟理事会批准，但英国及法国、意大利等欧盟成员国已明确表示，如不能在欧盟内部达成关于"数字税"协议，它们将各自独立开展对科技公司的征税计划。其中，英国已先行宣布将在2020年开始征收2%的"数字服务税"，预计2020

年征收的税额可达2.75亿欧元，之后逐年增加，到2023年增加到4.4亿欧元。而法国已经推动国内立法。2019年7月，法国参议院正式批准向大型互联网企业征收数字税的法律草案。根据该草案，自2019年1月1日起，谷歌、亚马逊、脸书等30余家全球数字业务营业收入不低于7.5亿欧元，同时在法国营业收入超过2500万欧元的互联网企业将被征收相当于其在法国营业额3%的数字税。法国征收数字税，引起美国愤慨，美国实行报复，美国贸易代表办公室宣布，根据《1974年贸易法》第301条，美国决定对法国政府通过的数字服务税法案发起调查，这将进一步加剧数字贸易政策的分歧与摩擦。

（二）数字贸易壁垒制约数字贸易自由化发展

对于促进数字贸易发展以及降低贸易障碍而言，国家间对于数字贸易障碍的讨论，按性质可分为"发展障碍"和"法规制度障碍"两个层面。对于数字贸易"发展障碍"而言，国际讨论重点主要在于如何借由基础建设普及支持数字贸易发展、促进中小企业利用参与数字贸易价值链，以及数字鸿沟的消除。至于"法规制度障碍"，根据WTO、APEC等各类新型贸易协定的讨论方向，我们可以归纳出强制本地化要求、市场进入限制、数据及个人隐私保护措施、消费者权益维护、知识产权保护等几大主要壁垒及平台业者法律责任不明确、内容审查和数字贸易环境框架不健全等几大主要障碍（见表3-3）。

表3-3 全球数字贸易障碍类型及主要内容

障碍类型	障碍内涵描述
1. 强制本地化要求	需在当地设置代表处/分公司/子公司； 需在当地设置数据中心/数据库； 电子商务设备或服务特有标准
2. 市场进入的限制	包含关税（如数字商品及小额包裹免税待遇）； 服务提供、外商投资、贸易及销售渠道； 其他歧视性待遇

续表

障碍类型	障碍内涵描述
3. 数据/数据及个人隐私保护措施	限制数据/数据的跨境移动； 各国隐私保护的规则差异
4. 消费者权益维护	跨境诈欺等问题的解决； 个人隐私保护
5. 知识产权保护	涉及数字著作权、数字商标权的保护
6. 法律责任不明确	数字贸易参与者的法律责任不明
7. 内容审查	不利于数字贸易的通关程序及其他措施
8. 环境框架不健全	网络基础建设不足； 网络自由与开放的限制； 电子签章效力不确定； 欠缺无纸化贸易机制； 网络安全问题

资料来源：根据APEC、OECD及WTO报告整理

（三）数字隐私与保护标准难以达成共识

目前，全球尚无统一的与数据隐私及保护相关的法律条文，不同国家、不同行业间关于数字保护的法律条例大都基于本国的核心利益，和贸易政策搭配不全，因此具有明显差异。美国数据跨境流动政策主要由贸易利益驱动，认为各国在公民隐私保护方面迥然不同的政策，有可能会形成非关税贸易壁垒。与美国将数据跨境政策与贸易政策深度捆绑不同，欧盟更多是从个人权利保护项出发考虑数据流动。而国际标准的缺失不仅导致全球数据隐私与保护规制分歧较大，更致使数字密集型企业无法同时满足不同国家、不同行业的差异化标准、规则和法律要求，这大大提高了贸易成本。欧盟相关统计显示：各国之间数据保护政策的差异每年将对欧洲企业造成30亿美元的额外贸易成本；美欧数据隐私与保护标准的差异，导致双边贸易流量每年减少6500亿美元。

（四）多边数字贸易规则的严重缺失

WTO规则下数字贸易规则缺失是当前全球数字贸易面临的主要问题。20世纪90年代中期，WTO认识到贸易数字化发展趋向，并制定了一些相关规则。但近年来全球数字贸易发展迅猛，WTO数字贸易规则制定明显滞后。WTO成员并没有针对数字贸易问题制定或出台专门规则。与数字贸易相关的规则多散见于WTO框架下的一些主要的协定文本及其附件之中。针对数字贸易发展中遇到的一些规制问题，WTO做出了相应规定，主要表现在：《服务贸易总协定》（主文本第1、2、3、6、14条以及电信附件5）针对"公共电信网络准入""跨境数据传输""数字服务市场准入""数据本地化措施"等做出了原则性规定；《信息技术协定》（ITA）成员围绕"信息技术产品关税减免"已举行多轮谈判并取得重大进展；《与贸易有关的知识产权协议》（TRIP）可以参照适用于数字贸易中的知识产权问题；《全球电子商务宣言》框架下WTO成员已就"电子传输免关税"达成一致。由于对数字技术发展可能带来的变革缺乏预见性，且掣肘于"多哈回合"的谈判效率，上述多边数字贸易规则在文本设计和操作层面都面临着新的挑战。

（五）数字贸易规则呈现"碎片化"特征

过去几十年来，越来越多的区域贸易协定纳入了明确提及数字技术的条款。根据WTO有关统计，在目前生效并向WTO通报的286个区域贸易协定中（截至2018年8月），共有217份协定包括了与数字技术有关的条款。这些条款的内容纷繁复杂，涉及贸易规则和市场准入承诺、通信和数字监管框架、知识产权保护、电子政务管理、无纸化贸易以及在数字技术和电子商务等方面的合作和技术援助，其中最常见的是电子政务管理、电子商务合作和暂缓对电子传输征收关税。虽然一些条款复制或澄清了WTO现有条款或承诺，但其他条款却扩大了原有条款的内容或做出了新的承诺，再加上大多数条款并不遵循特定的模板，即使是同一国家对外商签的区域贸易协定中的相关条款也不尽相同。这种情况导致了区域数字贸易规则的"碎片化"以及数字化"意大利面碗"效应。

(六）围绕"数字税"，美欧贸易摩擦持续升级

2018年7月以来，美国针对法国的数字服务税计划启动"301调查"，美欧贸易摩擦升级。征收数字税一直是欧盟的政策选项。2018年3月21日，欧盟委员会针对新的指令发布了两项提案，提出就数字化业务活动征税的新方式。提案是对委员会如下观点做出的回应：现行的国际企业所得税规则还未能识别数字化世界创造利润的新途径，尤其是用户能为数字化公司创造价值的方面。简言之，提案包括一项短期解决方案，即暂时按3%的税率对特定数字化服务总收入征税["数字服务税"或"digital services tax（DST）"]，其次是一项长期解决方案，即数字化常设机构这一新概念以及利润归属规则（"重大数字化业务存在"或"significant digital presence"）。草案规定在欧盟成员国将数字化常设机构概念立法前，各成员国可从2020年7月1日起对源自该国客户的收入征收3%的数字化服务税。只有全球收入超过7.5亿欧元及欧盟收入超过5000万欧元的集团会受到影响。法、德、英等国对此全力支持并积极游说，但遭到丹麦、芬兰、爱尔兰、瑞典等国抵制，法国转而推动国内立法。2019年7月11日，法国参议院正式批准向大型互联网企业征收数字税的法律草案。根据该草案，自2019年1月1日起，谷歌、亚马逊、脸书等30余家全球数字业务营业收入不低于7.5亿欧元，同时在法国营业收入超过2500万欧元的互联网企业将被征收相当于其在法国营业额3%的数字税。

当前在欧洲范围内，英国、德国也希望加速该项税法落地。英国政府表示将对亚马逊、脸书与谷歌等硅谷科技巨头在征税方式上做出重大改变。英国财政大臣哈蒙德表示，科技巨头在英国赚取了大量收入，却没有按照比例缴税，这十分不公平。因此，将对科技巨头在英国的数字服务收入（如广告与流媒体收入）征收2%的税款。如果国家间没有对"科技税"达成共识的话，从

2020年开始，英国每年将征收4亿英镑的税款。该税种并不是针对消费者的网络消费税，也并非针对初创企业，而是将只针对全球收入超过5亿英镑且盈利的科技巨头。德国总理默克尔与德国财长舒尔茨表示，希望对跨国公司营业利润征收更加温和的全球最低税，并将主要针对跨国数字科技巨头。因此，应该规范相关企业在税收优惠国家的行为，防止其利用避税天堂转移利润。此外，西班牙目前正在积极施行"谷歌税"，该税收适用于在全球范围内每年营业额高于7.5亿欧元的公司。

法国在数字税方面的示范效应引发了美国的报复，美国贸易代表办公室宣布，根据《1974年贸易法》第301条，美国决定对法国政府通过的数字服务税法案发起调查。事实上，不仅在数字服务税领域，在其他方面，美欧贸易争端都尚未得到妥善解决，美欧摩擦升级风险尚未消失。美欧谈判中对于是否将敏感的农业纳入谈判范畴存在根本分歧。而美国是否会取消对欧盟的钢铝关税，以及对欧盟汽车加征关税的可能性也令美欧谈判前景面临巨大不确定性。

当前全球数字贸易规则框架发展趋势及其走向

当前制定数字贸易相关规则成为世界主要经济体争夺新型贸易主导权的重要选择。2018年9月25日，美、欧、日在三方联合声明中特别对数字贸易和电子商务问题进行了说明，并表示三方同意合作，以促进数字贸易和数字经济的发展，并通过促进数据安全来改善商业环境。2019年1月，美国、欧盟、日本、澳大利亚、新加坡等国宣布将共同制定数字贸易相关规则，力求加强对全球数字贸易规则制定的主导权。在多边层面，WTO也将召开各国部长级和事务级官员汇集的非正式会议，将正式启动谈判，力争2020年引入新规则。此外，2019年6月召开的大阪G20领导人峰会设立了数字经济特别会议，发布了《大阪数字经济宣言》，并明确提出电子商务问题的讨论应以建立国际贸易规则为目标,启动"大阪轨道",呼吁在2020年6月举行的第12届世贸组织部长会议上取得实质性进展。日本作为东道国提出了"基于信任的数字流动"概念,主张建立允许数据跨境自由流动的"数据流通圈",需要在兼顾个人隐私、伦理、知识产权与网络安全的基础上,推动全球数据的自由流通并制定可靠的规则,以促进各国数字经济发展。

(一)区域和双边贸易协定层面

作为面向21世纪全球经贸新议题的数字贸易,在国际经贸谈判中成为关注焦点,特别是以《跨太平洋伙伴关系协定》《跨大西洋贸易及投资伙伴协议》《国际服务贸易协定》为主导的"3T",更注重数字贸易等新议题与规则框架的设置。

1.《跨太平洋伙伴关系协定》中有关数字贸易的内容

在众多的区域贸易协定中,对数字贸易规则产生重要影响力的是《跨太平洋伙伴关系协定》和《全面与进步跨太平洋伙伴关系协定》。《跨太平洋伙伴关系协定》最初是由美国主导的协定,《跨太平洋伙伴关系协定》中强调的关于新贸易规则调整涉及降低数据流动的壁垒,倡导推进数字贸易自由化的原则,可能在未来国际贸易规则中产生重要影响。其重点主要包括:一是坚持因特网应保持自由开放;二是对数字产品禁收关税;三是确保贸易伙伴不会采取进一步的保护性措施,如不能将缔约方数字产品置于竞争劣势地位,不能对跨境信息流建立歧视和保护主义壁垒,禁止强迫本国公司在计算服务中采取本地化策略,禁止要求公司向本国个人转让技术、生产流程或专有信息等。目前由于美国退出跨太平洋伙伴关系协定,其他11个经济体签署了类似但不完全相同的替代协定——《全面与进步跨太平洋伙伴关系协定》。从整体来看,《全面与进步跨太平洋伙伴关系协定》仍继续采用美国先前提出的数字贸易规则内容。全面与进步跨太平洋伙伴关系协定模式正迅速成为数字贸易规则中"现代化"贸易协议的标准参考模板。

2.《跨大西洋贸易与投资伙伴协议》中有关数字贸易内容

就数字贸易领域而言,跨大西洋贸易与投资伙伴协议谈判的主要目标是,创设一个有约束力的框架来促进跨大西洋区域的数字贸易,同时,也可以作为促进经济增长和发展的全球化标准。

欧盟强调"公平"。2015年6月,欧盟推出"数字单一市场战略",该战略提到为实现成员国数字贸易跨境消费的规则公平,欧盟委员会将修改立法提案,确保国内市场交易方不因强制性国家消费者合同法律的差异,或产品在标签之类的具体规则上的差异而阻止跨境交易。

在数据隐私和数据跨境流动问题上,美国和欧盟适用的是截然不同的法律制度。根据2014年1月16日美国国会推出的《2014年国会两党贸易优先法案》,就跨境数据流动和数字贸易,法案规定要求贸易谈判方确保政府允许跨境数据流动,不得要求数据本地存储或处理,禁止对数字贸易设置与贸易有关的障碍。

但欧盟则明确表示,任何协定都不能影响"对个人数据传播和处理过程中的隐私保护,以及对个人记录和账户的机密性保护"。近期,欧盟《通用数据保护条例》在欧盟全体成员国正式生效。这一新条例被认为是"世界史上最严格的个人数据保护条例"。《通用数据保护条例》以欧盟法规的形式确定了个人数据保护原则和监管方式,以取代欧盟《个人数据保护指令》,具有更强的法律效力。

3.《国际服务贸易协定》中有关数字贸易的内容

《国际服务贸易协定》中,期望建立数字贸易、计算机相关服务、跨境数据转移等新兴领域的管制规则,强调制定适当的条款来支持通过"电子渠道"所进行的服务贸易,引导数字贸易和跨境数据流的发展。《国际服务贸易协定》体现的新动向包括:范围广泛的综合协议,不预先排除任何部门或模式,包括金融、快递、传播、电信、电子商务、运输、物联网、数码贸易、移动通信网络、互联网等所有服务业领域;增加服务贸易总协定的附加规则,拟将国民待遇由服务贸易总协定中选择性的承诺变为横向普适性的承诺，并包含锁定开放现状和"棘轮条款"，自动将新出现的服务部门锁定在自由化范围内；建立一些新兴领域的管制规则，如国际海运、电信服务、电子商务、计算机相关服务、跨境数据转移、运输和快递。特别是关注网络在服务业的应用趋势，强调制定适当条款来支持通过"电子渠道"所进行的服务贸易。

（二）多边与诸边贸易协定层面

在新的世界格局下，特别是在贸易保护主义蔓延、区域主义盛行、多边贸易体制边缘化的背景下，将成员拉回多边平台，开展内部多边对话是WTO的当务之急。因此，选择对全球贸易发展具有关键意义的新议题，将数字贸易和电子商务等内容列入其重点关注领域，也是协调与多边贸易规则体系之间的矛盾，实现WTO现代化的重要路径。

事实上，早在20年前，WTO在第2次部长会议上就设立了"电子商务工作计划"，讨论与贸易相关的全球电子商务议题。由于WTO整体谈判裹足不前，数字贸易与电子商务相关讨论多年来也未有实质进展和成果，WTO内部争议不断。但从2016年起，成员方"重燃"对数字贸易与电子商务议题的兴趣，包括中国、美国、欧盟、日本等在内的多个成员方提交了讨论议题清单。2017年12月，WTO第11次部长会议上，71个WTO成员方共同发布了《关于电子商务的联合声明》，宣布为将来在WTO谈判与贸易相关的电子商务议题共同启动探索性工作，提出更加具体的议题和路线图。2019年1月25日，中国和澳大利亚、日本、新加坡、美国、欧盟、俄罗斯、巴西、尼日利亚、缅甸等共76个世贸组织成员签署《关于电子商务的联合声明》，确认有意在世贸组织现有协定和框架基础上，启动与贸易有关的电子商务议题谈判，这也意味着数字贸易终于朝回归WTO统一规则方向迈出重要一步。

全球数字贸易规则中的中美议案比较

美国作为全球数字贸易大国,持续推进全球数字贸易规则主导权。

(一)美国推动数字贸易国际规则制定的实践与行动

1.数字贸易规则的"美国议案"

作为数字贸易大国的美国是数字贸易国际规则谈判最积极的推动者之一。2018年4月12日,美国向WTO总理事会提交了关于数字贸易谈判的探索性文件,其中称"全面且富有雄心"的贸易纪律将确保一个开放、公平和竞争性的全球数字经济发展环境。该文件提出了七项美国建议展开谈判的议题:信息自由流动、数字产品的公平待遇、保护机密信息、数字安全、促进互联网服务、竞争性电信市场和贸易便利化。鉴于美国在电子商务领域和多边经贸规则方面均具有较强的主导地位,其议题很可能对未来谈判走向产生较大影响。

2.特朗普政府数字贸易政策新动向

特朗普对多边协定的敌意与数字贸易全球化特征间存在矛盾。作为支撑全球数字贸易发展的基础——互联网和跨境数据流动——具有明显的全球属性。因此,构筑规范信息流动的数字贸易规则体系也必须着眼于全球。自由、开放和内在协调一致的数字贸易规制,仅凭双边谈判难以实现。如果特朗普政府一意聚焦于双边贸易谈判,那么在其任内,美国政府在推动构筑全球数字贸易规则方面也较难有进展。

作为ICT产品出口大国的美国会敦促其主要贸易伙伴降低关税壁垒。世界经济论坛数据显示,在全球商品贸易额排名中,ICT产品占据了前十强中的四席贸易额,合计占全球贸易总额的8.3%。其中,集成电路是继汽车、石油之后的全球第三大贸易产品,贸易额超过8000亿美元。而半导体也是美国最关键的ICT出口产品。美国半导体及半导体设备的主要出口对象包括:中国、欧盟、日本、韩国、新加坡、马来西亚、墨西哥、加拿大、以色列等国。因此，美国致力于降低甚至剔除非关税的数字贸易壁垒。美国贸易代表办公室发布2019年特朗普政府贸易政策议程报告，将数字贸易列为2019年的三大任务之一及执法优先目标。报告指出，未来的贸易协议将以《美国—墨西哥—加拿大协定》为范本，就劳工、环境保护、货币操纵、知识产权和数字贸易等关键问题进行谈判。

从特朗普数字贸易战略趋向看，中美在数字贸易方面的交锋也在加剧。近两年，美方在《中国履行WTO承诺情况报告》、特别301报告、关于国别贸易壁垒的评估报告等中均提及中国数字贸易壁垒问题，未来特朗普很可能会继续通过双边施压方法，来敦促这些贸易伙伴降低甚至剔除非关税贸易壁垒。

而数字贸易政策也将成为中美经贸和谈判博弈的新焦点。双边施压、"化整为零"是特朗普政府数字贸易政策的核心。当前作为数字贸易规则美式模板的集大成者，跨太平洋伙伴关系协定虽然已被美国拒签，但将跨太平洋伙伴关系协定框架下的数字贸易规则"化整为零"地纳入双边层面，通过双边贸易对主要贸易伙伴施加压力来推进全球数字贸易自由化，会是特朗普政府数字贸易政策的核心与焦点。从可能性角度而言，也不排除任期内跨太平洋伙伴关系协定在经重新审视包装后"复活"这一政策选项，特别是当前美国起草的WTO现代化改革方案中强力推进数字贸易政策。

（二）中国参与数字贸易国际规则制定的努力与实践

近年来，中国在数字经济和数字贸易领域发展迅速，特别是凭借其跨境电商的迅猛发展，也已成为全球电子商务大国，在全球多边贸易层面积极参与全球数字贸易规则的制定，提出"中国议案"。

1.数字贸易规则的"中国议案"

21世纪以来，中国数字贸易/电子商务经历了从无到有、从弱到强的跨越式发展，目前中国已成为全球规模最大、最具活力的数字贸易/电子商务市场。在此背景下，中国无法置身于多边规则谈判之外，而缺少中国参加的数字贸易/电子商务多边规则谈判也必然是不完整、不平衡的。事实上，随着国内跨境电子商务的快速发展，中国在WTO也逐步参与到数字贸易/电子商务工作计划的讨论中。2016年11月，中国向世界贸易组织总理事会提交了中国关于电子商务议题的提案，就电子商务相关议题的讨论提出了意见和建议。文件建议：考虑到电子商务议题的复杂性和各成员方在数字经济方面存在的巨大差异，应从相对简单的议题开始；现阶段的讨论应当集中于促进通过互联网实现的货物贸易以及支持性服务；讨论目标应当是澄清和改进现有的多边贸易规则，不应增加关税减让等新的市场准入承诺。具体而言，该文件建议讨论以下几方面议题，包括跨境电子商务便利化，加强政策透明度，改善跨境电子商务的基础设施和技术条件，B2C、B2B跨境电子商务交易，以及包括消费者保护、隐私保护、知识产权保护等电子商务其他相关政策议题。

2.中国加入WTO数字贸易谈判

2017年10月，在WTO第11次部长会议召开之前，中国再次向总理事会和其他相关理事会提交了文件，就部长会议的电子商务议题提出建议，主要包括延续对电子传输免征关税的决定、跨境电子商务便利化、无纸化贸易、电子认证和电子签名互认、法规政策透明度以及发展与合作等。2019年1月，中国、美国、欧盟、俄罗斯、日本、巴西等共76个世界贸易组织成员在电子商务非正式部长级会议上签署《关于电子商务的联合声明》，确认有意在世贸组织现有协定和框架基础上，启动与贸易有关的电子商务议题谈判，中国最后表明维护全球多边贸易规则的坚定立场，以及对抗数字贸易规则压力与迎接挑战的决心。

综合来看，中国有关WTO电子商务工作计划的提案，具体内容包括：建立良好的贸易政策环境以促进跨境电子商务，允许在其他成员方境内建立保税仓库，促进无纸化交易，增进支付、物流与快递业服务，与其他国际组织和机构合作，与二十国集团工商界活动（B20）保持联系等举措。

(三) 中美数字贸易博弈及其发展趋势

中美同为全球名列前茅的数字贸易大国，这是中美共同推进全球数字贸易治理的现实基础。但在实践中，中美之间还存在很多分歧，主要表现在如下方面。

1. 产业比较优势的差别

美国的数字经济发展领先全球，是数字技术、标准专利、数字内容、商业规则等关键要素的主要输出国，也是全球数字贸易最大的参与国和受益者，数字贸易是美国的核心利益。美国经济分析局数据显示，2015—2017年，美国数字贸易顺差分别达到1624亿美元、1601亿美元和1725亿美元，占全部服务顺差比重分别为61.7%、64.3%和67.6%，并呈现出逐年提高的趋势。由此可见数字贸易对美国经济的重要性。根据美国国际贸易委员会对数字服务产业所做分类，将按市值排在全球前15位的11家美国互联网企业划分为如下几类：（1）数字内容服务提供者，如线上电影租赁提供商Netflix（网飞）；（2）数字搜索引擎服务提供商，如Google（谷歌）；（3）网络社交媒介提供者，如Facebook（脸书）、LinkedIn（领英）和Twitter（推特）；（4）基于云计算的互联网服务提供者，如提供客户关系管理方案的Salesforce和互联网门户网站Yahoo（雅虎）。这些美国互联网企业的规模占美国GDP比重高达12%以上。

跟美国形成鲜明对照的是，中国是制造业大国，同时在以互联网为代表的信息通信技术的带动下，跨境电商在中国飞速发展。最新发布的《2018—2019中国跨境电商市场研究报告》显示，2018年中国跨境电商交易规模达到9.1万亿元。市值排名居全球前15位的4家中国企业中，阿里巴巴和京东是著名的电商平台企业，其发展势头令人瞩目。全球十大电商公司中，阿里巴巴以26.6%的市场份额成为全球第一电商公司，亚马逊以13%的份额排行第二，eBay（易贝）以4.5%的份额排在第三，京东商城以3.8%的份额排在第四，乐天以1.5%的份额排在第五。总体看，在数字贸易和电子商务领域，中国的比较优势依旧存在于基于互联网、依托大的电商平台所进行的跨境货物贸易中。

2.主要贸易规则诉求的差别

概括而言,由于美国的比较优势是数字服务贸易,数字贸易规则美式模板无疑会重点引入与数据流动、知识产权等相关的内容,着力推动"跨境数据自由流动""数据存储设备以及数字技术非强制本地化""保证网络自由接入"等有助于促进数字服务输出的相关规则,中美两国在数字贸易规则领域的重要分歧也主要存在于这三个方面(见表3-4)。中国的比较优势是基于互联网从事的货物贸易,因此会更加关注能促进跨境货物贸易便利化、强化微观主体从事跨境电商信心等的相关规则,如"低价值货物免关税""完善法律及金融支付机制""构建跨境电商争端解决机制"等。

表 3-4 中美具有不同的数字贸易规则诉求

国别与诉求	数字贸易谈判焦点
中国:树立数字货物贸易中企业和消费者的信心	争端解决机制
	消费者保护法律
	完善金融支付机制
	个人信息和隐私保护
	数字贸易中的关税及其他税(如电子传输和低价值货物免关税)安排
美国:数据跨境流动合作	追求跨境数据自由流动
	数据存储设备及存储技术非强制本地化
	限制出于保护本国企业目的的网络准入约束
	国民经济安全和公共利益例外
	推动 ICT 合作

资料来源:Meltzer Joshua. Maximizing the Opportunities of the Internet for International Trade[J]. Social Science Electronic Publishing, 2016.

3.实现利益诉求的路径差异

如前文所述,目前能够凸显美国意志的数字贸易规则已在美国所主导的一系列国际贸易协定中得以充分体现。国际贸易协定是主权国家之间经过协商所缔结的法律文本。可以说,美国遵循与主权国家展开官方协商方式,"自上而下"地推动其所关注的数字贸易规则的产生和实施。尽管中国已对外缔结了一系列区域贸易协定，但直至2015年签署的中韩FTA及中澳FTA才开始涵盖独立的电子商务领域，其中只涉及一些简单的、分歧较少的第一代数字贸易规则。中国曾试图加入国际服务贸易协定谈判，以更好地参与到国际服务贸易规则尤其是国际数字贸易规则的制定之中，但该申请遭到美国强烈反对。在此情形下，中国须另辟蹊径，采用不同于美国自上而下的官方路径和以政府驱动为主的模式，而主要遵循非官方的、自下而上的、由市场驱动的路径来提出符合自身需求的政策主张。

在构建全球数字贸易规则框架中把握主动权

数字贸易亟须一个全球性的贸易框架来规范，需要与之相适应的统一、公平、高效的新的全球贸易规则。然而，当前的情况是在全球范围内并没有明确的贸易规则来规范数字贸易，以及在我们面临的规则挑战背景下，中国需要在如何保护数据安全与促进数字贸易发展方面寻求平衡，要在全球新一轮国际贸易规则与数字贸易制定中争取主动权，推动建立公平、透明、统一、一致的全球贸易规则框架。

（一）进一步加强数字贸易发展与国际规则问题研究

目前，全球数字贸易规则还未形成统一意见，美欧之间存在的分歧依然没有得到解决。中国应加强对数字贸易规则最新发展趋势的研究，开展关于数字贸易壁垒、知识产权保护、数字贸易统计、争端解决机制、新型数字贸易规则影响等一系列问题的研究，以应对可能出现的"电子摩擦"。同时借鉴欧美之间数字贸易规则谈判经验，未雨绸缪，研究中国与发达国家之间数字贸易领域谈判的应对预案。

（二）加强国内数字贸易治理与法律规则体系完善

1. 对跨境数据流动实施分级分类管理

从中国的角度看，应积极借鉴国际经验，针对金融、石油、电力、水利等涉及关键基础设施的重点领域进行跨境数据流动限制。为这些行业提供服务的企业，要求境内建设数据中心；对为其他中小企业提供服务的企业，则放宽要求；对数据进行分类管理，政府数据、企业商业秘密数据以及个人敏感数据，不得跨境转移；对其他普通的企业数据和个人数据则允许跨境流动。

2. 加强本国立法和配套手段的建立

中国目前在数字贸易相关立法上依旧存在缺失、不完善或者滞后的问题，很难保障国家信息安全和个人隐私保护，亟待通过《网络安全法》《反恐法》《个人信息保护法》等相关法律。中国数据审查制度透明度不够为数字贸易的发展设置了不必要的障碍，甚至引起国际摩擦和质疑。因此，需要对中国的跨境数据流动制度做出更明确的规定，确立跨境数据流动管理的基本原则和制度。同时，制定跨境数据流动标准格式合同管理、安全协议限制和跨境数据流动风险评估机制等配套监管手段。

3. 加强全球跨境数据流动的国际政策协调

贸易协定不一定是探讨跨境数据流动的最佳平台。全球消费互联网的发展，需要我们重新思考生产者与消费者及企业、社会、政府之间的关系。跨境数据流动议题的探讨不仅要包括政府，还需要跨国公司、中小企业、消费者、第三方主体、知识社区都加入进来。因此，需要加强跨境数据流动政策的全球协调，在尊重网络安全、个人数据和隐私保护基础上，促进跨境数据流动，以增强数字经济信心与信任。

（三）"求同存异"化解中美数字贸易的分歧与障碍

妥善处理中美分歧是多边数字贸易体制发展的关键。中美两国是全球数字贸易发展的最大利益攸关者。由于两国在数字贸易相关产业上的比较优势迥异,因此会具有不同的规则诉求。为降低中美分歧,中国有必要从"减少甚至剔除不合理的阻碍数据跨境流动的部门规章""改进数据监管技术对数据进行分类管理""加强与主要贸易伙伴的合作,就跨境隐私保护展开规制协调"等方面做出努力,从战术层面来努力对接"美式模板"的核心规则,这也是多边数字贸易体制能够得以推进的关键之一。

(四)积极参与构建全球数字贸易规则新框架

数字贸易治理须避免碎片化,尽快积极推进达成全球统一、透明、公平的规则框架。但同时也要减少数字贸易保护主义,避免导致更大的"数字鸿沟"和"数字贸易失衡"。要探索公平透明的全球数字贸易税收监管模式;加大全球数字基础设施投资,实现全球数字价值链的包容性增长;要兼顾开放与安全之间的平衡,尊重主体的数字主权,对国家关键数字基础设施予以科学系统的安全评估,分阶段、分层次地推动全球数据经济和数字贸易治理。

第四章

"一带一路"
倡议的中国机遇

第一节 "一带一路"倡议的战略背景与意义

当前,在全球化进程面临大变革、大调整的时期,如何摆脱全球治理体系困境、重塑全球规则体系,世界各国面对"世界向何处去"发出时代之问。"一带一路"如此大规模的跨区域合作倡议,历史上鲜有先例可以遵循,面临的挑战与风险不容忽视。习近平主席在2017年"一带一路"国际合作高峰论坛中提出,要"加强规则和标准体系相互兼容,提供更好的营商环境和机制保障""要促进政策、规则、标准三位一体的联通"。截至2018年,"一带一路"倡议的提出已经有5年,《推动共建丝绸之路经济带和21世纪海上丝绸之路的愿景与行动》的颁布也有3年时间。从外部背景看,以美国为代表的逆全球化浪潮冲击二战以来的全球秩序和规则体系;从区域内部看,"一带一路"沿线国家合作所达成的诸多协定普遍存在着碎片化、自由化程度低、覆盖面窄等问题,区域内主要经济体面临利益分歧严重、贸易壁垒高筑、法制和政治经济发展水平的差异等诸多挑战。随着"一带一路"倡议的推行,急需制定一整套调整沿线国家国际经贸关系的规则,改变狭隘的国际利益观念,突破传统的"国家中心模式",推进基于包容性的全球化和开放性的多边主义规则框架的建立和完善。

全球恐陷入"经济新冷战"风险

（一）全球治理体系面临艰难困境，全球公共产品供给陷入"金德尔伯格陷阱"

当今世界正发生重大变化，全球公共产品供给体系已无法适应国际利益格局变迁的挑战，其供给机制也越来越难以调节全球结构性矛盾与冲突。一般而言，全球公共产品是一个国家提供给其他国家，特别是国际社会共同使用的资源、制度、物品和设施等。最早研究全球公共产品的美国学者金德尔伯格（Kindleberger）认为，国际经济体系的稳定运转需要某个国家来承担"公共成本"。这一观点后来被吉尔平（Gilpin）发展成"霸权稳定论"，即在政治、经济、军事和科技等各方面占据绝对优势的霸权国家，通过为国际社会提供稳定的国际金融体制、开放的贸易体制、可靠的安全体制和有效的国际援助体系等全球公共产品，来获得其他国家对由霸权国所建立的国际秩序的认同，从而实现体系内的稳定和繁荣。

二战至20世纪50年代后期，全球主导地位转移至迅速崛起的美国，其经济总量超越西欧，占到世界经济总量的27%，单极世界的建立使得美国凭借占绝对优势的综合国力取得霸主国地位，逐步建立了以布雷顿森林体系为核心的国际金融体系、以关贸总协定为核心的国际贸易体系、以北大西洋公约组织为核心的国际安全体系。不可否认，以美国为核心的霸权体系对二战后西方国家的经济恢复和政治稳定发挥了举足轻重的作用。

长期以来，全球公共产品供给方式呈现三种态势：第一种是霸权稳定供给，第二种是全球主义的集体供给，第三种是地区主义的合作供给。二战以后全球公共产品供给一直是霸权稳定供给，美国是全球公共产品的唯一供给者，并通过经济霸权、政治霸权、军事霸权、文化霸权四大支柱实现全球资源配置和控制权。历史一再证明，单一霸权国家主导全球公共品供给的模式，不仅未能有效维护世界经济及各国经济的稳定，反而可能导致全球化利益与风险分配不均。

保罗·肯尼迪曾在《大国的兴衰》一书中写道："霸权之所以衰落，究其原因是过度扩张，导致内部资源供应链太长无法持续供给。"由于全球公共产品供给边际成本递增而边际收益递减的规律，霸主国国力衰退不可避免。二战之后，美国为全球公共产品特别是安全产品支付了高昂成本。美国军费开支明细显示，2016财年美国国防军费预算总额超过7700亿美元，不仅继续高居全球首位，而且超过了世界多个主要大国国防预算的总和。美国长期为其盟友提供的高昂的安全防卫开支使其不堪重负，加剧了联邦政府债务。2017年美国联邦债务总额已经高达20.6万亿美元，债务与GDP比率为104%。

美国对待国际机制和规则的自由主义逻辑逐渐向现实主义逻辑转移。自由制度主义在看待国际机制和规则的功效时，更多地从相互依赖和互利共赢的角度解读。而当现实主义的权力角逐逻辑转移到国际机制和规则领域并成为主导思维方式时，寻求在经济合作和竞争中共享收益的正和博弈将更多地被旨在争夺权力和抢占势力范围的零和博弈所取代。特别是在国际经贸领域中，规则的建立同样是某个霸权国或其主导的霸权联盟有意识地扩充实力的结果。霸权国按照自己所认可的利益标准为国际社会确立了一套行为准则，通过提供符合其利益诉求的国际公共产品维护国际秩序的稳定，同时强化对全球议程、观念和解决模式的控制力。但这种控制力是以霸权国支付霸权的成本为基础的。根据边际效益递减原则，公共产品的供给成本与收益的获得是成反比的。随着公共产品数量的增加，单位公共产品的边际成本不断增加，而其边际收益逐渐减少。高昂的全球公共产品成本导致美国陷入"霸权困境"。在这种背景下，霸权国可以选择两条行动路线恢复体系的平衡：其一是寻求资源的增加，用更多的资源保持霸权地位，承担霸权义务；其二是减少现在所承担的国际义务和责任。特朗普政府选择了第二条路径，导致全球经贸秩序和自由贸易体系剧烈动荡。

(二)国际力量对比"此消彼长",迫切需要通过规则改变不合理的利益分配格局,推动新型全球化发展

美国是二战后开放和多边的国际规则体系最大的获益者。二战后出现的绝大部分多边国际组织和规则,根据美国的利益和意图而建立,具有鲜明的制度非中性特点。美国通过对联合国、世界银行、世界贸易组织、国际货币基金组织等多边组织和规则的主导,维系和扩张着以其为核心的世界霸权,这也构成了20世纪中期以来国际经贸规则的基础。从20世纪90年代开始,"南升北降"成为世界经济政治发展的一个结构性特征。新兴经济体在国际经贸格局中的地位日益上升。

自20世纪90年代起,新兴经济体在全球贸易总额中的占比日益提高,在全球贸易中的地位也不断攀升。在国际投资中,也成为外商直接投资流入的热点地区,并且以"金砖五国"为代表的大型新兴经济体已经成为国际投资的重要资金来源地。世界银行数据显示,从2008年到2018年近10年来新兴经济体年均经济增长率比世界的平均水平高出大约2个百分点。根据博鳌亚洲论坛发布的《新兴经济体发展2017年度报告》统计,2016年新兴经济体国家对世界经济增长的贡献率为60%,经济总量占全球的份额也在持续增加,是促进全球经济增长的重要力量。随着新兴经济体在国际经济格局中地位日益上升,现行的全球贸易治理机制所界定的利益分配格局越发不合时宜,新兴经济体在利益分配格局中的弱势地位和其快速上涨的经济实力越来越不匹配,这使得现行全球贸易治理机制的合法性受到广泛的质疑。

因此,全球贸易治理机制亟待改革和完善,进而改变当前不合理的贸易利益分配格局。2013年12月,巴厘岛部长会议签订的巴厘岛会议一揽子协定在贸易便利化方面取得重要突破,国际权力结构朝着更加均衡化和扁平化的方向发展。而"一带一路"倡议旨在推动生产要素在全球范围内有序自由流动,推进资源合理配置及全球市场的深度融合,加强沿线国家发展战略有效对接及政策协调,合力构建公正、合理的全球贸易治理新框架,其充分反映了广大发

展中国家对全球贸易治理机制改革的呼声和诉求。各国通过建立组织机构、战略协调机制、经贸合作机制及各种保障机制等方式，推动"一带一路"合作模式创新，不但有利于建立"一带一路"治理新秩序，还有利于推进全球化模式优化升级，使多元化成为新一轮全球化的持续动力。

（三）国际经贸秩序正遭遇二战后最严重的逆全球化与保护主义冲击，坚定维护全球多边规则体系和经济自由化秩序刻不容缓

当前，特朗普政府全面转向"美国优先"，力图在最大化其本国收益的同时，减少其对于全球责任的承担，表现出更加激进的孤立主义、保护主义，这在全球战略调整上就直接呈现为"退出主义"和"美国独行"，如退出跨太平洋伙伴关系协定，退出巴黎气候协定，退出联合国教科文组织，退出联合国《全球移民契约》制订进程，退出《伊朗核协议》，重新谈判北美自贸区协议，重新修改韩美自贸协定，甚至扬言要退出WTO……特朗普政府将"经济安全"作为国家安全的战略重心，将"平衡贸易赤字"作为对外经济政策的重心，正在打开全球贸易摩擦的"潘多拉盒子"，二战后建立的全球规则体系即将迎来最危险的时刻。然而，美国全面战略转向并非个例，不断升级的保护主义仍将严重威胁全球贸易复苏进程，未来10余年中贸易保护仍将呈现波动上升的趋势：

一是贸易保护强度全面升级，冲击全球价值链格局。当前，逆全球化和保护主义、科技战正在深刻改变全球产业分工的格局和价值链模式，原来支撑全球经贸增长的全球价值链面临收缩和重构风险。根据英国《经济学人》（2019）最新统计，过去10年间，中间品贸易额占GDP比重从19%下降到17%，全球跨国上市公司在上市公司总利润中的占比从33%下降到31%，国际直接投资占GDP比重从3.5%下降到1.3%，跨境资本流动占GDP比重从7%下降到1.5%。新兴经济体正在纷纷完善本土供应链，以降低对进口中间投入品的依赖。全球贸易强度下滑就是一个信号。以占全球产出的比例衡量，2007

年至2017年间，中间品贸易下降了5.1个百分点。

二是贸易保护主义向投资领域扩散。2016年以来，全球约60个国家和地区新出台的政策有1/5引入了投资限制，滥用国家安全审查可能成为助推全球保护主义升级的关键障碍，其中欧美投资审查制度更为趋紧。美国外国投资委员会的国家安全审查报告进一步显示，美国对外国投资国家安全审查空前严苛，审查案件数量创历史纪录。2018年1月，美国白宫针对中国设立"对等投资制度"。美国贸易代表Lighthizer和美国贸易代表办公室首席法律顾问Vaughn提出的这一想法，将限制中国企业对美国的投资，导致行业投资禁令。贝克·麦坚时国际律师事务所与领先研究供应商荣鼎咨询公司合作发布的最新分析报告显示，中国对美国直接投资2016年达到峰值，为456.3亿美元，2017年下降到290亿美元，2018年则大幅缩水至48亿美元，下降幅度高达83%，中国对美投资"断崖式"下跌。

以"国家安全"之名的全球保护主义愈演愈烈，2017年9月13日，欧盟委员会颁布了《有关外国投资者对欧盟直接投资的法规草案》（以下简称《法规草案》）。《法规草案》明确确立了外商直接投资审查框架。根据该框架，欧盟成员国可选择基于安全或公共秩序等各种原因对外商直接投资进行审查，《法规草案》的适用范围不仅限于取得控制权的外商投资，还包括更广泛意义上的外商投资。根据《法规草案》，对于"关乎欧盟利益"的投资，欧盟委员会都有权审查并发表意见。

联合国贸易和发展会议发布的2018年世界投资报告表明，部分国家的逆全球化思维及其在政策层面的表现，对国际资本流动具有明显的负面效应，与全球经济复苏、世界投资面临的巨大缺口、发展中国家的可持续发展目标背道而驰。从某种意义上来说，这也更加彰显建立有约束力的国际投资多边框架进而有效协调各国投资政策的重要性和迫切性。

三是全球范围内爆发贸易摩擦的风险日趋加大。2018年2月28日，美国贸易代表办公室发布了《2018贸易政策议程暨2017年度报告》，该报告坚持

"美国优先",维护美国国家利益政策取向,并强调了五大政策支柱:支持国家安全、促进美国经济增长、重新协定贸易协议、强化执行美国国内贸易法案和改变现有的WTO多边贸易体制,并着重表示要使用"所有可能的手段来阻止中国破坏真正的市场竞争"。除了前后对华全面征收关税之外,特朗普继续推进对欧盟、日本、加拿大等主要贸易伙伴的关税计划,而多数国家也做出了考虑对美国商品实施对等的报复性措施的强硬表态。特朗普征收高额关税引发全球范围内的其他市场采取报复性措施来保护自己的市场,进而拉开全面贸易摩擦的序幕。2019年7月1日日本经济产业省宣布,对出口韩国的半导体材料加强审查与管控,并将韩国排除在贸易"白色清单"之外,引发日韩贸易战,冲击全球半导体产业等价值链,贸易战似乎正成为大国较量的一种常态化工具。全球贸易自由化的边际效应递减,新一轮产业竞争日趋激烈,以及一些大国转向内向型、进攻型贸易战略而引发的全球贸易摩擦风险加速上升等因素,将给全球经济及贸易发展带来持续挑战,这将是一个危险的趋势。因此,坚定地维护全球多边规则体系和经济自由化秩序刻不容缓。

国际经贸投资等规则需要重大变革

当前,全球价值链、生产链、消费链已经形成,正步入"全球价值链时代"。作为全球新型生产模式和新型生产力的代表,全球价值链实现了全球70%以上的贸易循环,世界各国嵌入全球价值链、全球产业链、全球供应链等不同环节,以此实现加工、生产、物流、服务以及市场的全面对接,从而成为工业制成品出口国。本质而言,20世纪90年代以来,经济全球化发展的基本趋势表现为全球价值链贸易的深化演变。从全球制造业内在发展规律看,20世纪五六十年代,全球制造业实现了三次转移浪潮,跨境资本流动、技术流动,以及合同制造等方式深度发展,特别是随着以跨国公司为主体的全球生产网络的形成，产品内分工制造，大大推动了全球生产协作网络深度整合。沿着产业间分工—产业内水平分工—产业内垂直分工—产品内垂直分工的内在轨迹演变，全球价值链也由此形成。全球价值链重塑全球经济格局，其贸易发展与增长动能也在发生改变。概括起来，全球价值链有别于以往而凸显三大特征：首先，在全球生产一体化趋势下，最终产品生产由一国生产转变为多国共同生产的过程；其次，不同国家在价值链条的不同环节、不同模块中均可以实现价值的增值；最后，至少要有一个国家通过价值链和产业分工使用中间产品。因此，全球生产贸易模式不再是以最终品贸易为主，而是转向了以价值链贸易或增加值贸易为主的贸易形态。

特别是20世纪90年代之后，全球价值链贸易对全球经济和贸易增长的贡献度显著增加，平均占到全球货物贸易的60%左右。全球价值链贸易形态下，大量的原材料类中间投入品、零部组件类中间产品，在整个价值链中流动，从而产生了大量的中间产品贸易。因此，产品生产已取代"本国制造"而被赋予了"世界制造"的意义。各国产业结构的关联度和依存度也由此得以极大提高，一国产业结构只有在全球价值链分工中才能获得要素配置效率、资源整合效率提高所带来的全球化红利。在这样的大背景下，全球价值链深度发展对全球贸易治理与规则体系提出新要求。

首先，全球贸易规则难以适应以中间品贸易为基础的全球价值链贸易。当前全球贸易治理规则框架中一个突出矛盾就是国际贸易规则依然是以最终产品为对象的贸易规则框架，而和全球价值链贸易以及中间品贸易并不兼容。由于中间产品需要多次跨境流动，即使关税水平和非关税水平较低，风险依然会累积叠加，而愈演愈烈的贸易投资保护主义不仅显著抬高了全球贸易摩擦成本，更对全球价值链贸易造成冲击。经济合作与发展组织的一项研究成果显示，假如经济合作与发展组织国家推动贸易便利化举措将会使贸易的潜在成本降低10%左右，而其他中低收入国家的潜在贸易成本则大约可降低15%。特别是进一步大幅削减中间品关税、降低供应链壁垒，则有望降低成本，加快流通速度，减少不确定性。

其次，全球价值链深度整合迫切需要全球贸易便利化和投资自由化。WTO、联合国贸易和发展会议的相关研究报告均显示，全球价值链贸易促进了"贸易—投资—服务—技术"相互间的协同效应。全球价值链贸易中，关税与非关税壁垒等贸易保护政策会大大阻碍全球跨境资本流动、国际投资以及技术合作，而提高市场进入壁垒以及与安全审查相关的投资限制政策，也势必大大削弱一国出口竞争力。因此，高标准的贸易规则需要将政策重点聚焦于如何积极推动贸易投资便利化、加强知识产权保护、促进公平竞争等政策议题。

全球价值链贸易亟待有效促进规制、标准的一体化融合。全球价值链带来的一系列风险说明，全球价值链的复杂性、国际性、融合性、相互依赖性等特点，已经超越了一国国家边界，成为全球问题。事实上，越来越多的标准和认证体系的建立，给全球价值链中的各个环节增加了不必要的制度成本、政策成本和协调成本，以及由全球价值链带来的系统性风险。为促进全球价值链深度融合，亟待构建统一的标准、规制和规则，以及相互认可的协议。特别是在流通领域、软基础设施、责任分担以及履行社会责任方面，尚未构建全球互联互通、风险监管规则，以及全球价值链治理框架，这些都构成了各国货物贸易和服务贸易合作的巨大障碍。

据世界经济论坛估计，如果全球供应链壁垒的削减能够达到最佳实践水平的一半，全球GDP预计将增长4.7%，贸易量将增加14.5%，远超取消所有关税所带来的福利收益。东盟东亚经济研究中心（ERIA）报告表明，2021—2030年，供应链壁垒和非关税措施的削减将使东盟各国GDP累计增加31.19%，东亚各国GDP累计增加7.76%。

截至2019年8月，我国已经签署了18个自由贸易协定，正在谈判的自由贸易协定有13个。在已经生效实施的自由贸易协定中，涉及24个国家和地区，其中包括巴基斯坦、格鲁吉亚、新加坡、东盟、斯里兰卡、马尔代夫、印度等"一带一路"沿线国家。我国还曾与"一带一路"沿线国家签署了《上海合作组织成员国政府间国际道路运输便利化协定》《中国—东盟海运协定》等130多个双边和区域运输协定，涉及铁路、公路、海运、航空和邮政等多个方面。在2018年青岛举行的上海合作组织成员国元首理事会第十八次会议上与俄罗斯签署了《中华人民共和国商务部与俄罗斯联邦经济发展部关于完成欧亚经济伙伴关系协定联合可行性研究的联合声明》等。规则对接有利于消除"一带一路"贸易投资合作的障碍，为"一带一路"长远发展提供稳定的制度保障。

"一带一路"成为新的全球化倡议

中国积极倡导"人类命运共同体"理念，以相互依赖、利益交融、休戚与共为依据，以和平发展与合作共赢为支柱，发起并主导的"一带一路"倡议、推进金砖开发银行、亚洲基础设施投资银行和上合组织银行的建设，为国际社会提供了新型制度性公共产品。事实上，无论从历史还是从全球范围内来看，世界许多国家都不乏类似于"一带一路"的倡议或规划。例如，联合国的"丝绸之路复兴计划"、美国的"新丝路计划"、欧盟的"欧洲—高加索—亚洲国际运输走廊"、俄罗斯的"欧亚经济联盟"、日本的"丝绸之路外交"、印度的"北南走廊"计划、哈萨克斯坦的"新丝绸之路项目"、伊朗的"钢铁丝绸之路"、韩国的"欧亚倡议""新南方政策"等，那么"一带一路"为何能被国际社会广泛认可和支持，并被纳入联合国大会决议？原因如下：

（一）"人类命运共同体"有助于形成"一带一路"的理念基石

"一带一路"以"人类命运共同体"为基石，创造性地提出了一系列新的治理思想。"人类命运共同体"这一新的全球价值观包含相互依存的国际权力观、共同利益观、可持续发展观和全球治理观。"一带一路"以"共商、共建、共享"为行动原则,推动建立国家之间、区域之间、跨区域之间的新型全球治理框架。"共商、共建、共享"植根于三大发展理念:一是以参与国诉求为出发点,充分尊重各国发展需要、参与意愿及国情差异。二是以市场机制为立足点,政府部门与企业部门合力构建和维护规则透明、竞争良性、政策稳定的营商环境。三是以互惠共赢为基本点,通过提供区域乃至全球公共产品,建立共同决策机制,互相扩大开放国内市场,公平分担风险和分享利益,奠定长远发展根基。这也与联合国倡导的多边主义精神与共同利益高度契合。

(二)"一带一路"倡议有助于整合"碎片化"多边合作机制

"一带一路"倡议有别于历史上其他国际合作机制的显著特点是具有开放性和包容性,这有助于整合"碎片化"的全球/区域多边合作机制。"一带一路"倡议要和现有国际合作体制进行有机融合,"一带一路"不是"另起炉灶",而是对现行全球贸易治理机制的补充与完善,以互联互通的具体合作项目促进现有机制的整合与发展。"一带一路"将重点通过强化多边合作机制作用、基础设施融资制度、贸易投资便利化、金融风险与稳定互助等方面在内的公共产品,构建可以在全球范围内推广复制的公共产品供给制度。因此,2016年12月第71届联合国大会赞同将"一带一路"倡议载入联大决议,表明"一带一路"倡议得到广大会员国的认可和支持,正转化为国际共识。在上海合作组织(SCO)、中国—中东欧"16+1"合作机制、中国—东盟"10+1"、亚太经合组织、博鳌亚洲论坛(BFA)、亚欧会议(ASEM)、亚洲合作对话(ACD)、亚信会议(CICA)、中非合作论坛(FOCAC)、中阿合作论坛(CASCF)、大湄公河次区域经济合作(GMS)、中亚区域经济合作(CAREC)、澜沧江—湄公河合作机制(LMCM)、中国—海合会战略对话等多边合作机制中,"一带一路"倡议都是重要议题。

(三)"一带一路"规则创新有助于完善并突破既有国际规则框架

国际贸易、金融和投资等方面的国际经贸规则是国际经济秩序的核心内容。以国际金融规则框架为例，二战后由美国主导建立的国际货币基金组织与世界银行（WB）等现行国际货币金融体系以"配额+加权"投票制为其基本的运行规则，导致美国"一家独大"，即使依据国际货币基金组织最新的配额和治理改革方案，美国依然拥有一票否决权，因为根据国际货币基金组织协定，任何重大决策须经85%以上多数票同意，而美国是唯一拥有超过15%投票权的成员。

亚洲基础设施投资银行的设立在一定程度上改变了此规则，根据《亚洲基础设施投资银行协定》第28条之规定，每个成员的投票权总数是基本投票权（占总投票权的12%，由全体成员平均分配）、股份投票权（与该成员持有的银行股份相当）以及创始成员投票权（均600票）的总和；决策采用简单多数、特别多数和超级多数原则进行。与国际货币基金组织的类似超级多数（85%）相比，"一家独大"的难度显著提高。根据2015年6月公布的《亚洲基础设施投资银行协定》，依现有各创始成员的认缴股本计算，中国的投票权占总投票权的26.06%，但"中国在亚投行成立初期占有的股份和获得的投票权，是根据各方确定的规则得出的自然结果，并非中方刻意谋求一票否决。今后，随着新成员加入，中方和其他创始成员的股份和投票权比例均可能被逐步稀释"。"一带一路"倡议的实施和亚投行的运行机制皆奉行互利共赢的开放战略，这预示着亚投行的成员将会逐步增加，也意味着亚投行趋向于摒弃国际货币基金组织的一票否决制，这是国际货币金融规则重构之路上里程碑式的起步。

(四)"一带一路"规则体系有助于国际与国内两个大局联动对接

"一带一路"倡议的实施不仅需要国际经贸合作，而且应构建合作共赢的新规则。二战后美国主导的国际经贸规则以维护发达国家利益为鲜明特色，对于"一带一路"沿线大多数发展中国家而言,发达国家的援助是单向的和非互惠的。无论是国际货币基金组织的贷款条件,还是世界银行的项目开发,都十分苛刻和有限,且往往带有政治倾向。作为全球最大的发展中经济体,以合作共赢为核心理念,以互联互通为重点,建立WTO规则允许的高水平区域贸易协定网络,以互惠互利促进贸易自由化,这一切都应该在现行国际经贸规则的基础上,更新或创建符合各国共同利益的合作共赢规则。为了与此轮国际经贸规则重构相适应,中共十九大后,我国明确要构建现代化经济体系、开放型经济体系,以及推动建立开放型世界经济体系,这是中国推动高质量发展,提升全面对外开放水平,向全球价值链高端跃进的应有之义。

"一带一路"促进世界经济平衡增长

世界正面临百年未有之大变局,和平赤字、发展赤字、治理赤字成为摆在全人类面前的严峻挑战。"一带一路"倡议以"共商、共建、共享"为原则,以构建"人类命运共同体"为核心理念,以"五通"为重点内容与路径,赋予了经济全球化新的内涵。"一带一路"倡议提出6年来,降低发展成本,提高发展收益,分享发展机遇,各方合作共识不断增强。"一带一路"倡议加快了国家间、区域和次区域之间发展战略深度对接,正越来越成为顺应新型经济全球化发展的重要平台,为世界经济注入持久增长的内生动力,对全球产业分工模式与国际经济格局产生广泛而深远的影响。

(一)"一带一路"倡议凸显新型国际合作框架的几个重要特征

"一带一路"倡议对世界经济的贡献是全方位、多层次的。6年来,"一带一路"建设的成果远远超出国际社会的预期。从合作层次看,"一带一路"从次区域、区域合作到被写入联合国大会和安理会的决议,成为全球合作倡议。

从合作内容看,"一带一路"从铁路、公路、港口、机场等"硬件"建设,升级至政策协调,贸易投资自由化、便利化措施,资金人员自由流动等"软件"建设。从地理范围看,"一带一路"倡议正由亚欧大陆沿线国家延伸至非洲、南太平洋、拉美等区域国家。从合作领域看,随着世界经济的结构性调整和新一轮产业革命的全面深入展开,"一带一路"正由加工制造、工程机械、能源、农业等传统领域向绿色经济、数字经济、跨境电子商务、金融科技等新经济领域方向发展。从合作方式看,"一带一路"从初始的基础设施合作、国际产能合作、贸易投资合作、金融合作等较为单一的方式向价值链合作、第三方市场合作与能力建设等多元化、多层次合作方式演变。特别是第三方市场合作创造了国际合作的全新模式。倡导"一带一路"第三方合作以来,"一带一路"建设吸引了日本、法国、意大利、西班牙等发达国家的积极参与,通过包括联合投标、共同投资等创新方式,实现了"1+1+1>3"的共赢效果。"一带一路"倡议所呈现出的新型国际合作平台的突出特征,极大丰富了国际经济合作和治理理念以及多边主义内涵,为促进世界经济增长,实现共同发展提供了重要方案和创新途径,对于有效解决当今全球经济发展中的增长问题、短板问题、动力问题、不平衡问题发挥了不可替代的作用。

(二)"一带一路"倡议为全球摆脱危机后的低增长注入新动能

发展是人类社会的永恒主题。2008年国际金融危机以来,全球经济仍未完全走出危机,也未真正摆脱"增长停滞"的困境。伴随经济低增长的是一系列经济活动的低水平,突出表现为:"低投资、低贸易、低资本流动、低通胀、低利率"的特征。据国际货币基金组织估计,10年来全球经济水平发生趋势性下移,全球劳动生产率增速不断下降。世界经济显然不仅面临金融危机带来的周期性冲击,也面临许多结构性制约,增长动能不足成为普遍性难题。受此影响,近年来,逆全球化暗流涌动,反投资贸易自由化政策倾向、单边主义、民粹主义倾向上升,冷战思维、零和博弈等有悖于世界合作潮流的主张抬头,世界面临向何处去的方向性选择。

正是在这一国际大背景下,中国成为坚定不移推动经济全球化的主导力量。6年来,"一带一路"倡议——这一源于中国、属于世界的倡议,也正从理念转化为行动,从愿景转变为现实。"一带一路"倡议推动建立合作共赢的协同发展模式,并通过深化互联互通机制,促进贸易投资增长、国际产能合作以及区域内部资源整合等途径,在弥补发展短板、缩小发展鸿沟、改善民生福祉的同时,也大大提升了各国参与经济全球化的广度和深度,使更多发展中国家和中小企业融入全球价值链、产业链和供应链,真正实现了互利合作共赢,对促进全球经济可持续发展,释放新增长动能具有极为重要的意义。目前,中国已与"一带一路"沿线国家签署了130多个涉及铁路、公路、水运、民航、邮政等方面的双、多边协定。其中,与沿线15个国家签署了16个双、多边运输便利化协定,与沿线47个国家签署了38个双边和区域海运协定。2018年12月,世界银行发布了"一带一路"发展倡议的专题研究报告,调查了191个国家1000个城市和47个部门,显示"一带一路"倡议将大大减少贸易时间,全世界运输时间平均减少1.2%~2.5%,贸易总成本将降低1.1%~2.2%。对于沿线经济体而言,运输时间和成本将下降1.7%~3.2%和1.5%~2.8%。而对于处于"一带一路"的直接经济走廊的经济体而言,运输时间减少11.9%,贸易成本下降多达10.2%。据估算获益最大的将是连接东亚与南亚的贸易路线和倡议中的经济走廊。例如,交通基础设施的改善将使中国—中亚—西亚经济走廊沿线国家之间的运输时间下降12%,"一带一路"倡议对世界经济增长的溢出效应明显。

(三)以互联互通为导向,着力弥补发展缺口与发展短板

"一带一路"倡议的核心和优先发展方向是促进基础设施和各领域互联互通。目前,"一带一路"沿线许多国家正处在工业化、城市化的起步或加速阶段,基础设施发展依然滞后于其经济增长,且无论在质还是量上均低于国际标

准，已经对经济发展造成了严重的制约。特别是对能源、通信、交通等基础设施需求很大，但供给却严重不足，面临建设资金短缺、技术和经验缺乏的困境，成为制约发展进程的"短板"。根据国务院发展研究中心研究，依据覆盖基础设施各领域投资与GDP合意比例测算的总需求，2016年到2020年，"一带一路"沿线国家基础设施合意投资需求至少在10.6万亿美元以上，庞大的资金缺口亟待弥补。也正是在这样的困境和需求下，亟待形成规模巨大的资产池，成为一种为包括跨境基础设施在内的区域和全球公共产品融资的"永久资本"。

"一带一路"倡议提出6年多来，不断创新国际多边金融合作，积极探索多方联合融资的新方式，形成了亚洲基础设施投资银行、金砖国家新开发银行、丝路基金等开发性金融机构。国际多边金融组织与各类商业银行，以及中国—东盟银联体、上合组织银联体、中国—中东欧银联体组成的新型国际多边投融资框架，为不同发展水平和不同需求的基础设施和项目建设提供稳定、透明、高质量的资金支持，为改善"一带一路"跨国基建发展金融环境做出了重要贡献。

（四）改变传统国际分工模式，重构全球产业链、价值链、供应链

共同建设利益共享的全球产业链、价值链、供应链，有利于释放联动效应与外溢效应。"一带一路"建设充分激发了东南亚、西亚、中亚、中东欧等不同区域的体量优势、资源禀赋优势、区位优势、产业优势和协同优势，全面促进区域内贸易创造。倡议提出以来，沿线国家（65国）全球贸易参与程度稳步提升，2017年贸易参与度达到55.2%，其重要性日趋凸显。从贸易方式看，中间品贸易成为"一带一路"区域贸易的主要形式，2017年"一带一路"中间品贸易占区域内贸易的61.0%。与欧盟、北美自由贸易区比较，"一带一路"内部贸易在全球总贸易中的占比提升明显，至2017年已达13.4%，其体量已相当于欧盟内部贸易的65%。"一带一路"成为仅次于欧盟的全球第二大贸易板块，贸易红利进一步显现。

这其中，中国作为"一带一路"最大的中间品贸易大国，扮演着"中国市场"的角色，中国将成为引领"一带一路"沿线国家经济持续增长的内生动力。根据中国国际经济交流中心联合课题组研究测算结果，2017年中国中间品进口总额为9431.2亿美元，占"一带一路"中间品进口额的36.3%，其比重较2013年上升5.0个百分点。其中自"一带一路"沿线国家进口3023.1亿美元，占中国中间品进口总额的32.1%。中国巨大的市场需求极大促进"一带一路"国家贸易增长。

中国还积极推动与有关国家的自贸区协定，形成高标准自由贸易区网络，以促进开放型世界经济蓬勃发展。6年多来，中国已与25个国家和地区达成了17个自贸协定，涵盖了38%的对外贸易额。2018年，中国签署了中国—新加坡自贸协定升级议定书，结束了中国—毛里求斯自贸协定谈判，启动了中国—巴拿马、中国—巴勒斯坦自贸协定谈判和中国—秘鲁自贸协定升级谈判。中国自贸伙伴遍及亚洲、欧洲、大洋洲、南美洲和非洲，加速推动各国共同开放的贸易投资自由化进程。中国正在与27个国家进行12个自贸协定谈判或者升级谈判，"一带一路"建设正加快向高质量发展。

此外，"一带一路"建设通过产能合作以及境外产业园区建设，推动了沿线发展中国家的工业化进程，促使一些发展中国家能够以此逐步建立自己的制造业基础，促进贸易产品升级，从而避免一些国家依赖单一资源出口而陷入低收入陷阱，改变一直以来仅是作为世界贸易发展的过道而沦为经济凹陷地区的局面。例如，中国在推进国际产能合作过程中，根据合作内在需要开展经济技术合作，主要以中国具有优势的先进装备制造业为主，在核电、铁路、通信、智能电网等领域加大合作力度，这与发达国家把低端制造业向发展中国家转移的做法有着本质不同，可以让更多后发国家利用全球新技术革命和产业合作的契机实现"跨越式"发展。由此可见，"一带一路"贸易投资与产业合作超越了国际体系中传统的"中心—外围"格局，改变了发达国家与发展中国家间传统的垂直分工模式，势必对全球价值链和产业体系重构，以及国际经济格局产生深远影响。

（五）有效解决发展不平衡，促进全球可持续发展进程

践行绿色发展、可持续发展理念，"一带一路"倡议正成为落实联合国《2030年可持续发展议程》全球努力中的重要组成部分，并为贫困国家提供共享全球化红利的机会。

虽然"一带一路"倡议有着美好的愿景，但就现实情况而言，随着"一带一路"区域和范围的扩大，各国经济发展水平差异较大、地缘政治复杂，基础设施从数量到质量上参差不齐的情况将进一步凸显。沿线国家间的贸易投资自由化水平还比较低，自由贸易区协定自由化、便利化程度整体较低，沿线国家经济合作的关税及市场壁垒等矛盾还比较突出。因此，在战略对接、规划对接、政策对接基础上，要全面加强能力对接和能力建设，充分利用来自"一带一路"相关国家的最佳实践经验，帮助一些相对落后国家解决监管障碍、基础设施投入不足、知识技能和人力资本短缺等方面的问题，提升要素生产效率，扩大经济发展潜力，缩小内陆与沿海国家之间的差距，减少区域间的不均衡，将"一带一路"真正打造成为更加普惠、更加包容、更加可持续的国际多边增长合作框架。

推进"一带一路"倡议的几个重要问题

（一）"一带一路"规则体系具有开放性及不确定性的特征，其复杂性远远超出传统全球治理模式，需要拓宽灵活性及包容性

"一带一路"倡议具有开放性及不确定性，其范围既是周边的也可能是全球的。"一带一路"沿线65个国家更是经济发展水平不一，各国之间差距巨大。在"一带一路"区域内,中东欧、西亚多数国家人均GDP较高,而东南亚、南亚、中亚等国家人均GDP较低。2017年"一带一路"沿线国家中人均GDP超过1万美元的国家有23个。其中,中东欧和西亚等国家发展水平较高,如波兰、罗马尼亚、捷克、斯洛伐克、沙特阿拉伯、以色列等人均GDP超过1万美元,大部分国家的人均GDP水平高于世界平均GDP水平,甚至有些国家凭借资源优势位列世界前列,如卡塔尔、阿联酋等。位居榜首的卡塔尔人均GDP 60811.86美元,而中国人均GDP 8582.94美元。人均GDP最低的是孟加拉国,只有1532美元。在另外40个国家中,高于4000美元的有18国,低于4000美元的有22个国家。此外,"一带一路"国家中规则认同度更低,据统计,"一带一路"沿线尚有14个国家未加入WTO,未与中国签订投资协定的国家也有11个。众多国家经济的发展水平及其所处阶段各不相同,使得各国追求的经济目标和承受能力也不尽一致。某种程度上,这些差异导致了经济利益的分歧,阻碍了经济合作的深入发展。尤其在"一带一路"合作初始阶段,更是需要充分考虑这些国家的具体情况,分类推进或者针对特殊情况国家开展不同层次、不同领域的双边和区域合作。

(二)构建"一带一路"规则体系不仅须与现有国际组织合作,还须积极利用现有多、双边合作机制框架

"一带一路"规则制定还面临着与众多国际组织的合作问题,不仅需要与现有国际组织合作,如国际道路运输联盟、国际贸易中心、国际海事组织等,还需要积极利用现有的多、双边合作机制(如上海合作组织、"10+X"机制、APEC、大湄公河次区域经济合作),以及与中国主导筹建的新的多边开发机构(如金砖国家合作银行、亚洲基础设施投资银行)合作。具体而言,须全面加强与联合国经济系统以及国际组织合作,并分类逐步推进。

一是与联合国的合作。联合国的特点是普遍性、代表性和权威性。中国与联合国积极推动"一带一路"倡议的多边化、国际化和机制化,特别是主动与联合国《2030年可持续发展议程》的目标和工作进行对接。

二是与联合国附属机构和专门机构的合作。比如联合国各类基金会、环境署、粮食署、海事组织、国际电联、贸易与发展会议等都是联合国大会的附属机构。中国应加强与这些附属机构和专门机构工作目标和计划的对接。

三是与沿线地区和跨地区国际组织的合作。"一带一路"沿线有诸多次区域的国际组织，比如，上海合作组织、东南亚国家联盟、南亚区域合作联盟、阿拉伯国家联盟、海湾合作委员会等；有一些地区性国际组织，如非洲联盟、欧洲联盟等；还有一些跨地区国际组织，如亚太经合组织、金砖国家组织等。

四是通过"一带一路"区域贸易协定网络建立与WTO的联动机制，实现区域机制与全球规制的融合。虽然WTO多哈回合谈判进程坎坷不断，但是WTO仍然是目前全球最有代表性的多边贸易机制。因此，可以通过"一带一路"经贸规则框架，以区域经济合作来推动WTO全球贸易体系的新一轮重构，继续推动多哈回合谈判在投资、服务贸易和农产品领域取得实质性进展。

（三）"一带一路"规则体系建设除了理念创新，还须从贸易、投资、金融、能源以及争端解决机制等方面对国际经济规则进行创新

WTO总干事阿泽维多曾经将2000年以来已公告的区域贸易协定进行归纳，并总结出如下新变化：（1）60%包含货物与服务贸易；（2）50%以上含投资规定；（3）其他主要事项包括政府采购、竞争、卫生和植物卫生措施协定、技术性贸易壁垒协议和与贸易有关的知识产权；（4）少量涉及环境、劳工标准和电子商务等WTO规则尚未覆盖的内容。这些新变化均有体现。

为此，我国应根据WTO的区域贸易协定规则，纳入"21世纪新议题"，在推进"一带一路"沿线国家或地区的区域贸易协定网络建设中逐步顺应这些新变化。在货物贸易、投资保护、原产地规则、海关手续、贸易救济、检疫措施、技术壁垒、知识产权、政府采购、劳工与环境、临时入境等不同领域，做出合理合情的制度安排，推动贸易便利化。同时，亚欧应更好地对接基础设施建设规划和技术标准,畅通基础设施骨干通道。完善的基础设施网络有助于降低交易成本,促进要素的跨境流动,拓宽贸易投资的范围,深化市场分工,促进区域经济一体化。加快形成跨境电子商务和数字贸易模式,构建跨境电子商务运输法律制度,核心是完善电子运输记录制度立法。例如,可以借鉴《鹿特丹规则》电子运输记录的有关规定,构建跨境电子商务运输法律制度,加快推进"单一窗口"和APEC全球供应链电子口岸试点在"一带一路"框架下的实施。

除了理念创新,"一带一路"建设需要从贸易、投资、能源、金融以及争端解决等多个方面逐步完善和酝酿对国际经济规则的创新与突破。首先,在基础设施领域,应运而生的多元合作形式推动国际经济合作机制的创新;其次,在能源领域,发展中国家的参与将改善能源国际标准与规则碎片化的现状;再次,在贸易与投资领域,"一带一路"倡议的推行将带动区域内自贸区繁荣,催生自贸区协定与投资协定的生成,不仅能够在新生的贸易、投资协定中灵活运用创新规则,而且能由点及面地推动投资和贸易规则一体化的完善;最后,在"一带一路"建设中,法治是重要保障。

第二节 构建"一带一路"互联互通经济合作伙伴关系

"一带一路"倡议加快了国家间、区域和次区域之间发展战略深度对接,正越来越成为顺应新型经济全球化发展的重要平台。特别是设施联通(包括道路基础设施、铁路基础设施、港口基础设施、航空基础设施、信息基础设施等）是共建"一带一路"的优先方向。随着"一带一路"倡议国际影响力的大幅提升，相关国家在基础设施互联互通领域的合作日渐紧密，构建互联互通经济合作伙伴关系，不仅有利于补齐短板，促进全球区域之间板块的东西贯连，实现亚欧共通，也有利于促进区域各国贸易投资，为世界经济注入持久增长的内生动力，对全球产业分工模式与国际经济格局产生广泛而深远的影响。

"互联互通经济合作伙伴关系"的提出

互联互通是"一带一路"建设的基础、优先和核心领域。"互联互通"（connectivity）这个概念最早是由东盟提出来的，后来扩展到东盟合作机制、亚太合作机制这些问题上来，现在更发展成为"一带一路"建设的核心内容。

（一）"互联互通"经济合作伙伴渐成为全球共识

"互联互通"是共建"一带一路"的主线，在第二届"一带一路"国际合作高峰论坛上，国家主席习近平提出："共建'一带一路'，关键是互联互通。"从亚欧大陆到非洲、美洲、大洋洲，共建"一带一路"为世界经济增长开辟了新空间，为国际贸易和投资搭建了新平台，为完善全球经济治理拓展了新实践，为增进各国民生福祉做出了新贡献，成为共同的机遇之路、繁荣之路。

（二）"互联互通"经济合作伙伴既有实践基础又有政策阐述

"互联互通"经济合作伙伴作为"一带一路"倡议的重要理论基础之一，既有渐进的、丰富的实践基础，又有共识性、共通性的国际经验。中国是互联互通倡导者、实践者和引领者。2012年，党的十八大报告首次将"互联互通"作为政策理念纳入其中，"互联互通"与人类命运共同体意识、构建全球伙伴关系网络等大国战略一脉相承。习近平主席在多个国际场合对"互联互通"的含义、目标和任务做出重要阐释。中国还借助亚太经合组织领导人非正式会议、亚欧互联互通等会议机会,力推《亚太经合组织互联互通蓝图(2015—2025)》。此外,中国与东盟成立互联互通合作委员会,设立中欧互联互通平台,倡导建设全球基础设施互联互通联盟等。

"互联互通"深嵌于人类文明发展的进程之中,是国际关系演变的动力。"互联互通"不仅停留在实践和政策层面,还上升到区域合作以及全球治理层面。6年多来中国推动建立互联互通基础设施合作框架。基础设施联通从交通、能源、通信、管道、口岸等的"硬联通"向标准、通关、认证、融资等"软联通"逐步发展。截至2017年5月,中国已与"一带一路"沿线国家签署了130多个涉及铁路、公路、水运、民航、邮政等方面的双、多边协定。其中,与沿线15个国家签署了16个双、多边运输便利化协定,与沿线47个国家签署了38个双边和区域海运协定。中国政府与欧盟委员会签署谅解备忘录,启动中欧互联互通平台合作;中国与老挝、缅甸和泰国三国共同编制《澜沧江—湄公河国际航运发展规划(2015—2025)》,推动制定了《大湄公河次区域交通战略(2018—2030)》和《中国—东盟交通合作战略规划行动计划》。在多个国际合作机制,双边、多边交流平台下,中国积极与沿线国家进行对接,先后与伊朗、孟加拉国、阿富汗等国家信息通信主管部门签署了《政府间信息通信技术合作谅解备忘录》;与东非共同体五国、埃塞俄比亚和国际电信联盟分别签署了《共建东非信息高速公路合作文件》,并在2017年首届"一带一路"国际合作高峰论坛期间,与国际电信联盟签署《关于加强"一带一路"框架下电信和信息网络领域的合作意向书》。2016年9月,《二十国集团领导人杭州峰会公报》通过了中国提出的建立"全球基础设施互联互通联盟"倡议。在加快中欧陆海快线、中欧班列等区域和国际物流通道建设的同时,沿线国家开展口岸通关协调合作、提升通关便利,平均查验率和通关时间下降了50%。在万国邮政联盟框架下积极推进国际铁路运邮机制。

(三)"互联互通经济合作"正在成为新型国际公共产品

现如今,"互联互通"不仅是一种国际共识,也成为一种方法论,日益成为疗治当前全球各种疑难杂症的"药方",成为构建人类命运共同体的"中国方案"。如果说过去全球需要的是国际安全,那么今天全球更加迫切需要以交通、管网、通信为主的互联互通产品,用互联互通产品来激活全球经济增长潜能。因而,世界越来越需要一些全球性或地区性大国为国际社会提供互联互通产品,提供高质量的互联互通产品就成为增强全球互联互通能力的核心。据麦肯锡咨询公司估计,未来20年内,全球需要57万亿美元投资于电力、公路、港口和供水等基础设施。很显然,如果不能提供完善的公共基础设施,经济理论所描绘的经济全球化只能处于幻想状态。

(四)"互联互通经济合作"已成推动全球治理的重要路径

中国积极推进"互联互通"建设,通过"一带一路"建设帮助沿线国家修建基础设施,对接产能合作,实现双方优势互补,得到国际社会的广泛响应。当前阶段,国际力量对比格局正在发生历史性变化,全球治理体系酝酿深刻变革与调整。特朗普推行"美国优先"的政策,宣布退出《巴黎气候协定》,拒绝承担气候变化问题上美国应尽的责任,引起国际社会广泛关注。在各国利益深度交融、人类命运休戚与共的今天,美国却筑起高墙,滑向过时的保护主义和国家至上主义。中国主张要站在人类命运共同体的高度,本着"共商、共建、共享"的原则,进一步完善全球治理体系,反对任何排他性安排或把自己的利益凌驾于国际社会之上。为此,中国一方面积极参与二十国集团、金砖国家合作等多边合作机制,推动联合国、世界贸易组织、国际货币基金组织等深化改革,使现有全球治理体系具有更多代表性。另一方面,创设亚洲基础设施投资银行,打造"一带一路"全球经济治理新平台,为完善全球治理提供了新思路、新机制、新模式,也使全球治理"互联互通"成为可能。

"一带一路"互联互通经济合作的世界意义

互联互通是世界各国发展的共同利益与共同诉求。从古典经济学中也可以找到对于互联互通的表述。亚当·斯密（1776）在《国富论》中指出，良好的道路、航线等可以缩小国家内部以及国与国之间的发展差异，这也体现了互联互通可以促进地区经济发展的重大意义。全球战略家、美国国家情报委员会顾问、新加坡国立大学李光耀公共政策学院高级研究员帕拉格·康纳所著的《超级版图：全球供应链、超级城市与新商业文明的崛起》一书，阐释了在互联互通的动力影响下，全球体系得以依照全新的组合和竞争逻辑重建，并因此实现持久和平的前景。该书指出：以基础设施互联互通为引领的"一带一路"合作倡议正在将割裂的全球化带入一个互联互通的全新时代。未来40年的基础设施投入将超过人类过去4000年。如何打破基础设施滞后和经济发展落后之间的恶性循环是广大发展中国家面临的共同挑战。互联互通已经取代市场区隔成为全球组织新的范式。由于工业经济时代基础设施的陈旧，新一轮基础设施建设热潮在全球兴起，大范围地联通各个国家和地区、各大洲，这其中涉及的建设、融资、管理也均超越了国界，形成了真正意义上的基础设施联盟。超级都市、高速公路、铁路线、油气管道、通信光缆等象征着全球网络文明的标志，将密密麻麻布满全球，将几乎所有的经济体的利益密切连接在一起。

（一）互联互通经济合作满足"发展"终极命题的迫切需要

当前，全球面临增长动能不足、结构性矛盾突出、治理体系滞后、区域发展失衡、贸易保护主义不断升级、多边机制不振等问题，逆全球化暗流涌动。冷战思维、零和博弈等有悖于世界合作潮流的主张重新抬头，经济全球化走到"十字路口"。在这一形势下，"一带一路"这一源于中国、属于世界的倡议，从理念转化为行动，从愿景转变为现实，推动形成中国与世界联动发展的新格局，成为真正意义上的全球公共产品，互联互通合作更凸显其重大意义，特别是基础设施互联互通在弥补发展短板的同时，让各国更好地分享经济成果，真正实现了互利合作共赢，对促进全球经济可持续发展、释放新增长动能具有不可替代的作用。

近年来，世界对交通、能源、通信等互联互通产品的需求正急剧增加，而发达国家和国际组织的供给意愿和供给能力却相当有限，很多时候自身还有很大的更新需求。2017年，全球基础设施中心和牛津经济研究院发布的《全球基础设施展望报告》(Global Infrastructure Outlook)估计：

（1）2016—2040年，全球基础设施投资需求将达到94万亿美元。为满足需求，全球要将基础设施投资占GDP的比例提高到3.5%，而在目前投资趋势下，这一比例为3%。

（2）亚洲仍将主导全球基础设施市场，2040年，亚洲占全球需求的比例约为54%，仅中国就占30%。中国国际经济交流中心在首届"一带一路"国际合作高峰论坛（2017）发布的报告显示，未来10年"一带一路"65国GDP实际年均增速将达到4.7%，显著高于全球2.8%的年均增速（见图4-1），GDP总量将由23万亿美元增加至近40万亿美元，占全球比重由31.1%提升至38.2%。

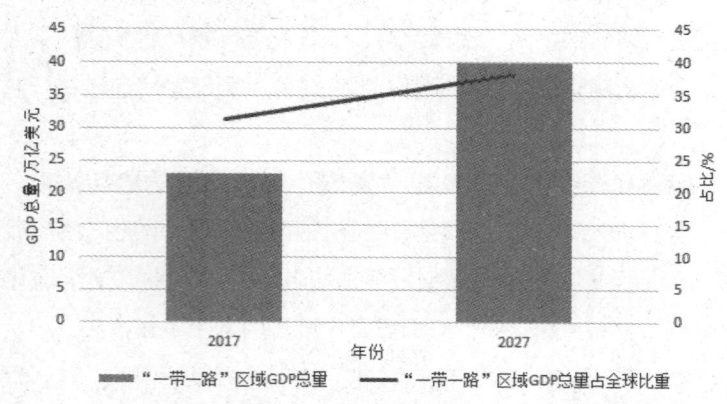

图 4-1 未来10年"一带一路"区域GDP平均增速与全球GDP增速预测

（二）大幅降低区域内、跨区域及全球综合成本的迫切需要

自2013年"一带一路"倡议提出以来，"一带一路"建设秉承"共商、共建、共享"的原则，积极利用既有双边合作机制、国际组织和多边论坛等有效平台，在推动形成共识的基础上，以公路、铁路、港口、航空运输、能源管道等为核心的硬基础设施，以及政策、规则、标准三位一体的软基础设施联通水平不断提升，大大降低了区域间商品、货物、资金、物流、信息、技术等的交易成本。据联合国亚洲及太平洋经济社会委员会（ESCAP）的研究显示，一般而言，基础设施互联互通主要通过两个途径拉动经济增长：一是降低运输成本和生产成易成本，二是提高市场进入的便利程度。据世界银行测算，对基础设施的投资每增加10%，GDP将增长一个百分点。另据东盟东亚经济研究中心报告，2021—2030年，亚洲基础设施互联互通将使东盟各国GDP累计增加42.08%，东亚各国（"10+6"）GDP累计增加5.87%。欧洲知名智库布鲁盖尔欧洲与全球经济研究所（Bruegel）研究报告指出，"一带一路"倡议促进中欧交通基础设施互联互通，在降低运输成本、促进国际贸易等方面，欧盟国家将获益良多。数据显示，"一带一路"沿线跨境贸易的运输成本占物流成本的比重超过50%。报告认为，"一带一路"倡议通过基础设施互联互通带动中国和沿线国家、地区之间的贸易，位于另一端的欧洲国家同样获得了发展贸易的"新机遇"。报告援引"渝新欧"铁路和青岛港口的统计数据为例，实施"一带一路"倡议以来，中欧之间的陆路运输成本降低了50%，海路运输成本降低了5%。陆地、空中和海上交通运输成本每减少10个百分点，国际贸易额将分别增长2%、5.5%和1.1%。在交通运输成本降低后，比利时、荷兰、斯洛伐克的国际贸易上涨幅度将接近10%，奥地利、匈牙利、丹麦、摩尔多瓦、德国、波黑及波兰的国际贸易增长幅度也将达到8%以上。

（三）优化全球产业链、价值链、供应链，推动亚欧经济整合的需要

世界正在经历新一轮大发展、大变革、大调整，正逐步迈向以平等合作、互利共赢为特征的新型全球化时代。物质文明、科技文明和精神文明日趋丰富，全球分工不断深化、细化，产业链、价值链、供应链、创新链、科技链在全球范围内更加紧密地联系，世界各国日渐形成"你中有我、我中有你""一荣俱荣、一损俱损"的利益共同体、责任共同体和命运共同体。已有150多个国家和国际组织同中国签署共建"一带一路"合作协议；"六廊六路多国多港"的互联互通架构基本形成；共建"一带一路"国家由亚欧大陆延伸到非洲、美洲、大洋洲等区域，涉及经贸、金融、文化、信息、科技、能源等领域的深度合作。

互联互通是一个广义联通概念，既包括基础设施物理性的硬件联通，也包括在政策与软件上的制度联通。据世界经济论坛估计，如果全球供应链壁垒的削减能够达到最佳实践水平的一半，全球GDP预计将增长4.7%，贸易量将增加14.5%，远超取消所有关税所带来的福利收益。东盟东亚经济研究中心报告表明，2021—2030年，供应链壁垒和非关税措施的削减将使东盟各国GDP累计增加31.19%，东亚各国GDP累计增加7.76%，不仅加快了有关国家基础设施建设步伐，也整体推进了参与合作国家的工业化进程。美国智库全球发展中心网站发表文章称，中国与"一带一路"倡议目标国家之间的商品贸易额2019年将增长1170亿美元。对中国来说这将意味着出口增加560亿美元，同时它还将从约80个国家进口价值610亿美元的商品。因此，以"互联互通"为核心导向的"一带一路"倡议将成为提升全球价值链水平的新型合作框架。

（四）促进全球可持续发展远景目标的迫切需要

"一带一路"互联互通倡议与联合国致力于人类可持续发展，为发展中国家特别是最不发达国家提供技术、设备等方面的帮助有高度契合之处，将有助于加快区域发展中国家工业化、城镇化进程，是联合国《2030年可持续发展

议程》的17项大类和169项具体目标落实的重要支撑点（联合国语）。特别是设施联通、贸易畅通和资金融通，与农、林、牧、渔方面的合作联系十分密切，可以大幅度提高农业生产率，实现粮食安全，缩小发展差异，最终基本消除极端贫困。而有关"一带一路"建设社会环境的投资指南、加强绿色丝绸之路建设倡议等，将为建造高质量的公共基础设施体系，促进持久、包容和可持续的经济增长做出重大贡献。

（五）建设开放型世界经济，打造统一国际大市场的需要

当前，全球正步入互联互通的时代。全球化深入推进，世界各国之间的经济联系越来越紧密，特别是随着数字经济、互联网经济和现代通信技术的发展，世界各国正处于你中有我、我中有你的嵌套式发展格局中。根本而言，商品、资本、技术和人员的自由流动是全球化繁荣的基础，现在全球40%以上的GDP创造都来自于商品、服务和资本的跨境自由流动。事实证明，一国或一区域的经济繁荣程度不仅取决于经济体量和人口规模，更取决于国际互联的程度，互联互通程度越高，增长动力和跨境要素流动性就越强。

"一带一路"作为跨区域联通，涉及基础设施建设、制度规章融合等多个领域，有助于硬件基础和软性制度安排上实现统一。"一带一路"将通过纵贯欧亚大陆的贸易大通道、产业大通道和物流大通道，把碎片化的区域经济串联起来，通过沿线国家相互贸易与投资的增加、产业转移的加速，借此打造"商流、物流、人流、资本流、信息流"五位一体的新的全球链接方式，推动区域经济一体化，更趋形成国际统一大市场。中国提出建设"数字丝绸之路"，将通过新一代信息技术、ICT基础设施、5G、云计算、人工智能、跨境电子商务、跨境海底光缆、通信枢纽等技术层面、物质层面以及标准层面来推动互联互通，有望有效解决"数字发展鸿沟"问题，让世界经济向着更加多极化、均质化方向发展。

"互联互通经济合作"的理论脉络与渊源

当今世界经济贸易格局中存在两大轴心,分别是太平洋经贸轴心和大西洋经贸轴心,但历史上还曾有第三条的存在——古丝绸之路,并且发挥过巨大的历史作用。2000多年前,始于中国的丝绸之路将中国同中亚、南亚、西亚、欧洲乃至非洲地区的国家联系起来,成为沿线国家经贸往来和人文交流的重要通道。

在"一带一路"倡议提出之前,国内外学术界围绕"古丝绸之路"开展的研究已经持续100多年,形成了"丝绸之路学"。古丝绸之路是古代东西方之间经济、政治、文化交流的主要通道。德国学者李希霍芬、赫尔曼在19世纪末20世纪初把这条东西方交通贸易大动脉定名为"丝绸之路",此后汉学、东方学、中西交通史、西域史、中亚史等学科都对"古丝绸之路"进行了广泛而深入的研究。

在西方地理学史中,19世纪德国著名地理学家李希霍芬曾在1877年出版的《中国——亲身旅行和据此所作研究的成果》第一卷中首次提出了"丝绸之路"的概念,并在地图上标注。交通,特别是远距离交通,是李希霍芬在人文地理方面的一项核心议题。在李希霍芬的概念里,"丝绸之路"仅指汉代欧亚的贸易通道,甚至只是特指公元前128年至公元150年的欧亚交通道路。李希霍芬虽然做了大量人文地理研究,但在对地理学做全面总结归纳时,仍然强调他的地质学。赫特纳在其著作《地理学》中指出李希霍芬思想理论中的含混之处,认为李希霍芬的见解对地理学的观点是举足轻重的。在他的《中国》一书第一卷的结束语中所表现的思想,还过于片面地侧重于地理学与地质学的关系。此后,德国历史学家赫尔曼在1910年出版的《中国与叙利亚之间的古代丝绸之路》一书中引申了李希霍芬的观点。1936年,李希霍芬的学生斯文·赫定干脆直接以《丝绸之路》为名出版了一本书,从此,"丝绸之路"这一名称逐渐为大众所接受,并迅速传播开来。

笔者认为,"互联互通经济合作"既是对传统地缘理论、国际合作理论、全球价值链理论、经济一体化理论、平衡发展理论的继承,也是对这些理论的扬弃,特别是"三同"(利益共同体、责任共同体、命运共同体)的价值体系将为构建多元文明的经济、政治、文化生态提供新的范本和理论体系。

(一)"互联互通经济合作"可成为国际合作理论新的内核

"一带一路"是对国际合作理论的丰富和发展。作为一种普遍存在的国际关系形式,国际合作的本质是国际行为主体在某些问题领域所进行的政策协调。新现实主义、新自由制度主义和建构主义从各自的理论假设出发,演绎推论出了霸权合作论、制度合作论和合作文化论等不同的国际合作理论,但都认为国际合作的目的在于维持并固化现有的等级体系,并通过国际权力结构、制度和文化促成合作。"一带一路"倡议提出前,存在着亚欧会议、东盟、欧盟、非盟等亚、欧、非三者间的多种二元主体合作架构。"一带一路"是首个跨亚、欧、非并兼具全球开放性的合作架构,为合作共赢提供了全新思路,为南北合作、南南合作架起了沟通的桥梁。"一带一路"倡议以打造命运共同体和利益共同体为目标,构筑全球开放型合作网络,丰富了国际合作模式,是对国际合作理论与实践的重大创新。

"一带一路"沿线大多是发展中国家,特别是有不少内陆国,这些发展中经济体要实现经济起飞,亟须改善自身的综合发展环境,因此以基础设施建设为前提的"一带一路"发展导向型区域合作,成为区域经济合作的新起点。事实上,长期以来广大发展中国家基础设施发展滞后,综合发展环境改善缓慢,广义贸易成本居高不下,进而导致经济落后和难以实现起飞,这也表明仅仅依靠内生力量无法打破原有的恶性循环,只有引入外生动力才有可能打破这种循环,这种创造性地"打破",意味着一个经济体在外部的帮助下能够创造出新的比较优势,并以此参与区域合作,而在此过程中,政府间的合作特别是互联互通的引入是打破经济落后恶性循环的突破口。

世界银行相关研究指出，需要化解距离、密度和分割对发展的约束，推动经济地理重塑，实现发展中国家的经济起飞。具体而言包括以下几个方面：缩短距离，即通过加大基础设施投资，降低交通运输成本，促进生产要素流动，缩短经济发达地区与落后地区之间的距离；提高经济密度，即推动产业园和城镇的建设，提高经济活力；减少分割，即减少政策造成的经济壁垒，获得世界市场准入机会，实现规模经济和专业化分工。

亚洲开发银行针对亚洲的跨国经济走廊进行了案例研究，该研究认为，经济走廊从低级到高级的发展过程一般包括四个阶段：首先推动基础设施投资，降低交通运输成本；其次，以城镇化、更新城乡基础设施、促进工业发展、改善中小企业投资环境、增加旅游基础设施投资等方式，实现"地区发展计划"，拓宽经济走廊；再次，以贸易便利化为核心，促进跨境商品、服务、人员的流动；最后则需要协调不同国家区域发展的计划与政策，形成真正意义上的跨境经济走廊。

事实上，该研究已经表明，基础设施互联互通和产业园区的结合，有助于将"一带一路"发展演化为拉动周边经济体发展的经济走廊，而这种演变就是一个经济体从封闭的不发达经济向开放经济发展的转变过程，与此同时，这也有助于该经济体创造新的比较优势，实现经济的可持续发展。由此可见，中国提出的互联互通经济合作可以成为国际合作新的理论内核。

（二）"互联互通经济合作"是对全球价值链理论的推动和创新

"一带一路"是互联互通之路，是包容发展之路，是价值链深化之路。目前，价值链尚未在全球范围内广泛分布，主要分割成多个区域性价值链，如北美价值链、亚太价值链、欧洲价值链等。这些区域性价值链的特点是以核心经济体为轴心，域内经济体相互依赖成为一个整体，外部经济体很难融入，具有封闭性特征。"一带一路"倡议打破了传统区域价值链的固有模式和地域限制，既注重核心国家的引领带动，又注重价值链各经济体的联系互动，并吸引辐射域外经济体积极参与，逐渐探索形成全球价值链的开放建构路径。"一带一路"将中国优质产能、技术和价格优势与广大亚、欧、非国家的市场、劳动力、发展转型需求等结合起来，通过各个层面的战略对接来构建利益共享的全球价值链，实现市场经济规律下生产要素在亚、欧、非国家间新的流动和分配，有助于形成以中国为核心的新型全球价值链，改变中国在全球化进程中承接发达国家产能转移、处于国际价值链低端的传统格局。6年多来，不论是互联互通还是产能合作，都成为全球价值链的强大动力，加快了全球价值链新格局的深化与重构。

当今世界分工格局的主要形式依然是"南—北"模式。二战以来，以北美、西欧、东亚这三个全球最典型的区域性跨境生产网络为基础，世界其他国家和地区基本上是围绕着这三大生产网络从事相应的生产、贸易和投资活动，从而促成了水平分工型的"西欧—北美生产网络"，垂直分工型"北美—东亚生产网络""南北美洲生产网络""西欧—非洲生产网络"和"东西欧洲生产网络"等跨区域性生产网络，并以这些区域生产网络为基础形成了当今全球两大贸易板块——大西洋贸易板块和太平洋贸易板块。

然而21世纪以来，越来越多的发展中国家开始积极融入欧美发达国家主导的全球价值链分工体系中。

一方面，以中国为代表的新兴经济体正在纷纷完善本土供应链，以降低对进口中间投入品的依赖。全球贸易强度下滑就是一个信号。以占全球产出的比例衡量，2007年至2017年间，中间品贸易下降了5.1个百分点，下降主要是由于中国的"自产自销"。事实上，参与这一价值链的其他国家之间的中间品贸易略有增加。

另一方面，新兴市场对于资本品的需求不断上升。过去几十年来全球外部需求主要来自发达经济体，如今随着新兴市场规模的扩大以及生产网络的演变，价值链正在重新配置。麦肯锡估计，到2025年，新兴市场将消耗全球近2/3的制成品（中间制成品、资本品），其中包括汽车、建筑产品和机械等产品。2007年以来，中国对高质量产品与服务的消费能力增长迅速，正逐渐从制造大国向消费大国转变。世界各主要发达经济体的跨国公司开始重视我国的消费能力，将我国定位为主要消费市场。麦肯锡数据显示，过去10年（2008—2018年）中，中国对经济合作与发展组织发达经济体俱乐部以外国家的出口份额从43%上升到了48%。可以说，中国正在经历供应链转出以及需求链国内外竞争加剧的过程，形成了新型全球价值分工体系。

根据中国科学院数学与系统科学研究院、海关总署、国家统计局、国家外汇管理局、中国科学院大学管理学院等单位的相关成员组成的中国全球价值链研究课题组研究成果，2000年至2014年间，世界范围内需求变化引致的全球产业空间转移总量达到了98万亿美元。其中"一带一路"沿线国家产业空间净转移量达到了32万亿美元，占据了全球产业净转移量的约33%。中国产业净转移量达到了13万亿美元，占据了全球产业净转移量的13%。与此同时，多数"一带一路"沿线国家经济发展水平较低，与中国产业互补性强，给中国贸易投资和产业转型带来市场和机遇。中国与"一带一路"区域的贸易模式必将进行新的调整，这种调整包括：贸易与直接投资和产业转移的融合与互动，从产业间贸易向产业内贸易的转变，贸易结构与贸易条件的重新调整，通过制度性安排保障推进贸易与投资关系的协同发展。

中国在全球价值链中的地位和结构角色正发生变化：整体嵌入现今全球价值链分工体系中，形成双向"嵌套型"全球价值链分工新体系，实现从发达国家引领中国融入全球价值链到中国引领其他发展中国家融入全球价值链的转变。因此，"一带一路"新型国际分工治理模式是中国摆脱中低端和促进国际分工地位跃升的关键，也是沿线国家攫取更多附加值的有效途径。中国在"一带一路"分工模式中起到了"承高起低"的作用，依靠自身的研发创新和消化发达国家转移的非核心技术，不断地嵌入高附加值环节，并向"一带一路"沿线国家输出部分优质和"刚需"的技术，为"一带一路"沿线国家实现技术和价值链的升级带来了新的合作路径，这一新型体系呈现出与传统全球价值链不同的新特征。

首先，嵌套型的分工结构。不同于当今全球价值链体系所呈现出的高端产品生产分工在发达国家内部循环、低端产品生产分工在欠发达国家内部循环的结构，整体嵌入现今全球价值链分工体系中形成双向"嵌套型"全球价值链分工新体系，实现从发达国家引领中国融入全球价值链到中国引领其他发展中国家融入全球价值链的转变。具有经济发展基础与技术积累优势的中国作为核心枢纽国将起到"承高起低"的关键作用，并将从当前低端的"外部依赖型"嵌入模式转变成中高端的"核心枢纽型"嵌入模式。因此，"一带一路"全球价值链体系可以通过衔接高低端产业链，联通发展中经济体与发达经济体在多领域合作与竞争的渠道，形成相对复杂的"嵌套型"分工结构，不仅能提升后发国分工地位与经济增速，也有助于分散可能的外部冲击。

其次，全球与区域双循环价值链。发达国家跨国公司作为当今全球价值链的主导，主要通过链条控制实现对以低廉要素成本优势嵌入价值链的后发国的"中低端锁定"，使后发国很难提升自身分工地位，本质上是单向控制型关系。而在"一带一路"价值链分工体系中，由于和发达国家在经济发展方面存在双向需求关系，核心枢纽国中国通过衔接全球价值链与区域价值链，为沿线各国与发达经济体开展公平经贸合作提供基础，有助于改变全球价值链结构失衡的状况。

最后，均衡型的竞争模式。在全球分工背景下，跨国公司通过对价值链的控制形成了链条（发达国家）对环节（发展中国家）的竞争模式，先天的竞争劣势导致发展中国家难以提升自身的国际分工地位。而"一带一路"价值链分工体系将"链条对环节"逐步转变为"链条对链条"的竞争模式，也为中国与沿线发展中国家实现自身经济发展和提升国际分工地位提供前提条件。

（三）"互联互通经济合作"是对传统地缘政治经济理论的超越

从历史维度看，地缘政治经济理论常被用来解释基于权力的外交战略的一个视角，崛起的大国也都十分重视地缘政治经济研究。20世纪以来，新的权力因素凸现，即新地缘政治学是以包括经济因素在内的新权力要素体系构建的地缘政治理论。如沃勒斯坦和麦金德是以"中心—边缘"的经济结构模式构建世界体系的，而麦金德的理论则解释了上层建筑的运作方式。新地缘政治学是以世界权力的分配结构构建的地缘政治理论。世界权力分配结构的理论模式主要包括区域性的世界图式、均势体系的世界秩序、欧亚大陆的大棋局理论及新欧亚主义地缘政治思想等。这种权力分配方式逐渐突破意识形态的束缚，由军事力量、政治影响力、经济实力等组成的综合国力成为权力的支点和联系纽带。西方学者在分析全球化时也认为，全球化利益的实现依赖于一系列现实条件。这些条件主要包括：物质技术状况和基础设施条件、地缘利益格局和市场势力结构、国际制度安排即全球治理结构等。可见，各种地缘政治思维同经济全球化存在一定差距。各种地缘政治思维都着眼于"占领""统治""控制"，而经济全球化则诉诸"自由""交换""开放"。所以，现实的地缘政治格局破坏了经济全球化的理论逻辑基础。

与此同时，由于地缘经济学以国家利益最大化为假定条件，将主权国家作为国际关系中的主要行为体，深刻指出了在经济相互依赖和互联互通的世界中经济因素的显著重要性，强调了在新的历史条件下国际和国内的互动以及其对地缘经济政策的选择和运用，并就战略、政治、经济等因素进行跨学科综合分析，是解释当前国际经济体系的一个重要理论分析工具。例如，英国地理学家哈·麦金德从地理学和地缘政治的角度提出："世界是一个整体，它已经成为一个联系紧密的体系。"麦金德的政治地理学通过全球陆地与海洋关系的变迁考察人类历史发展的演变，从而打破了欧洲中心主义的历史观，建立起全球历史的宏观视野。工业革命以来，交通运输基础设施建设为经济全球化提供了必要条件。而在新科技革命和第四次工业革命推动的新全球化的时代，世界经济将向各洲大陆腹地和海洋空间纵深发展，全世界需要进行更大规模的基础设施建设。美国当代著名战略理论家、地缘政治学家兹比格涅夫·布热津斯基说：

"欧亚这个超级大陆面积太广、人口太多、文化差异太大,历史上有野心和政治上有活力的国家也太多,即使美国这样一个经济上最成功、政治上最有影响的全球性大国也难以驾驭它","遗憾的是迄今为止,在为美国确定一个冷战结束以后新的主要全球目标方面所做出的努力一直是片面的,没有把改善人类生存条件的需要与保持美国力量在世界事务中的重要地位的必要性联系起来"。

(四)"互联互通经济合作"是对经济一体化理论的丰富与完善

一体化是欧洲区域合作模式理论的"核心",在既有的理论中,无论是(新)功能主义、(自由)政府间主义、新制度主义、多层治理理论、双层博弈理论,还是关税同盟理论、共同市场理论、最优货币区理论,都是从不同角度对不同时期的欧洲一体化进行解释和预测。"一体化"(integration)这一概念显然已经成为欧洲区域合作的理论内核。欧洲一体化的目标是统一,它试图最终建立一个政治联盟。因此,在从多元走向统一的道路上,它的核心是欧洲各国主权向新的政治中心的逐步让渡,而这在很大程度上,是一个趋同的过程。这一趋同过程主要体现在四个方面。

一是经济趋同。主要体现在经济政策和经济指标两个方面。1957年签订的《罗马条约》提出,为了确保共同体内部"自由和平等的竞争",成员国间应实施某些共同的原则和经济政策。对国内税率、竞争规则和财政收入等做出明确规定,在运输政策、贸易政策、经济发展趋势政策和国际收支政策方面要求各国趋向接近和一致。1986年通过的《单一欧洲法令》致力于消除欧共体中的物质障碍、技术障碍和财政障碍等非关税壁垒,建立一个商品、资本、服务和人员自由流动的统一大市场,这其中包括统一成员国之间的产品标准和技术规范、简化海关手续、取消外汇管制、建立欧洲汇率体系以及减少各成员国的税收结构和法规上的差异等。统一大市场为建立单一货币提供了基础。

二是司法与内务政策趋同。欧盟司法与内务合作经历了由"国家间"到"共同体"两个阶段。"国家间"阶段以特里夫集团和《申根协定》为标志,

"共同体"则始于《马斯特里赫特条约》，将"共同外交与安全政策"确立为欧盟三大支柱之一，并确定了九大"共同利益"领域。经过《阿姆斯特丹条约》《尼斯条约》和《里斯本条约》的改革后，通过共同边境政策、共同避难政策、共同移民政策、民事司法合作政策、刑事司法合作政策和警务合作政策等逐渐增强成员国之间的趋同，由"成员国主导的共同体机制"向"欧盟主导的共同体机制"转变。

三是外交与安全政策趋同。欧盟一体化区域合作要求一定程度的主权让渡，这意味着参与国在某些领域将囿于超国家机构的主控。拥有统一的欧洲外交政策一直是欧盟的梦想。随着经济一体化不断取得进展，它正在被逐渐提上日程。虽然它的进展远远滞后于经济一体化，但是，自1970年欧洲政治合作制度设立以来，各方向对这一目标的努力始终没有停歇。《单一欧洲法令》把这种合作纳入欧共体框架，使之获得稳固的法律基础。《马斯特里赫特条约》提出了三个政策工具，即"共同立场""联合行动"和"共同声明"。《阿姆斯特丹条约》设置了共同外交与安全政策高级代表，新增"共同战略"这一政策工具，建立政策计划与早期预警机构。《里斯本条约》将"共同外交与安全政策高级代表"更名为"欧盟外交与安全政策高级代表"，并设立欧洲对外行动署。

四是外围向中心的趋同。无论是欧共体六国在西欧的扩大，还是冷战之后的东扩，欧盟对申请加入者都有相应的条件，如1993年6月欧盟哥本哈根首脑会议确定的入盟标准，简言之就是民主制度、市场经济，以及遵守欧盟经济货币联盟和政治联盟的标准。这些标准作为"欧洲化"力量对于外围国家向中心国家的趋同发挥重要作用。

而相比欧盟一体化，互联互通经济合作明显具有以下鲜明特征。

一是共通性。"一带一路"倡议以"互联互通"（connectivity）为理论内核，走互联互通道路。除了"政策沟通、道路联通、贸易畅通、货币流通和民心相通"的具象层面之外，在价值层面则是"多个主权国家之间通过沟通和协商在保留差异性的基础之上寻找共通性"。因此，互联互通的目标是建立一个"共通性"的世界，是一条从多元走向共通的道路。它的核心是主权国家之间的对接过程。而各国拟定自己的发展战略和规划，走符合自身国情的发展道路，是对接的前提。因此"互联互通"是在充分沟通和理解基础之上的一种动态看待世界的方法，更有可能走向"和而不同"。

"一带一路"对接有两个层次：一个层次对接是在具有差异性的发展战略、发展道路，以及政策规划中间找到契合点和共通点。如"一带一路"倡议与联合国的《2030年可持续发展议程》、欧盟"容克计划"、东盟"经济共同体远景规划"、俄罗斯提出的"欧亚经济联盟"、非盟"2063年议程"，以及哈萨克斯坦"光明之路"、老挝建设"陆锁国变陆联国"战略、越南打造"两廊一圈"战略、柬埔寨实现"四角"战略、印尼建设"世界海洋轴心"战略等各国的众多发展战略或规划都有衔接。另外一个层次的对接在具体领域展开，把一国的比较优势与另一国的比较劣势或者需求结合起来，达成合作，形成一种"需求+比较优势"的模式，实现共同发展、联动发展。

二是"兼容性"。欧盟内部关系就是一种层层趋同的"核心—边缘"关系。而说到"对接"，也会产生谁与谁对接的问题，但对接关系代表两者相互平等，没有主次之分。因此，对接更能体现兼容性。"兼容性"指照顾、考虑和协调各方利益，共生于同一环境中。"一带一路"互联互通的兼容性从机制兼容性、规划兼容性、价值兼容性以及利益兼容性等方面着眼，体现了亚洲国家坚持无论大国还是小国，皆应相互尊重、相互包容、相互借鉴和平等相待的合作理念，致力于打造"人类命运共同体"。

三是"非竞争性"。"一带一路"建设秉持开放合作原则，拒绝"零和"思维。《推动共建丝绸之路经济带和21世纪海上丝绸之路的愿景与行动》明确指出："'一带一路'相关的国家基于但不限于古代丝绸之路的范围，各国和国际、地区组织均可参与，让共建成果惠及更广泛的区域。"在实践中，这一原则得到深刻体现。

四是"非排他性"。"一带一路"将打破亚欧大陆长期封闭的状态，形成推动世界均衡发展的新路径。"一带一路"互联互通追求的"通"以差异性为基础，因此，互联互通在价值观方面不设置边界，在经济领域也坚持开放的区域主义，主张在加强合作的同时，不应对外设置壁垒，不能损害该地区国家与域外国家之间的经贸联系。对接过程对于任何国家的积极参与都是不排斥的。

"一带一路"向全球伙伴开放，不是封闭和排他的俱乐部公共产品（传统的区域经济一体化都具有明显的排他性）。无论是欧盟、北美自由贸易区，还是东亚地区的东盟和APEC，都具有"俱乐部公共产品"的特点。这种模式都在为成员方提供贸易创造效应，而对非成员方却会产生贸易转移效应。这种排他性对于更高层面的整体利益可能造成不利影响。相比之下，"一带一路"倡议的重要创新在于它的高度开放性。"一带一路"的开放性使其可能成为一项全球公共产品。布鲁盖尔欧洲与全球经济研究所的学者研究了"一带一路"的贸易效果。结果显示，如果"一带一路"内部建成一个自由贸易区，将会因为对欧盟产生贸易转移效应而使欧盟从中受益较为有限，而亚洲国家会因此受益较多，但是如果"一带一路"推进区域内的基础设施互联互通，欧盟肯定会从中受益。

（五）"互联互通经济合作"是对平衡发展理论的重要实践

平衡发展理论，是以哈罗德—多马新古典经济增长模型为理论基础发展起来的。平衡发展理论认为，由于各经济要素间的相互依赖性和互补性，一味地侧重某一个部门或地区的投资影响了相关部门和地区的发展，由于落后的部门和地区的阻碍作用，所有的部门和地区都不会得到发展。因此，所有的经济部门和地区应该齐头并进，共同发展。其中又有两种代表性理论，即罗森斯坦·罗丹的大推进理论和纳克斯的平衡增长理论。从经济贸易版图来看，当前欧亚大陆的贸易主要发生在欧盟和东亚两大区域市场，其他国家和地区围绕这两大区域市场，根据各自的资源和要素禀赋加入分工体系，欧亚大陆的贸易版图在流向、规模和收益方面并不均衡。海洋型全球化在使欧盟和东亚成为当今国际经济最活跃的两个主引擎的同时，也使内陆国家和沿边地区的发展滞后于临海国家和沿海地区，成为两大引擎之间的"发展洼地"，"一带一路"沿线国家的贸易规模相对较小且分布不均，并大多以资源型产品和简单制造产品进入全球网络，在经济全球化中获益有限，这主要是由于沿线国家较为薄弱的工业基础和资源依赖型国家相对单一的产业结构使然。

"一带一路"倡议是中国与沿线国家基于特定地缘空间环境开展的功能性合作，遵循功能性逻辑。一方面，欧亚大陆的地缘空间环境在很大程度上使基础设施和产能合作成为功能性合作的主要内容，并以前者为优先领域，两者结合使经济走廊建设成为共建"一带一路"的重要依托；另一方面，"一带一路"倡议下的经济走廊建设反过来也正在缓慢重塑欧亚大陆的地缘空间版图。这可以分为两个阶段：第一阶段以基础设施合作为重点提升中国与沿线国家的地缘优势，努力促进欧亚大陆地理版图的强联通；在一定的联通性基础上，第二阶段则以产能合作为重点，提升中国与沿线国家的生产能力和创新能力，推动中国与沿线国家更加深度地融入欧洲、东亚以及全球网络体系，努力推动欧亚大陆贸易版图的相对平衡发展，由此在欧亚大陆推动形成一个平等通达的关系网络。可以看到，"一带一路"倡议追求的强联通图景正在使"末梢"变成"前沿"，如"中老经济走廊"以及"中老铁路"的建设将老挝从"陆锁国"变成"陆联国"，实现修建贯通南北的铁路网络、打造中南半岛的陆上交通枢纽的梦想。地缘政治视野中所谓的边缘地带，如今正在成为连接东西的枢纽中心、互联互通的要冲。"一带一路"倡议正在成为提升沿线地区地缘优势的重要平台。

（六）"互联互通经济合作"是对"文明中心论"的扬弃

自古以来，亚欧大陆传统上被称为"世界岛""旧大陆"，是全球面积最大、人口和国家最多的陆地板块。然而，一直以来，西方国家使用的世界地图都是以大西洋为中线，美洲和欧洲分列这条中线两边，亚欧大陆逐渐边缘化，直到最远处被称为远东的中国，远东即遥远的东方。这种地图布局反映了西方国家的地缘政治思想和文明中心理论，世界的中心在欧洲，在大西洋两岸，并由此构建起全球地缘政治理念、文明理念，即欧美文明中心论。我们从这个"百年未有之大变局"的历史进程中去观察，会发现当代国际政治中的一个重要特征，即当前世界经济、政治中心在向亚太地区转移。

当下我们正在经历全球地缘政治史上"百年未有之大变局"，这个大变局既开启历史新篇，又指向欧亚大陆古老文明国家复兴，更昭示这些古老文明国家重新聚合，形成一种地缘政治势力。除了俄罗斯历史稍短，中国、印度、伊朗（波斯帝国）、土耳其（奥斯曼帝国）这些曾经有辉煌古老文明史的国家正在形成一种新时代的文明势能，重新成为亚欧大陆历史进程中的主导力量。目前虽然美国仍然十分强大，仍然是全球军事、科技、金融霸主，但美国在亚欧大陆的影响力正在减弱。更为重要的是，历史上这些文明国家不仅开始复兴，而且重新积聚力量，形成一种能够与大西洋两岸国家集团相对峙、相抗衡的国家集团力量和文明力量，这是自西方帝国主义国家对他国殖民、形成欧美文明中心论以来，也是自西方帝国主义国家殖民体系瓦解，全球殖民地国家独立以来，全球地缘政治发生的最重大、最深刻的变化。特别是随着中国崛起，追赶并开始超越美国，新兴经济体国家整体力量崛起，以及亚欧大陆古老文明国家复兴和新生，亚欧大陆越来越成为全球经济、政治的中心。

"一带一路"倡议全面进行整个亚欧大陆的互联互通建设，包括高速公路、高速铁路、港口码头、卫星导航、5G通信等方面，全方位打造区域整合机制。欧亚大陆重新成为世界文明的核心区域。未来二三十年甚至更长的一段时间里，欧亚大陆的发展趋势会越来越强，甚至影响到美国国力和其国际地位，这是一种结构性的必然。因此，亚欧发展共同体是人类发展共同体极其重要的组成部分，从而也构成人类命运共同体的关键环节之一。可以预见，伴随互联互通建设的进一步推进，亚洲和欧洲的经济联系将愈加紧密，未来的世界经贸格局很有可能迎来新的亚欧时代。除了由欧美发达国家构成的大西洋贸易轴心和由美洲、东亚等国构成的太平洋贸易轴心外，世界将出现全新的亚欧贸易轴心。

"互联互通经济合作"引领新型全球化战略

全球范围内的互联互通是全球化时代的本质特征，互联互通既是全球化背景下的具体过程，也是全球化追求的发展目标。可以说，一国的互联互通程度决定了该国的国际竞争力。如果说过去全球需要的是国际安全，那么今天全球更加迫切需要以交通、管网、通信为主的"互联互通产品"。

纵观全球，许多国家特别是发展中国家对互联互通产品的供给意识和能力是不足的，这涉及资金、民族宗教、技术水平、政府能力等许多问题。由于未能有效互联，有些国家虽然看上去是一个赋有主权性质的整体，但内部的割裂程度远比地图上显示出来的严重。跨国和跨区域互联互通产品由于涉及多个国家，供给效率更是低下。因而，世界越来越需要一些全球性或地区性大国为国际社会提供互联互通产品，而是否能够提供高质量的互联互通产品就成为全球互联互通能力的核心。

因此，全球互联互通能力反映出大国为国际社会提供高质量互联互通产品的能力。结合中国国内互联互通能力和中国全球互联互通产品供给，可以拓展与延伸出中国全球互联互通的基本能力与核心能力。其中，全球互联互通的基本能力包括规划对接能力、装备的国际化运用、资金支持能力、建立国际评价体系，这是中国为国际社会提供全球互联互通产品的初级阶段，是中国积极平等介入全球互联互通进程、融入全球互联互通的前期。全球互联互通的核心能力包括规划援助能力、标准的国际化运用、资金动员能力、国际化的评价体系，这是中国全球互联互通产品供给的高级阶段，是中国引领世界互联互通进程的阶段，也是中国作为全球大国追求的目标。

"互联互通经济合作伙伴"与其他国际倡议的异同

中国"全球互联互通合作伙伴"与欧盟"欧亚互联互通国际合作伙伴"以及日本"高质量基础设施合作伙伴关系"都着眼于高质量基础设施合作,但在以下方面还是存在根本性区别。

首先,"一带一路"全球互联互通合作伙伴坚持开放型世界发展理念,不针对任何第三方,不是战略制衡筹码。

其次,"一带一路"全球互联互通合作伙伴注重包容、透明、可持续原则,不附加人权等任何政治条件。而日本"高质量基础设施合作伙伴关系"强调对象国民主、人权以及环境等方面的标准。2015年新"开发合作大纲"强调"通过共有普世价值,实现和平安全社会"的目标,"共有普世价值"包括促进和巩固民主化以及人权等。2016年3月,日本发布的《开发合作白皮书》也强调支援民主化,并表示在"建立在普世价值观基础上的秩序"上支持各国基础设施建设。

最后,"一带一路"全球互联互通合作伙伴以人类命运共同体为发展目标,不出于战略制衡和政治目的考量。

(一)中国"全球互联互通经济合作伙伴"

中国提出的互联互通经济合作突破了以往对国家竞争理论的认识和理解,突破了政府与市场"二元性"的分野,以"共商、共建、共享"为基本准则,以人类命运共同体为发展目标,将成为新型国际合作的基础。在高质量基础设施倡议方面,中国主张:

首先,高质量基础设施的根本目标是服务于高质量发展。要充分考虑国家的发展战略和优先次序、投资规划、债务承受能力,注重与现有基础设施网络的对接互补,使之广泛受益。

其次,高质量的基础设施建设需要保障可持续发展。高质量基础设施对项目的经济可持续、社会可持续、环境可持续、财务可持续以及企业的可持续治理等方面都提出了更高要求，也将为基础设施互联互通提供更加坚实的基础。多、双边开发机构长期投资基础设施领域，国际良好实践和相关的标准准则，应成为借鉴参考。

最后，高质量基础设施的前提是要尊重发展规律。高质量、高标准必须结合项目所在国的发展阶段和实际情况，符合所在国的发展战略，满足所在国的发展需要。在各种现实约束条件下，最大限度地拓展基础设施建设的机会。

（二）欧盟"欧亚互联互通国际合作伙伴"

欧盟委员会与欧盟对外行动署2018年9月19日联合发布政策文件，全面阐述欧盟实现"更好连接欧亚"愿景的计划，表示将同亚洲国家加强合作，并发布题为《连接欧洲和亚洲——对欧盟战略的设想》的政策文件，文件宣称欧盟打算在以下方面加强亚洲与欧洲之间的互联互通。

首先，战略规划提出了欧亚互联互通的"欧盟理念"。欧盟认为，欧亚互联互通进程应本着"可持续性、全面性及基于国际规则"三大理念开展。"可持续"是指投资需要同时保证市场效率和财政上能够负担，工程不会危害环境，满足低碳要求，通过公共咨询保持项目的公开性，实现良好治理。"全面"是指互联互通在贸易上构成人、财、物、服务自由流动的网络，基础设施和交通互联互通涵盖海、陆、空、管、网全领域。文化文明上强调促进人文交流以及注重人权。"基于国际规则"意味着欧盟支持国际组织和机构制定亚欧联通中的规则、公约和技术标准，要求政府采购进程公开化和透明化。在交通、能源、数字化和人员网络方面促进跨境高效连接；加强基于共同认可的规则和标准的双边、区域性及国际性合作；运用成员国、欧盟、国际组织和私营部门的多种金融工具对亚欧联通项目融资融通。整体来看，欧盟是在资金有限的状况下，希望发挥自己作为"规制性力量"的优势，利用自己的人力资源和智力优势打造一个高标准的亚欧连接网络体系。

其次，提出各领域"互联互通"的具体计划和设想。根据这一战略，欧盟在公路交通上主张将其"泛欧交通网"计划及既有设施与亚洲国家的交通网相对接；在海运和空运方面，将注重与其他国家签订多边协议，推动交通低碳化、通关和物流便利化；在陆上交通方面，支持欧盟规划的南北铁路线和串联中国与欧洲的东西铁路线，同时肯定中欧班列为互联互通做出的贡献；在能源和网络方面，强调要加强市场环境及与亚洲国家的合作伙伴关系。

最后，战略提出促进对欧亚互联互通的良性投资。欧盟将结合欧盟对外行动预算、欧洲战略投资基金等欧盟的发展型投资工具及成员国主权基金，吸引公共及私人投资资金，打造互联互通项目的融资管道。欧洲投资银行、欧洲复兴开发银行等具有重要影响力的国际金融机构，将与亚洲基础设施投资银行（亚投行）、亚洲开发银行、国际货币基金组织、世界银行等多边金融机构就互联互通项目投资。市场环境方面，欧盟要推动世界贸易组织"政府采购协定"等多边规则的推广，同时配合欧盟的经济外交为中小企业创造更多商业机会。

（三）日本"高质量基础设施合作伙伴关系"

"高质量基础设施合作伙伴关系"是安倍政府提出的旨在促进日本海外基础设施投资的一项战略政策，其在推进过程中不断扩展投资地域和领域，参与实施机构不断增加。构建高质量基础设施合作伙伴关系是日本经济发展的需要，既受其外交、安全战略的驱使，也暗藏争夺亚洲基础设施建设主导权之目的。日本虽在诸多方面具有优势，但"高质量基础设施合作伙伴关系"的实施也存在资金不足、审核标准严苛、附加人权环保条件等制约其发展的因素。

按日本政府对"高质量基础设施合作伙伴关系"的解释，"基础设施"不仅包括铁路、公路、发电站等传统项目，还涵盖石油、天然气、医院等广义项目，此外特别涉及人才培养、法治建设等，旨在加强日本与亚洲各国"人"和"制度"的互联。"合作伙伴关系"既强调日本国内的相关援助机构之间的合作，也强调日本与国际金融机构、相关国家和区域之间的合作。该战略以增强日本在海外投资的竞争能力建设和构筑良好的外部投资环境为主，倡导构建人、物与基础设施之间的多元融合、互联互通，倾向重点地区和新兴国家。

"互联互通经济合作伙伴"建设面临的障碍与挑战

基础设施和互联互通经济合作的短板是"一带一路"沿线国家普遍面临的现实问题。"一带一路"倡议提出以来，各国纷纷出台有利于基础设施发展的新政策、新规划，有力地促进跨国基础设施建设合作，积极推动"一带一路"倡议背景下的国际基础设施投资合作深入发展。各国对基础设施建设的刚性需求和相对充足使得跨国基础设施建设资源成为推动"一带一路"沿线国家发展的重要因素。然而，总体而言，要全面提升"一带一路"基础设施高质量与可持续发展，仍存在不同程度的风险与挑战。

（一）全球贸易保护主义猖獗，国家安全投资审查愈加严格

当前，特朗普政府公开提出要用"对抗性"方法去解决国内结构性问题以及全球性挑战，越来越倾向于将关税"武器化"，不仅对中国，也对其盟友发动无差别的关税战、贸易摩擦，二战后建立的全球多边贸易体系以及全球价值链体系正遭遇危险时刻，国际经贸秩序遭到严重破坏，预计未来10余年中贸易保护仍将呈现波动上升的趋势，贸易投资科技的保护强度将全面升级。2016年以来，全球约70个国家和地区的1/5新出台的政策引入了投资限制，滥用国家安全审查可能成为助推全球保护主义升级的关键障碍，其中欧美投资审查制度更为趋紧。美国外国投资委员会对外国投资国家安全审查空前严苛，审查案件数量创历史纪录。虽然多数国家制定了详细的国家发展和基础设施发展规划，但在基础设施开放度方面，市场壁垒问题依然突出。部分国家基础设施本土保护意识较强，在投资规模、资金来源、投资方式，特别是关键基础设

施领域有明显限制，大大提高了国际投资者的进入门槛。欧盟委员会、日本都出台国家安全审查机制，这对包括基础设施、电信、能源、国际产能合作在内的全球互联互通合作将是巨大的挑战。

（二）全球区域发展不平衡，互联互通均衡发展面临诸多挑战

指数及各项数据显示，在设施联通整体水平提高的同时，发展不均衡问题进一步凸显，如各区域互联互通程度差异显著，各区域内差异明显以及不同区域、国家的互联互通各方面发展差别较大等。当前，亚欧大陆两端的经济发展水平较高，而从黑海沿岸到中国西部地区间的广袤区域的经济发展水平相对较低、产业结构单一，成为亚欧大陆的"发展洼地"。这些区域的交通基础设施状况在很大程度上迟滞了经济发展。其中，亚洲的12个内陆国，即中亚6国以及亚美尼亚、阿塞拜疆、蒙古、老挝、尼泊尔、不丹，由于地处封闭区域，缺乏海运渠道，导致其跨国或跨区域运输成本较高。因此，未来如何促进区域内及区域间均衡发展成为极为迫切的问题。

（三）发展融资缺口大，金融资源尚不能有效满足长期投融资

从全球发展规律看，发展融资是低收入国家面临的主要瓶颈，要充分尊重其国情和融资需求，以建设性方式提高其债务可持续性。高质量基础设施投资应坚持发展导向，充分尊重各国国情，数量和质量并重，将可持续发展理念全面融入高质量基础设施投资。互联互通经济合作支持建设高质量、可持续、抗风险、价格合理、包容可及的基础设施，使各国更好融入全球供应链、产业链、价值链，实现经济联动发展。

据麦肯锡预计，到2050年，"一带一路"沿线地区将贡献全球GDP增量的80%。但受制于经济发展水平较低和区域金融力量相对薄弱，交通、能源、通信等基础设施建设资金严重不足。据亚洲开发银行预测，2020年前亚洲地区每年基础设施投资需求将高达7300亿美元左右。世界银行和亚洲开发银行

每年向亚洲国家提供的基础建设资金总计仅300亿美元左右，各国能够自筹的资金只有2000亿~3000亿美元，基础设施建设资金缺口巨大。但现有的各大金融机构难以提供足够的资金支持。很多沿线国家陷入"经济落后—无法投资基础设施—基础设施薄弱—经济落后"的恶性循环。一些国家经济情况良好，如阿联酋、新加坡、沙特阿拉伯等竞争力比较强的国家，资金相对比较充沛，在一定程度上缺乏有效的跨国投资渠道，以及安全可靠的投资保障机制，导致无法向基础设施薄弱的国家投资。投资面临的隐性风险以及高成本，也直接反映出"一带一路"沿线国家基础设施建设目前所面临的投融资困境，跨国融资动力不足。

（四）协调成本较高，各种设施技术规范和标准不一致

实现基础设施建设互联互通既需兴建硬件，亦需运输衔接，才可让基础设施建设及交通设施发挥最大效用，令国际运输更便利。因此，促进多式联运以及技术标准的规范统一是设施联通的重要条件，但由于沿线国家历史渊源、自然条件不同，各种设施技术规范和标准差异较大，衔接和协调成本较大。以铁路为例，技术标准对接难度较大，各国交通法规、机车牵引定数、配电系统、汽车载重等技术标准不统一，存在较大差异，缺乏共同的基础设施蓝图，因而增加了国际联运的换装成本。一些国家的港口设施较落后，各国口岸之间尚未形成合作机制，贸易便利化程度较低，物流成本偏高，这些都构成了各国货物贸易和服务贸易合作的障碍。

（五）地缘政治复杂性带来诸多风险，跨境互联互通面临较大障碍

"一带一路"这一重大倡议得到了沿线国家的高度认可和积极响应，已经逐步形成了全球范围内的国际共识。然而，由于沿线及区域国家经济社会发展水平和阶段不同、政治体制不一致，合作和保障机制短时间内难以完善，造成设施"联而不通、通而不畅"。特别是在当前全球贸易保护主义、单边主义抬

头的大背景下，跨国合作过程中的国家安全投资审查愈加严格，与此同时，地缘政治复杂性也带来诸多政治风险，导致跨境互联互通网络的形成依然面临较大障碍。

第三节 "一带一路"建设的憧憬与愿景

2013年9月和10月，中国国家主席习近平先后提出共建"丝绸之路经济带"和"21世纪海上丝绸之路"（"一带一路"）的重要倡议，得到国际社会高度关注和有关国家积极响应。截至2020年1月，已经有138个国家、30个国际组织同中国签署了共建"一带一路"合作文件，"一带一路"沿线国家正在形成互联互通的新格局，"一带一路"有利于各国降低发展成本，提高发展收益，分享发展机遇，并成为顺应新型经济全球化发展的最广泛的国际经济合作平台、载体和渠道。

"一带一路"倡议以"共商、共建、共享"为原则，以构建"人类命运共同体"为核心理念，以"五通"为重点内容与路径，赋予了经济全球化新的内涵。6年多来，"一带一路"贸易往来不断扩大，投资合作持续深化，跨国经贸合作区加快建设，重大项目建设有序推进，自由贸易区网络逐步成形，国家间、区域和次区域之间发展战略深度对接，为世界经济、区域经济发展和民生改善注入强大动力。中国推动"一带一路"政策沟通、道路联通、贸易畅通、货币流通、民心相通，通过贸易和投资自由化、便利化，有效降低贸易投资和交易成本，大大提升了各国参与经济全球化的广度和深度，使更多发展中国家和中小企业融入全球价值链、产业链和供应链。随着"一带一路"经贸合作的不断深入，未来将有望创造"一带一路"增长繁荣，实现全球新的贸易投资循环，让全球化进程更具活力、更加包容、更可持续。

"一带一路"倡议的前景展望及发展目标

当前，全球增长、贸易与投资格局正酝酿着重大而深刻的调整，各国正处于经济转型升级的关键阶段，希望找到新的经济增长点，进一步激发发展活力与合作潜力。"一带一路"倡议是全新的国际合作思路与范式，打造开放、包容、均衡、普惠的区域合作架构的共同愿景，不仅有利于沿线各国贸易投资，也有利于促进全球区域之间板块的东西贯连，实现亚欧共通，也顺应了发展中国家和新兴经济体重塑国际经贸规则的愿望，为新型全球化发展积聚新的力量和新的发展动能，创造跨越太平洋和跨越大西洋的财富流动，以及为构建更加开放、自由、包容的全球贸易新体制和新型全球治理框架做出创新性贡献。

"一带一路"贯通亚欧非大陆，既连接欧洲等发达国家，也连接东南亚、南亚、中亚、中东、中东欧、非洲等全球新兴市场，经济互补性强，合作潜力和市场空间巨大。"一带一路"是多赢、共赢、开放、多元的合作，旨在盘活促进经济要素有序自由流动、资源高效配置和市场深度融合，推动各国实现经济政策协调，将有望形成全球互联经济体和新型贸易网络，有望建立全球经济新循环。为此，我们做了两个情景的预测：情景一是现有"一带一路"沿线65国的发展前景预测，情景二包括所有欧盟成员国在内的发展前景预测。

未来10年（2017—2027年）将有望贡献全球60%的经济增长。从全球角度看，"一带一路"市场和边界的进一步开放有助于缓解资源和劳动力短缺，提高公共与私人部门的资源配置效率，刺激经济增长以及增加收入，让发展中国家和新兴市场国家更好地融入全球经济，为各国发展带来实实在在的利益，为世界创造了新的需求。

随着"一带一路"建设的进一步拓展，至2027年包括欧盟成员国在内的"一带一路"区域GDP总量将达到62万亿美元，占全球GDP比重的60.4%。此外，随着人口规模增长和城镇化进程的加快，至2027年"一带一路"65国将创造1.35亿个就业岗位，占全球新增就业的45%；如果含欧盟成员国则占全球新增就业的46%。

未来10年（2017—2027年）将创造近250万亿美元投资总需求。目前，全球范围内仅有10%~15%的基础设施投资进入发展中国家，私人资本和社会资本不能大规模进入发达国家以外的基础设施建设市场。"一带一路"顺利实施的关键之一在于创造全新的、风险可控且可操作的投融资方式，使基础设施投资对经济产生较强的"外溢效应"。

按照模型测算，未来基础设施建设将进入加速期。用于基础设施升级、数字技术升级、人力资本投资、公共安全与医疗、气候变化与生态监测、跨区域或洲际通道建设的投资将大大拉动区域投资增长，良好的基础设施系统会大大提高各国分享繁荣和提高效率的能力，带来可观的经济收益。预计未来"一带一路"65国累计资本形成总额将达到110万亿美元，到2027年占全球资本形成总额的50%；若包括欧盟成员国，则累计资本形成总额接近150万亿美元，到2027年占全球资本形成总额的65.3%。

亚欧经贸深度融合将形成全球新的贸易大通道与贸易枢纽。中国已是近130个国家的最大贸易伙伴和最大出口市场，"一带一路"倡议将充分激发中国以及西亚、中亚、东南亚、北非、中东欧等不同区域的体量优势、资源禀赋优势、区位优势、产业优势和协同优势，全面促进区域内贸易创造。

在促进互联互通，降低非关税壁垒，提高贸易投资便利化，加速资源要素流动，以及双向贸易循环影响下，根据模型测算（不含欧盟成员国情形），未来"一带一路"沿线国家货物进出口总额的年均增速将达到5%左右，到2027年将达到20万亿美元左右。中国与"一带一路"沿线国家具有较好的贸易合作基础。未来中国与沿线国家的双边贸易将实现较快增长，到2027年将达到1.7万亿美元左右。根据模型测算（含欧盟成员国情形），未来"一带一路"沿线国家货物进出口总额将实现较快增长，到2027年将达到35万亿美元。其中，中国与沿线国家双边贸易将实现较快增长，到2027年将达到2.5万亿美元，亚欧经贸深度融合将形成全球新的贸易通道和贸易枢纽。

实现《2030年可持续发展议程》的重要支撑点。"一带一路"愿景让发展红利惠及贫困国家，为共享全球化红利提供机会。目前，"一带一路"沿线国家大多数面临严峻的扶贫减贫任务。同时，由于人口、土地、资源等要素并未有效整合利用，这些国家的发展潜力远远未得到充分发挥，未来这些中低收入国家的发展空间将十分可观（具体情况可见表4-1至4-6，图4-2至图4-11）。

表4-1　2027年"一带一路"预期经济指标

指标	65国	65国+欧盟	全球
GDP(2015年不变价)（亿美元）	394850	623510	1032864
固定资本形成(2015年不变价)（亿美元）	130577	170847	261609
投资率（%）	33.1	27.4	25.3
进出口总额（亿美元）	197365	349257	468318
进出口总额占GDP比重（%）	50.0	56.0	45.3

数据来源：根据中国国际经济交流中心"一带一路"课题组测算

表4-2　"一带一路"（65国）经济指标预测

指标		2015	2017	2027
GDP	2015年不变价（亿美元）	230963	249440	394850
	占全球比重（%）	31.1	31.8	38.2
固定资本形成	2015年不变价（亿美元）	78028	90053	130577
	占全球比重（%）	43	46%	50
人口	总人口（亿人）	45.7	46.5	49.6
	占全球比重（%）	62.3%	62.0	60.4
就业	总就业（亿人）	21.8	22.2	23.6
	占全球比重（%）	64.5	64.2	62.7

数据来源：根据中国国际经济交流中心"一带一路"课题组测算

表 4-3 "一带一路"(包含欧盟成员国)经济指标预测

指标		2015	2017	2027
GDP	2015年不变价(亿美元)	379123	405358	623510
	占全球比重(%)	51.1	51.7	60.4
固定资本形成	2015年不变价(亿美元)	106721	119473	170847
	占全球比重(%)	58.2	61.4	65.3
人口	总人口(亿人)	49.7	50.5	53.8
	占全球比重(%)	67.6	67.3	65.6
就业	总就业(亿人)	23.7	24.1	25.5
	占全球比重(%)	69.9	69.6	67.7

数据来源:根据中国国际经济交流中心"一带一路"课题组测算

表 4-4 "一带一路"(65国)贸易指标预测

单位:亿美元

指标	2015	2017	2027
中国进出口总额	39530	40006	57809
中国与"一带一路"沿线国家进出口总额	9975	10378	16506
"一带一路"国家进出口总额	114730	124092	197365

数据来源:根据中国国际经济交流中心"一带一路"课题组测算

表 4-5 "一带一路"(含欧盟成员国)贸易指标预测

单位:亿美元

指标	2015	2017	2027
中国进出口总额	39530	40006	57809
中国与"一带一路"沿线国家进出口总额	15565	16194	25029
"一带一路"国家进出口总额	205954	222760	349257

数据来源:根据中国国际经济交流中心"一带一路"课题组测算

表 4-6 "一带一路"国家及全球未来10年(2017—2027年)主要(增量)经济指标预测

	指标	"一带一路"(65国)	"一带一路"(包含欧盟成员国)
全球	GDP增量(亿美元)	252278	252278
	投资增量(亿美元)	66947	66947
	人口增量(万人)	70000	70000
	就业增量(万人)	30000	30000

第四章 "一带一路"倡议的中国机遇　199

续表

指标		"一带一路"（65国）	"一带一路"（包含欧盟成员国）
"一带一路"区域	GDP增量（亿美元）	145411	218152
	投资增量（亿美元）	40524	51373
	人口增量（万人）	30847	33507
	就业增量（万人）	13548	13811
"一带一路"区域	GDP增量占全球比重（%）	57.6	86.5
	投资增量占全球比重（%）	60.5	76.7
	人口增量占全球比重（%）	44.1	47.9
	就业增量占全球比重（%）	45.2	46.0

数据来源：根据中国国际经济交流中心"一带一路"课题组测算

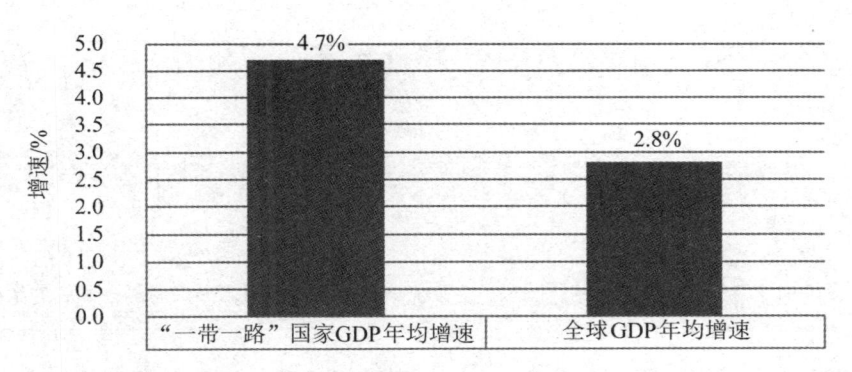

图4-2　"一带一路"国家（不含欧盟成员国）GDP平均增速与全球2017—2027年GDP

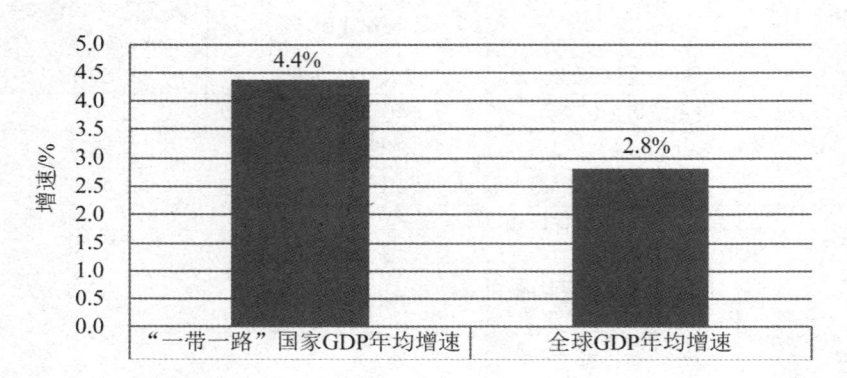

图 4-3 "一带一路"国家（含欧盟成员国）与全球 2017—2027 年 GDP 增速预测

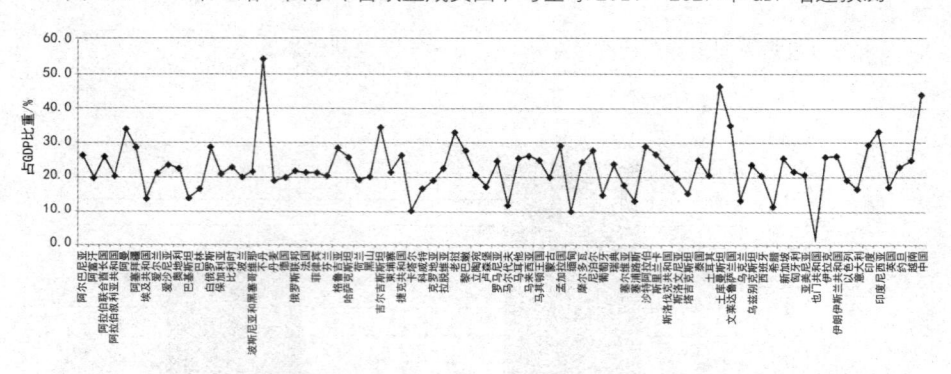

图 4-4 2015 年 "一带一路" 国家（含欧盟成员国）固定资本形成总额占 GDP 的比重

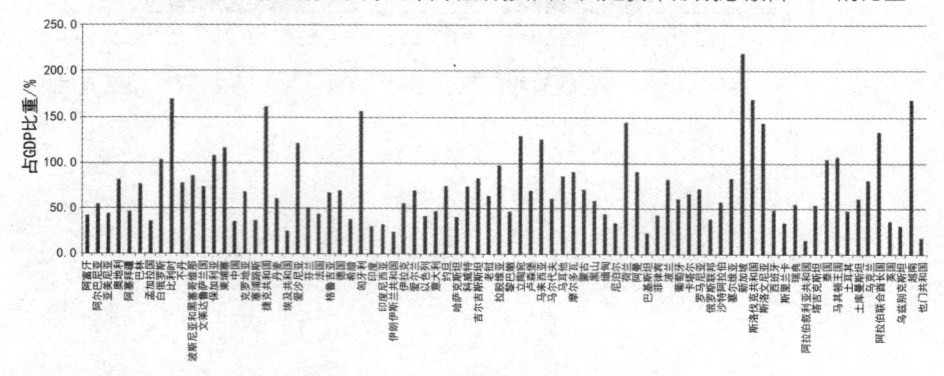

图 4-5 2015 年 "一带一路" 国家（含欧盟成员国）进出口总额占 GDP 的比重

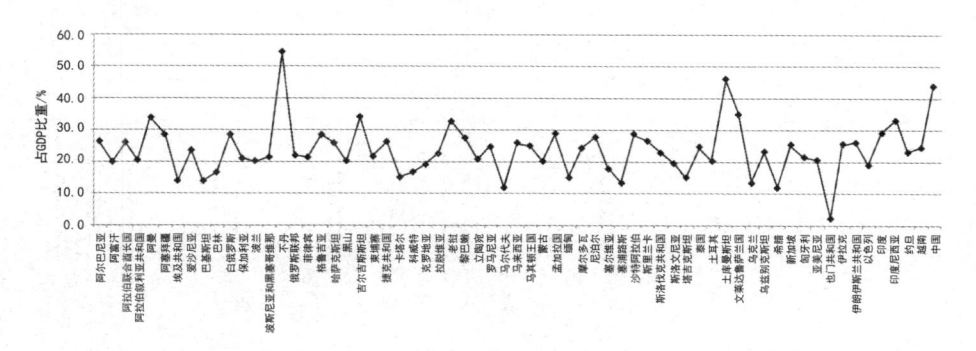

第四章 "一带一路"倡议的中国机遇 201

图 4-6 2015 年 "一带一路" 国家（65 国）固定资本形成总额占 GDP 的比重

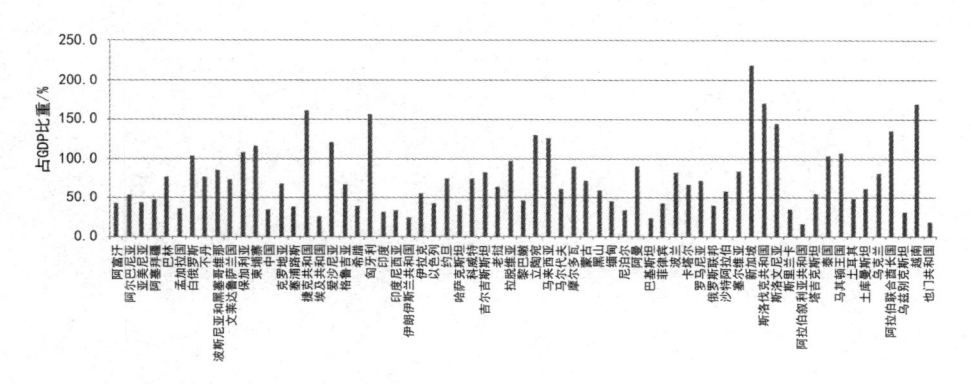

图 4-7 2015 年 "一带一路" 国家（65 国）进出口总额占 GDP 的比重

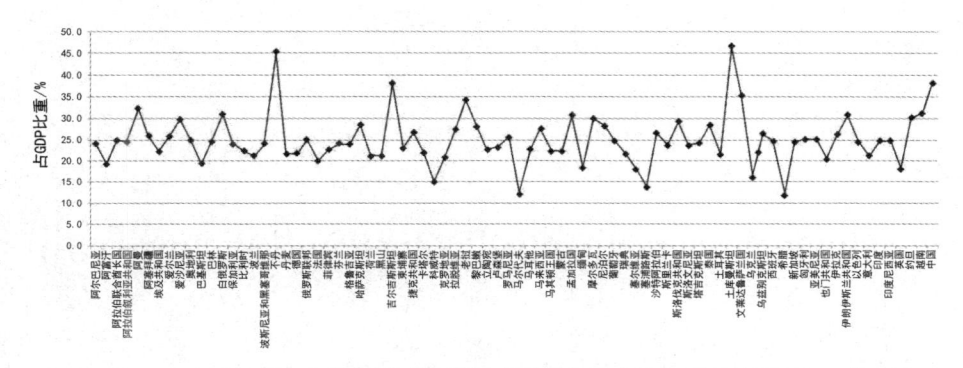

图 4-8 2027 年 "一带一路" 国家（含欧盟成员国）固定资本形成总额占 GDP 的比重

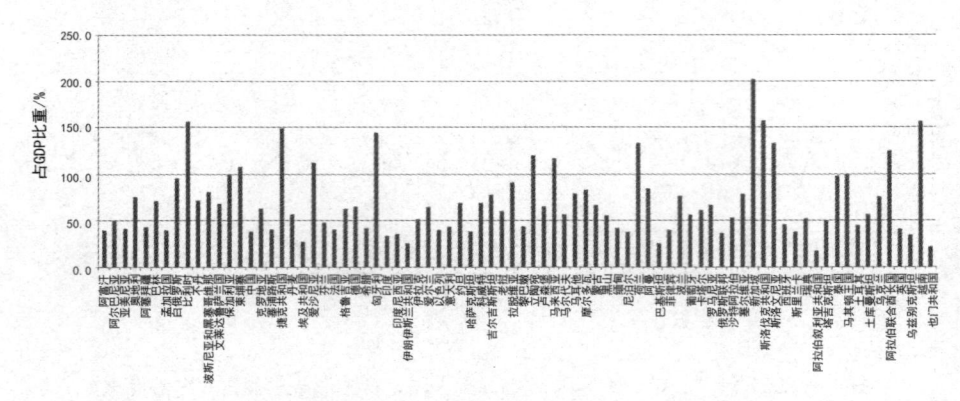

图 4-9 2027 年"一带一路"国家（含欧盟成员国）进出口总额占 GDP 的比重

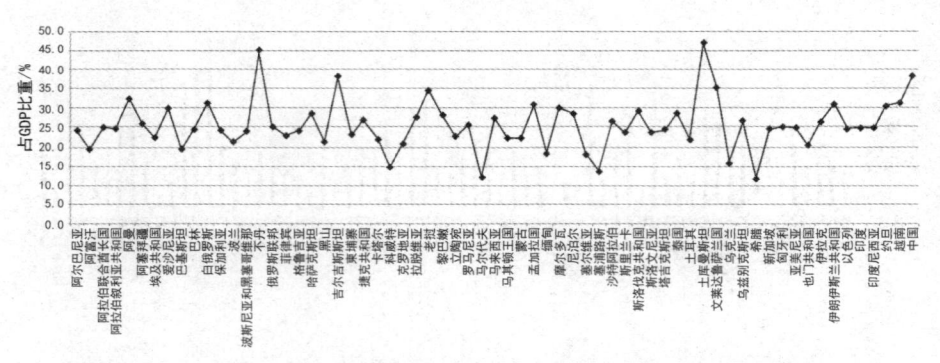

图 4-10 2027 年"一带一路"国家（65 国）固定资本形成总额占 GDP 的比重

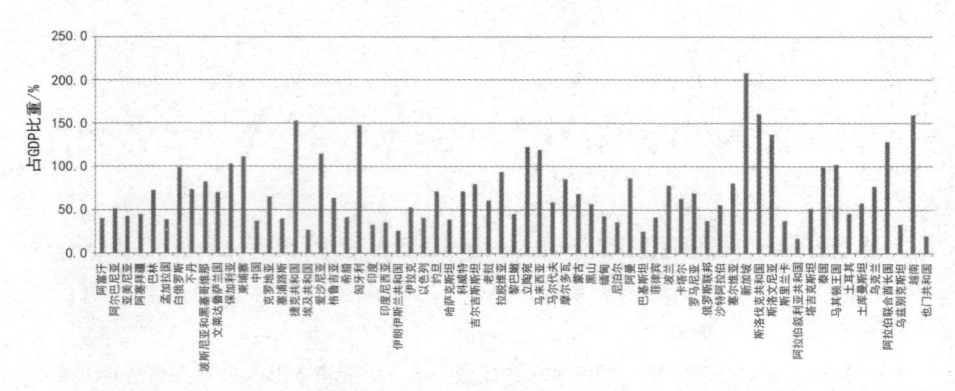

图 4-11 2027 年"一带一路"国家（65 国）进出口总额占 GDP 的比重

2016年11月17日，第71届联合国大会协商一致通过第A/71/9号决议，将"一带一路"上升为联合国推动的重要战略，成为构建以合作共赢为核心的新型国际关系，打造发展共同体的全球新倡议。

打造更加紧密的"跨区域发展合作伙伴关系"

扩大和深化合作是不可阻挡的历史潮流，单枪匹马不如并肩作战。"一带一路"倡议从沿线各国开放合作的强烈意愿出发，将全面对接东盟、欧亚联盟、南亚区域合作联盟、欧盟、非盟与阿盟六大区域经济合作组织，对接发达经济体与发展中经济体的生产市场与消费市场，将有助于推动新模式下区域乃至全球化繁荣发展，形成更为紧密的"跨区域发展合作伙伴关系"。

"一带一路"倡议有望形成开放市场伙伴关系。目前，中国是大多数"一带一路"区域国家的最大贸易伙伴国、最大出口市场和对外直接投资来源地。将中国优势产能、欧洲发达国家关键技术与第三国发展需求相结合，通过扩大开放形成连贯统一的要素市场、资本市场、服务市场、技术市场等，将能够在"一带一路"区域容纳更大规模的分工并促进专业化水平，实现生产率的大幅提升。

"一带一路"倡议有望形成创新伙伴关系。当前，全球创新资源过度集中于少数发达国家和少数跨国公司手中，而广大的发展中国家和新兴经济体并没有完全享受到全球创新红利。如何促进创新融资和创新科技在贸易和非贸易部门的流动，把创新作为"一带一路"新动力，关系到"一带一路"能否可持续发展和可否形成核心竞争力。"一带一路"通过双向产业转移实现技术链接、资本链接和产业链接，推动中国与中东欧"16+1合作"以及中国与东盟等区域科技创新伙伴关系提质升级，这些区域将成为全球创新驱动的新兴力量和新崛起的全球区域创新中心。

构建"五位一体"的新型"全球互联经济体"

未来世界正步入互联互通全球网络体系。根本而言，商品、资本、技术和人员的自由流动是全球化繁荣的基础，现在全球40%以上的GDP创造都来自商品、服务和资本的跨境自由流动。一国或区域经济繁荣不仅取决于经济体量和人口规模，更取决于国际互联的程度，互联互通程度越高，增长动力和跨境要素流动性就越强。"一带一路"作为跨区域联通，涉及基础设施建设、制度规章融合等多个领域，有助于硬件基础和软性制度安排上实现统一。"一带一路"将通过纵贯欧亚大陆的贸易大通道、产业大通道和物流大通道，把碎片化的区域经济串联起来，通过沿线国家相互贸易与投资的增加、产业转移的加速，打造"商流、物流、人流、资本流、信息流"五位一体的新的全球链接方式，推动区域经济一体化，形成"新型全球互联经济体"。为此，我们要做到如下四点。

首先，建设跨区域基础设施网络。亚欧大陆两端的经济发展水平较高，而从黑海沿岸到中国西部地区间的广袤区域的经济发展水平相对较低、产业结构单一，成为亚欧大陆的"发展洼地"。这些区域的交通基础设施状况在很大程度上迟滞了经济发展。

"一带一路"互联互通建设的重点将是逐步形成连接亚洲各次区域以及亚欧非之间的基础设施网络，进一步开拓全球跨境基础设施市场。未来"一带一路"的空间延伸将依托新亚欧大陆桥、中蒙俄、中国—中亚—西亚、中国—中南半岛、中巴和孟中印缅6条经济走廊，以及包括新加坡港、马来西亚巴生港和关丹港、印尼雅加达港和比通港、缅甸皎漂港、孟加拉国吉大港、巴基斯坦瓜达尔港、斯里兰卡科伦坡港和汉班托塔港、也门亚丁港、沙特阿拉伯达曼港和吉达港、希腊比雷埃夫斯港、法国马赛港、德国汉堡港和不来梅港、比利时安特卫普港、荷兰鹿特丹港等在内的"多国多港"主骨架，形成陆地运输和海洋运输协调配合，在波罗的海、地中海、阿拉伯海、波斯湾、孟加拉湾等重要海域形成交汇，增强亚欧贸易通道联通能力。通过区域内海运水运网、高速公路网、高速铁路网、航空网、通信光缆网、信息网无缝链接，形成"海陆空"国际多式联运网络和完全、高效、便捷、可持续的亚欧一体化互联互通体系。

其次，形成跨区域城市群。"一带一路"的推进，将依托其强大商流、物流、信息流、资金流和人流的集聚能力，使其成为经济全球化核心和联通新节点。据预测到2030年，全球超过70%的人口会居住在城市。随着人口、财富和人才向全球最重要的城市聚合，一些大城市群影响力不断增强，在"一带一路"沿线国家有望形成一批超级城市和城市群落，成为资源集聚、产业集聚和市场集聚的重要载体。

再次，形成跨区域自贸区网络。面向21世纪的经贸合作将朝着彰显规则化、跨区域、多边化和机制化等共性特征发展，坚持非约束性、开放和自愿原则，以缔结双边、多边、区域自由贸易协定及其所形成的跨区域自贸区网络产生巨大的贸易创造效应、投资促进效应、产业聚集效应、空间溢出效应和一体化框架下的联动效应，跨区域自贸区网络成为推动"一带一路"的重要载体和重要方式。践行基于全球价值链的现代高标准与高质量的贸易和投资政策规则，逐步通过区域全面经济伙伴关系（RECP）、海合会自贸区、上合组织自贸区、亚太自贸区（FTAAP）等形成"新链条"，以"开放的诸边模式"探索不同层次、不同领域的双边和区域内自贸区繁荣，不仅能够在新生的贸易、投资协定中灵活创新规则，而且由点及面地推动投资和贸易规则一体化的完善，形成辐射"一带一路"的高标准自由贸易区网络，最终还将提升亚欧经济一体化发展的广度和深度，推动亚欧大陆乃至亚欧非的经济整合。

最后，实现规则、规制和制度体系"软联通"。互联互通是一个广义联通概念，既包括基础设施物理性的硬件联通，也包括在政策与软件上的制度联通。据世界经济论坛估计，如果全球供应链壁垒的削减能够达到最佳实践水平的一半，全球GDP预计将增长4.7%，贸易量将增加14.5%，远超取消所有关税所带来的福利收益。东盟东亚经济研究中心报告表明，2021—2030年，供应链壁垒和非关税措施的削减将使东盟各国GDP累计增加31.19%，东亚各国GDP累计增加7.76%。

参与重构全球价值链、产业链、供应链、服务链

全球价值链代表先进的生产模式和生产力，当今约70%的全球贸易通过全球价值链展开，世界正在步入以全球价值链和供应链为主导的网络体系，通过全球价值链、全球产业链、全球供应链实现资源、生产、服务和市场的链接。作为众多新兴经济体参与的"一带一路"倡议，依托重要节点、跨境产业集聚区、经贸合作区、跨境物流集散中心等，不仅支持跨境产业布局调整、产业链条式转移、国际产能合作、构建新的区域生产网络，而且促进亚洲新兴市场与"欧盟2020创新战略"以及"德国工业4.0战略计划"对接。中国通过技术链接、产业链接和资本链接，促进"一带一路"全球价值链伙伴关系的形成，促使更多的"一带一路"国家融入全球价值链网络体系，并逐步向全球价值链和产业链的高端升级。以第四次工业革命为代表，以智能增长和绿色增长为基本方向，以新一代信息技术和新能源技术为主要特征的全球生产力重组，不仅促进全球价值链、产业链、供应链和服务链重构，克服因劳动力成本比较优势而形成的对传统生产方式的过度依赖，也通过重新定义生产与消费的关系，克服跨境商品和服务供应链分割化问题，为全球经济开辟新的增长道路，为新型全球化发展集聚新的力量和新的发展势能。

率先形成面向下一代惠普贸易体系

"一带一路"有望发挥先发优势和联通优势，积极支持和推动包括跨境电子商务、数字产品以及跨境物流、跨境支付、电子认证、在线交易、信用体系、数字贸易等领域向下一代普惠贸易发展，在"一带一路"沿线国家率先实现向下一代贸易方式转型。其长远目标是从物理互联、制度互联、消费互联、产业互联等方面，构建一个以互联、开放、普惠、共享（C-O-I-S）为基础的全球普惠贸易体系。当前，伴随全球新一轮数字革命加速和互联网、移动互联网、物联网交叉、交融、交汇，新经济对各国增长动力、经济社会运行、生产生活方式产生了根本性、全局性影响，发展中经济体与中小企业将成为跨境电子商务和数字贸易的重要参与者和推动者。

根据国际数据公司（IDC）预计，到2019年亚太地区数字消费额有望从2015年的7万亿美元增至17万亿美元。而在亚洲，印度和新加坡数字贸易中超过一半是跨境数字贸易，中国已经建成全球规模最大的宽带网络基础设施，包括跨境电子商务在内的数字贸易增速更是达到了GDP增速的将近4倍。随着互联互通深度展开，欧盟"数字单一市场战略"将有望推广至"一带一路"地区，改善高速网络基础设施和数字技能，帮助减少跨境电子商务的障碍，促进数字技术、数字产品、数字服务、数字贸易的融合，逐步形成亚欧数字大市场。

有望创造全球多边融资市场

在全球金融体系内需要形成规模巨大的资产池，已成为一种为包括跨境基础设施在内的区域和全球公共产品融资的"永久资本"。亚洲及亚欧区域积累了大量的金融资源，仅亚洲储备资产规模就约占全球储备资产的2/3，"一带一路"通过将本地区储蓄和储备资金引导投入生产性领域及基础设施投资领域，有望创造规模庞大的融资市场。

根据亚洲开发银行公布的主要亚洲国家相关数据推测，2010—2020年亚洲国家在基础设施领域，财政预算投资占GDP的比例为5%左右。据此测算，亚洲国家每年在基础设施建设领域的财政投入覆盖近6000亿美元的投资需求，每年融资需求缺口约为1800亿美元。而已经建立的亚洲基础设施投资银行、金砖国家新开发银行、丝路基金等新型融资机构依然难以满足巨大的融资缺口。因此，主权财富基金、特别提款权融资、公共产品融资债券，以及公私合作PPP模式的联合融资方式，可以增强基础设施建设对私人投资者的吸引力，动员更多的私人部门资金，将本地区的大量储蓄资金引导至生产性基础设施建设投资上来，促进跨境相互投资，推进亚洲资本市场、债券市场互联互通。未来"一带一路"将形成规模巨大的全球多边投融资市场体系，包括以亚洲基础设施投资银行为主的银行信贷支持体系、"一带一路"国际债券市场体系、PPP投融资体系等。

最终形成新型全球经济治理框架

当前，经济全球化暴露出来的诸多问题表明，全球经济治理体制已经处于历史十字路口。"一带一路"如此大规模的跨区域合作倡议，历史上鲜有先例可以遵循，面临的挑战与风险不容忽视，特别是随着"一带一路"建设的推进，风险分担、利益协调和规则标准的对接等各类问题也会产生，客观上需要新型治理框架的构建，着力在培育制度和规则性公共产品的能力上下功夫，双管齐下推进全球治理变革。"一带一路"基于包容性的全球化和开放性的多边主义，建立长期合作机制，既有覆盖面广的整体性制度，也有次区域制度组织的支撑。既有约束性的硬制度，也追求坚持弹性、柔性的软制度。

"一带一路"以"责任共同体""命运共同体""利益共同体"为基石，以"共商、共建、共享"为行动原则，推动建立国家之间、区域之间、跨区域之间的新型全球治理框架。"共商、共建、共享"植根于三大发展理念：一是以参与国诉求为出发点，充分尊重各国发展需要、参与意愿及国情差异。二是以市场机制为立足点，政府部门与企业部门合力构建和维护规则透明、良性竞争、政策稳定的营商环境。三是以互惠共赢为基本点，通过提供区域乃至全球公共产品，建立共同决策机制，互相扩大开放国内市场，公平分担风险和分享利益，奠定长远发展根基。与此同时，"一带一路"将重点通过强化多边合作机制作用、基础设施融资制度、贸易投资便利化、金融风险与稳定互助等方面在内的公共产品，构建可以在全球范围内推广复制的公共产品供给制度。

第五章

以全面开放
应对全球化波折

第一节 新一轮开放重构中国与世界的关系

2019年6月,中国《外商投资准入特别管理措施(负面清单)(2019年版)》和《自由贸易试验区外商投资准入特别管理措施(负面清单)(2019年版)》以及《鼓励外商投资产业目录(2019年版)》陆续出台,这是在全球化遭遇波折、贸易保护主义加剧、国际经贸秩序面临重大挑战的背景下,中国坚定地维护全球多边主义、自由贸易投资体系,全面深化推进制度型开放所释放的强烈信号,是在新一轮开放中重构中国与世界的关系。

建立"制度型开放"市场经济体制

"制度型开放"的方向是建立一个以公平、透明、法制清晰、规范为根本特征的现代开放市场经济体制,其核心是对标国际通行的先进规则。2019年3月,中国发布《外商投资法》、确定参照"竞争中性原则"进行国内改革,这些举措是中国进行制度型开放的重要步骤。而新版《外商投资准入特别管理措施(负面清单)(2019年版)》以及《鼓励外商投资产业目录(2019年版)》等制度性措施的完善,意味着中国努力营造以制度为保障、以规则为基础的营商环境,推进制度型开放又向前迈进了一步。

新版负面清单以及产业指导目录较此前具有更显著特征：

首先，"清单更短，开放力度更大"。事实上，此前2018版的外商投资准入负面清单就推出了分别适用于全国（48条）和自贸试验区（45条）的两张负面清单，全面放宽了一、二、三产业市场准入条件，涉及金融、交通运输、商贸流通、专业服务、制造、基础设施、能源、资源、农业等各领域。而此次修订的关键在于"精简"，对清单只做减法，不做加法。这意味着"清单更短，开放力度更大"将是2019年新版外商投资准入负面清单以及外商投资鼓励产业的指导目录的基本原则。根据新版清单，2019年7月30日起，中国船舶代理、城市燃气、增值电信、油气勘探开发等领域对外资的限制将被放宽或取消，全国外资准入负面清单条目由48条减至40条，自贸试验区外资准入负面清单条目由45条减至37条。

其次，直指重大前沿领域与产业链升级。2019年版全国和自贸试验区外商投资准入负面清单以及鼓励外商投资产业目录优化外商投资产业和区域结构，较大幅度增加鼓励外商投资领域，支持外资更多投向高端制造、智能制造和绿色制造。新版鼓励产业目录总条目1108条，其中全国目录415条，与2017年版相比增加67条，修改45条。全国目录新增或修改条目80%以上属于制造业范畴，其中新增了5G核心元组件、集成电路用的刻蚀机、芯片封装设备、云计算设备等条目，新增或修改了工业机器人、新能源汽车、智能汽车关键零部件等条目。新增或修改的航空航天新材料、单晶硅、大硅片等项目，均直指重大科技前沿领域。以上这些新增或修改条目充分体现了中国鼓励外资深入参与中国开放型经济体系以及全球产业链升级的过程，不仅可以促使外商投资高度本地化，提高产品的本土适应性，与中国经济和市场进一步深度融合，也有助于产业更充分的竞争，降低全球产业链成本，最终提升本土企业的国际竞争力。

最后，更注重制度优化和营商环境改善。截至2018年年底，在中国设立的外商投资企业累计约96万家，中国实际利用外资累计超过2.1万亿美元，外商投资已成为推动中国经济社会发展的重要力量。在创造投资环境方面，重点强调"增强透明度，强化产权保护，坚持依法办事，鼓励竞争、反对垄断"。2019年3月，中国发布《外商投资法》，确定参照"竞争中性原则"进行国内改革，彻底改变以往逐案审批模式，明确取消了外国投资审批程序。外国投资者可与境内投资者在相同条件下投资，无须另经审批或受到特定的行业限制，这使得外资管理制度更加透明、更具可预见性，这些制度不仅充分体现了"公平透明""竞争中立""内外资一致""国际惯例"的原则，也是减少摩擦性成本和软性壁垒，对标国际最佳实践的做法。

积极促进投资便利化的中国行动

近几年中国一直致力于促进投资便利化。投资便利化是国际多边经贸治理的前沿性议题，许多国际组织正在就此议题开展讨论，例如：经济合作与发展组织在《投资政策框架2015版》中强调了投资便利化的意义；联合国贸易和发展会议在2016年达成了《投资便利化全球行动清单》；2017年金砖五国在厦门会晤时通过了《金砖国家投资便利化合作纲要》；WTO在2017年第11次部长会议中也通过了《关于投资便利化的联合部长声明》；而中国通过一系列简政放权，增强透明度管理，以及外资领域的"放管服"改革，推动制度性改革持续深入。例如，将负面清单内投资总额10亿美元以下的外资审批权限下放至省级政府，在全国推行外商投资企业设立商务备案与工商登记"一口办理"，推动投资便利化水平进一步提升。2019年6月，习近平主席在G20大阪峰会上表示，将增设中国上海自由贸易试验区的新片区，鼓励和支持上海在推进投资和贸易自由化、便利化方面大胆创新探索，为全国积累更多可复制、可推广的经验。

事实证明，一个国家的市场越开放，营商环境越具吸引力，就越会成为全球价值洼地。作为全球投资风向标的世界银行《2019营商环境报告》显示，中国总体排名比2018年上升32位，位列全球第46名，首次进入前50名。同时，中国作为全球两大经济体之一，为改善营商环境仍在不断努力地进行改革，被评为十大最佳改革者经济体，也是东亚及太平洋地区唯一的经济体。联合国贸易和发展会议最新发布的《2019全球FDI报告》无疑有力地印证了这一点。在逆全球化风潮愈演愈烈，以及一些主要经济体纷纷加大投资门槛和壁垒导致全球外国直接投资持续低迷的大背景下，中国吸引外商直接投资逆势上涨。2018年中国吸引国际资本流入量达到1390亿美元，为全球第二资本流入国。其中资本项目下的直接投资顺差为1074亿美元，较之2017年同比涨幅超过60%。而最新商务部数据也显示，2019年1月至5月，发达经济体对华投资增长显著。新加坡、韩国、日本、美国、英国等国对华实际投入金额同比分别增长33.9%、66.9%、5.1%、16.3%和56.9%。

坚定推进开放型世界建设

中国与世界之间的经济联系正在悄然改变。麦肯锡全球研究院最新发布的"MGI中国—世界经济依存度指数"显示，世界对中国经济的依存度相对有所上升，中国对世界经济的依存度则相对降低，世界各国也随之开始重新审视这种关系。从经济体量上看，中国已跻身全球大国之列，但仍有进一步与世界融合的空间。作为中间品贸易大国，中国与全球产业链已经形成深度互嵌格局。贸易结构中的资本品（用于制造其他商品的商品）贸易量大幅上升，这也改变了中国与发达国家之间的贸易关系。

随着中国经济由要素驱动转向创新驱动，并向价值链高端迈进，研发和创新密集型产业对全球投资具有巨大吸引力。而新一轮技术革命与产业变革，将为中国赶超提供历史性机遇。新技术革命，将给中国带来利用新技术"变轨"实现跨越的新机遇；产业分工格局重塑，中国有可能利用全球价值链"重构"机会，实现产业结构的跃升。中国已经连续多年成为全球研发增长最快的市场，研发支出全球排名第二。中国的研发开支大幅增长，国内研发开支从2000年的90亿美元增长到2018年的2930亿美元，位居世界第二，仅次于美国。但在一些核心技术上中国仍需要进口，例如半导体和光学设备。因此，在强化自身产业链、供应链弹性和控制力，加强自主研发创新外，通过优化外资结构布局，深度融入全球创新网络依然是正确的选择。

此外，中国逐步迈向成熟经济体，转向以内需驱动为主的增长模式。国内市场大规模、多元化、阶梯式需求无疑让全球其他经济体受益。特别是近年来，中国对高质量产品与服务的消费能力增长迅速，正逐渐从制造大国向消费大国转变，跨国企业在中国消费市场的渗透率已经远高于在美国市场的渗透率。新版负面清单加快推进基础设施、金融、通信、文化等领域的对外开放，无疑为中国引入全球竞争，提高市场效率，提高消费者福利，在推动产业升级的同时也加速消费升级。

中国改革开放的现代化进程与经济全球化进程几乎是同步的。中国因为改革开放而获益，开放是为了更好地促进改革，加深与全球经济的进一步整合，无论对中国还是世界，都将带来巨大的经济利益。而全球贸易投资保护主义趋势增强，世界经济面临的风险和不确定性显著上升，保持全球价值链稳定增长难度日益加大，以规则为基础的全球经济体系根基出现动摇，在"筑起高墙"，阻断全球科技、资本、创新、人才等要素自由流动的大背景下，中国"敞开大门"，坚定推进开放型世界建设，正在为全球化贡献新的"中国力量"。

第二节 跨越"金德尔伯格陷阱",推动全球治理变革

在人类面临大变革、大调整的时期,面对"世界向何处去"的时代之问,如何摆脱"霸权困境"导致的"金德尔伯格陷阱"?是否存在跨越这一陷阱,探索全球利益共享、推动全球治理变革的新路径?也许"中国智慧""中国方案"已经指明了未来方向。

近年来,随着美国综合实力对比下降,以及全球公共物品消费数量的日益增加,美国无意或无力向世界进行足够的单向支付,更不愿在多边协议框架中让惠。特别是美国退出跨太平洋伙伴关系协定、重新修订北美自由贸易协议,退出巴黎气候协定、退出联合国教科文组织、退出中导条约等一系列减少国际责任分担的"退群"行为都明显带有本土主义、保护主义和孤立主义倾向,这是对二战后美国所拥护的全球化政策的重大背离。因此,世界普遍对"全球领导力真空"期世界秩序动荡加剧表示担忧,中国作为新兴发展中大国如何定位全球公共产品供给者角色与策略,如何参与完善全球公共产品供给体系,也是中国新的全球化战略核心利益所在。

全球公共产品供给是参与完善全球治理的必由之路

一般而言,全球公共产品是一个国家提供给其他国家,特别是国际社会共同使用的资源、制度、物品和设施等,联合国《执行联合国千年宣言的路线图》报告中有比较明确的界定。报告指出在全球公共领域,需要集中供给的公共产品包括基本人权、对国家主权的尊重、全球公共卫生、全球安全、全球和

平、跨越国界的通信与运输体系、协调跨国界的制度基础设施、知识的集中管理、全球公共区域的集中管理、多边谈判国际论坛的有效性10类。另外，联合国开发计划署认为对金融腐败、疾病传播、生物多样性、文化传统的丧失、全球环境污染、战争与冲突（包括地区纷争对国际大环境的影响）、移民和难民潮、保护主义措施、贪污、洗钱及国际犯罪等的治理都属于全球公共产品范畴。

最早研究全球公共产品的美国学者金德尔伯格认为，国际经济体系的稳定运转需要某个国家来承担"公共成本"。这一观点后来被吉尔平发展成"霸权稳定论"，即在政治、经济、军事和科技等各方面占据绝对优势的霸权国家，通过为国际社会提供稳定的国际金融体制、开放的贸易体制、可靠的安全体制和有效的国际援助体系等全球公共产品，来获得其他国家对由霸权国所建立的国际秩序的认同，从而实现体系内的稳定和繁荣。二战至20世纪50年代后，全球主导地位转移至迅速崛起的美国，其经济总量超越西欧占到世界经济总量的27%，单极世界的建立使得美国凭借占绝对优势的综合国力取得霸主国地位，逐步建立了以布雷顿森林体系为核心的国际金融体系、以关贸总协定为核心的国际贸易体系、以北大西洋公约组织为核心的国际安全体系。不可否认，以美国为核心的霸权体系对二战后西方国家的经济恢复和政治稳定发挥了举足轻重的作用。

全球公共产品供给体系面临结构性难题与困境

长期以来，全球公共产品供给方式呈现三种态势：第一种是霸权稳定供给，第二种是全球主义的集体供给，第三种是地区主义的合作供给。二战以后全球公共产品供给一直是霸权稳定供给，美国是全球公共产品的唯一供给者，并通过经济霸权、政治霸权、军事霸权、文化霸权四大支柱实现全球资源配置和控制权。但其综合国力经过长期冷战消耗出现下降，以及近年来全球力量格局和利益格局对比发生变化，导致全球公共产品领域面临几大方面突出挑战。

一是"霸权国家"承担全球公共产品支出不堪重负。美国为全球公共产品特别是安全产品支付了高昂成本。美国军费开支明细显示，2016财年美国国防军费预算总额超过7700亿美元，不仅继续高居全球首位，而且超过了世界多个主要大国国防预算的总和。其中，海外军事行动基金划拨约506亿美元预算，位列国防预算第三位，美国长期为其盟友提供的高昂安全防卫开支使其不堪重负。根据美国财政部数据，2016财年美国债务规模达19.98万亿美元，比2015年年底18.92万亿美元的政府总债务高出约1万亿美元，占GDP比重超过106%。高昂的全球公共产品成本导致美国陷入"霸权困境"。在这种背景下，霸权国可以选择两条行动路线恢复体系的平衡：其一是寻求资源的增加，用更多的资源保持霸权地位，承担霸权义务；其二是减少现在所承担的国际义务和责任，特朗普政府选择了第二条路径。

二是"免费搭车"现象导致全球公共产品出现"供给赤字"。全球公共产品垄断提供者也面临其收益—成本不匹配问题。由于全球公共产品供给边际成本递增而边际收益递减的规律，霸主国国力衰退不可避免。同时还因为存在"免费搭车"现象，霸主国往往在长时期内为保持公共产品的供给而付出远远超过它应该承担的成本，这也导致全球公共产品供给不足的风险越来越大。

三是全球公共产品资金供给面临巨大的融资缺口困境。全球公共产品供给需要大量的资金投入，主权国家公共产品由国家政府通过征税来为其筹集资金，由于主权国家固有的自私性，任何一个国家对于国内公共产品的投入都远远超过其对全球公共产品的资金投入。在没有世界性政府的状态下，全球公共产品由于没有固定的资金来源和融资渠道，也导致了全球公共产品供给困境。根据国际公共融资机构Inge Kaul统计，全世界所有国家花费在公共产品上的公共开支大概有6万亿美元，其中，5万亿美元来自于发达国家，1万亿美元来自发展中国家，其全球公共产品资金投入只占国家公共产品资金投入的1/200到1/400之间。供给全球公共产品的国家公共开支可以分成发达国家开支、发展中国家公共开支以及全球所有国家财政收入国际协调三部分，发达国家主要是通过官方发展援助和债务减免及债务换发展协议来投入供给公共产品的资金，发展中国家则通过减少不必要的财政补贴来融资，这种资金投入总量的严重不足使得实现全球公利的全球公共产品难以有效供给。

四是全球公共产品利益分配与成本分担的严重不公平性。在全球公共产品供给中，尽管需要全球各主权国家的共同努力，但是目前全球公共产品的供给中发达国家作用更为关键。在享受全球公共产品带来好处的过程中，各国政府的地位是不平等的，经济强国处于主导地位，弱国处于从属地位。强国可以根据自己的利益偏好，对自己最关切或利益攸关的问题，通过自己设定的规则程序，优先给予解决；而弱国所关切的问题，则往往由于种种理由不能得到及时的解决。例如，在2010年国际货币基金组织对特别提款权进行改革之前，西方发达国家占据了全球公共产品供给总体份额的3/5以上，其中美国一国就占据了17.6%的份额。可见，全球公共产品供给中的利益分配与成本分担的不公平性，严重影响了全球公共产品供给的国际合作，导致全球公共产品供给的非合作困境，因此需要建立公平透明的需求表达和成本分担机制。

五是全球公共产品供给负外部性导致监管困境和治理失灵。在全球范围内"全球政府"并不存在，所以常常由于缺乏监管而导致全球公共产品被过度使用，引发"公地悲剧"和"治理失灵"问题。以全球金融公共产品为例，其面临的较大监管困境：其一是全球货币政策的负外部性，国际储备货币的发行国货币政策具有较强的外溢性，会影响全球资本流动性及各国金融周期，导致各国丧失货币政策的独立性；其二是全球系统重要性金融机构的负外部性、系统重要性出现危机时会牵一发而动全身，造成整个金融体系的动荡，甚至可能面临系统性风险；其三是全球金融监管的负外部性，各国金融监管各自为政，但全球金融治理要求金融监管的全球化，而各国存在利益冲突导致多数监管者在制定政策时更多地追求短期利益，而忽视全球金融的长期稳定。

中国在全球公共产品供给体系中的角色转变及挑战

当前，全球化进入大国利益博弈的新阶段，亚太地区"经济上依赖中国、安全上依赖美国"的二元化趋势日趋明显，亚太地区正浮现一种新的公共产品供应比较优势结构，即中国在经济类公共产品供应方面拥有优势，而美国仍主导着对安全类公共产品的垄断供给。二战后亚太区域经济类公共产品供应大致经历了四个发展阶段，中国也由此实现从资金供给到制度设计再到理念创新的角色转变。

第一阶段：二战结束后的头20余年，亚太经济类公共产品的主要供应方是美国，其公共产品的最大成果是包括日本在内的东亚经济体快速崛起。

第二阶段：自20世纪60年代中后期日本成为世界第三大经济体及美国自70年代战略调整后，逐渐将亚洲经济类公共产品供应权移交给了日本，后者主要通过其雁形发展模式为地区提供经济公共产品。

第三阶段：随着日本经济在20世纪90年代中期陷入增长停滞，亚太经济类公共产品供应出现空白。而今中国为亚太各国提供经济类公共产品的能力和意愿上升。1997年亚洲金融危机之后，中国为亚洲国家提供的金融稳定公共产品便迅速得到其余国家的认可，2000年5月东盟"10+3"财长会议通过了《清迈倡议》，一方面完善东盟货币互换安排，另一方面在"10+3"范围内建立货币互换网络，作为稳定地区金融环境的手段。2009年5月，中国与东盟10国和日本、韩国强化了《清迈倡议》，正式签署了《清迈倡议多边化协议》。这标志着区域外汇储备库建成并成为东亚应对金融冲击的重要公共产品。

第四阶段：近年来中国持续增长的前景使其提供区域性公共产品的能力和意愿都大幅增加。特别是2013年以来，在"一带一路"重大倡议与亚欧互联互通合作框架下，积极推动搭建亚洲基础设施投资银行（AIIB）、丝路基金等新型国际金融组织，以及推动区域全面经济伙伴关系协定、亚太自由贸易区（FTAPP）贸易协定谈判进程，标志着中国在亚洲区域经济公共产品供给方面起到了核心作用。

由此显见，随着综合国力的大幅提升，以及全面深化对外开放型经济体制，中国对现存国际秩序更加开放包容，为参与全球公共产品供给，应对全球、区域和国内挑战奠定了坚实基础。但我们认为，在全球领导力真空期和全球治理的调整期中，中国还不具备国际战略基础以取代美国成为全球公共产品的"超级供给者"，总体而言，挑战大于机遇。

（一）中国还没有足够实力拓展经济类以外的全球公共产品供给

超越发展阶段和综合国力的全球公共产品供给可能是一个"陷阱"。以海洋公共产品为例，作为海洋霸权国家的美国几乎控制着包括马六甲海峡、苏伊士运河、曼德海峡、波斯湾、霍尔木兹海峡、直布罗陀海峡、斯卡格拉克海峡、卡特加特海峡、格陵兰—冰岛—联合王国海峡、巴拿马运河、佛罗里达海峡、阿拉斯加湾、非洲以南和北美航道等在内的全球16个主要航道，除此之外在海洋经济、海洋资源、海洋气候、海洋科技、海洋运输安全等海洋公共产品领域也拥有绝对的供给垄断和定价权。近年来随着中国逐步拓展海洋公共产品供给，也引发了与美的冲突，导致"四海危机"（台海危机、东海危机、南海危机、黄海危机），以及在美国主导的两洋同盟制衡之下的"两洋困境"。

（二）美国战略制衡中国并全面强化全球公共产品供给垄断权

从权力角度看，全球公共产品供给在很大程度上也是一种权力的运用。在美国看来，随着中国经济崛起和提供地区经济类公共产品的能力、意愿和接受度的提升，中国为地区提供的经济类公共产品越多，其威胁态势就越明显。因此，奥巴马政府不仅增加了全球公共产品的排他性，通过跨太平洋伙伴关系协定形成"公共产品俱乐部",将中国排除在框架之外,还继续强化维持巩固现有同盟关系、构筑"亚洲小北约"、发展新型同盟朋友关系以及议题联盟、临时性联盟等"软"同盟关系,全面加强全球及区域安全产品供给垄断权。

(三)美国通过"选择性供给"等方式挤压中国战略空间

"霸权稳定论"认为,在霸权国和国际体系出现危机的情况下,霸权国很难再依靠生产率优势,在国际体系恢复稳定开放的过程中迅速获得足够的收益。同时,霸权国的相对地位开始动摇,霸权国对挑战国通过"搭便车"从国际公共产品中获得不均衡收益的行为非常敏感。霸权国一方面希望利用有限的资源挽救其主导的国际体系,另一方面试图通过更加灵活有效的排他性操作,避免挑战者从中获益,威胁其霸权地位。近年来,美国在全球公共产品供给方式上"多边主义—区域主义—双边主义"的转变也遵循了这一规律。例如国际金融危机期间,美国通过美元货币互换网络逐步建立了"美元配给制"。国际金融危机期间,美联储、欧洲央行、英国央行、日本央行、加拿大央行和瑞士央行启动美元互换机制,将现有的临时双边流动性互换协议,转换成长期货币互换协议。全球性金融危机救助需要大规模的资源投入,衰退中的霸权国需要收缩国际金融救助的范围,通过排他性措施精准地配置美元流动性,在稳定国际金融体系的同时确保国际霸权地位。美联储等6家央行的货币互换协议,构建美元最后贷款人的垄断配给机制,以美元为中心的货币互换机制长期化,很可能意味着,一个以美联储为中心、主要发达经济体央行参与的排他性超级国际储备货币供求网络已经形成。

综合以上分析,在当前全球现实条件下,单靠一国独立承担全球公共产品供给成本的可能性越来越小,依靠现存国际规制协调国际集体行动也会面临代表性不足等问题。因此,国际秩序和经济全球化暴露出来的诸多问题表明,全球治理体制已站在一个历史拐点上,全面改革与完善全球公共产品供给体系与机制已是大势所趋。

参与完善全球公共产品供给体系的原则与路径

从全球利益格局演变以及全球公共产品供给体系发展走向上看，尽管中国已经是经济体量巨大的超级经济体，但仍是发展中国家，自身面临的瓶颈问题还很多，对外开放与结构性改革进入深水区，需要集中精力办好自己的事。特别是在美国通过国际政治、经济和安全领域的一套制度安排来确定利益分配模式，限定各国追求近期利益和远期利益范围的大背景下，中国还不能成为填补"权力真空"的"世界领导者"，"适度承担责任"应该是一项长期性坚持的均衡策略，不是权宜之计，而是国家长久大计。

我们认为，当前以及未来相当长时期应统筹考虑全面建成小康社会（建党一百年）、实现中华民族伟大复兴（建国一百年）、社会主义初级阶段取得胜利（改革开放一百年），把三者贯穿起来形成"三个一百年"战略构想，提升国家综合实力。在"三个一百年"宏伟蓝图战略指引下，应该按照"先易后难、先经后政、先周边后区域"的方针量力而行，稳步推进，要处理好"大与小""远与近""破与立"的辩证关系。从供给内容来看，要更多地在小型倡议、次领域安排、局部创新等国际公共产品上做文章；从供给对象来看，应重点关注周边地区特别是邻近国家；从供给模式来看，应在改进现有国际公共产品不足的同时，在融入大国行列的过程中实现软着陆；从供给路线上看，根据不同发展阶段，分步骤、分区域、分重点地规划全球公共产品供给路线图和行动纲领，采取"区别对待，分类管理"的策略。为此，应做好以下几方面。

首先，积极探索"中国模式"的全球公共产品供给之道。 作为成熟和负责任的大国，贡献思想品和方案是更为高级的公共产品。当前，诸边、多边、区域和全球各个层面的国际协定与规则需要完善与重构。在积极构建新型大国关系，避免掉入"修昔底德陷阱"的前提下，应妥善处理好与美国等大国的战略互动，确保供给机制上的战略协调与战略互信，并应该着力在培育制度和规则性公共产品的能力上下功夫，通过"改制"与"建制"双管齐下来谋求全球治理体系的变革。

其次，优先供给经济、贸易和气候变化等全球公共产品。从经贸领域的公共产品或准公共产品入手，以周边为优先，向国际社会提供富有中国特色的、有竞争力的全球经济公共产品。这可以达到"以小博大"的效果，进一步强化承担减排、减贫、国际对外援助、可持续发展等方面的公共产品供给。应积极培育除政府之外的市场、非政府供给主体，逐步从"低领域"到"高领域"，形成多层次稳定机制安排，分阶段逐步扩展到地区环境和全球公共安全等领域的全球公共产品供给。

再次，以"一带一路"为重点构建全球公共产品供给新机制。"一带一路"的非排他性、正外部性以及"三个共同体"的互惠共赢理念具有灵活性、共享性和开放性的弹性空间。可制定"一带一路"国际公共产品供给指导纲要，研究各国家公共产品的需求，各国家在公共产品供给上的比较优势，通过更为高效的方式提供国家公共产品，实施国际公共产品的级别分类，有计划、有步骤地付诸实施。重点通过与沿线国家共同探讨建立包括全球价值链伙伴关系、基础设施融资制度、贸易投资便利化、金融风险与稳定互助等方面在内的公共产品，构建可以在全球范围内推广复制的公共产品供给新机制。

最后，全球公共产品融资须发展融资与合作性融资制度安排。针对全球公共产品融资困境，应积极发挥国际税收、国家公共资本、国际公共资本、特别提款权融资、公共产品融资债券，以及公私合作PPP模式的综合融资优势，建立全球层面的公共产品预算分配机制与全球公共产品市场化定价机制。

第三节 全球新一轮规则发展趋势及其挑战

全球新一轮经贸规则的趋势及其特征

当今世界正面临百年未遇的大变局，而国际经贸规则变化正是全球经济秩序大调整、大变革的突出体现。2018年以来，全球范围内先后有《全面与进步跨太平洋伙伴关系协定》、《经济伙伴关系协定》(EPA)、《美国—墨西哥—加拿大协定》，以及《南方共同市场》(Mercosur)等超大自贸协定签署。在新一轮国际经贸规则构建过程中显现的全方位覆盖、多元化领域、高质量高标准等特点，以及原产地规则、知识产权保护、服务业开放、数字贸易、环保劳动、竞争政策和国有企业等方面的变革趋势，不仅将产生贸易转移效应，加速我国出口型加工制造企业向海外转移，而且还将加大国内制度法规的调整压力，削弱我国在全球新一轮贸易规则制定中的话语权，对我国面临的国际规则提出了新挑战。

（一）全球新一轮经贸规则发展的现状及趋势

近两年，美国、欧盟、日本以及中国等国家与地区都通过双边及区域谈判布局以及发布提案、声明等方式，增强各自在全球贸易体系的影响力。2018年3月8日，在日本的主推下，除美国外的原跨太平洋伙伴关系协定11国在智利首都圣地亚哥签署了《全面与进步跨太平洋伙伴关系协定》；2018年7月17日，日本与欧盟签署《经济伙伴关系协定》，建立起一个覆盖6亿人口，GDP总量占到全球1/3的自贸区。2018年10月1日，美国宣布与墨西哥、加拿大达成《美国—墨西哥—加拿大协定》，并以此取代原有的《北美自由贸易协议》。同时，东盟10国与中国、日本、韩国、澳大利亚、新西兰和印度的

《区域全面经济伙伴关系协定》以及中日韩自贸区也在全力推进。此外，在多边贸易体制遭遇单边主义和贸易保护主义严重挑战之际，酝酿已久的WTO改革也被提上议事日程。2018年以来，美国、欧盟、加拿大等成员先后就WTO改革发表了书面意见，我国商务部也提出了针对WTO改革的三大原则和五项主张。这些都向人们展现出一幅国际贸易规则重构的全景图。透过这些重大谈判，新一代国际贸易规则和标准正在酝酿和形成，并呈现出一些鲜明的特征与趋势。

（二）"三零"规则成为未来国际经贸规则变革的重要趋势

所谓"三零"（即"零关税、零壁垒、零补贴"）规则正在成为美、欧等区域自由贸易协定谈判的重要内容，也是未来国际经贸规则变革的发展方向。"三零"国际经贸规则正在成为西方发达国家积极推动的基本框架和原则。事实上，"零"并不意味着立即取消，而是指一个循序渐进的过程，即保证最大限度地消除绝大多数贸易品的关税、各种非关税壁垒和各种扭曲市场价格的产业补贴，而这也成为当今主要经济体推动贸易协定的目标之一。特朗普在七国集团（G7）加拿大峰会上首次提出了零关税、零补贴、零非关税壁垒的"三零"目标，并将取消美欧非汽车工业产品的关税、非关税壁垒和补贴写入2018年7月美欧发表的联合声明中。2018年7月，日本与欧盟签署《经济伙伴关系协定》，这两大经济体占全球经济总量的30%、贸易总量的40%，内容涉及取消关税、破除非关税壁垒及扩大服务贸易、开放服务市场、电子商务等多个方面。2018年9月美国—墨西哥—加拿大协定达成，主要内容涉及三国间农产品贸易实现零关税、汽车配件零关税，不对出口到对方市场的产品使用出口补贴或WTO特殊农业保障措施等一系列条款。已经生效的《全面与进步跨太平洋伙伴关系协定》继续延续《跨太平洋伙伴关系协定》，对关税的规定致力于将目前的关税水平降为零。社科院测算结果表明，通过测算各成员国最惠国待遇（MFN）零关税产品占关税比重和协定实施一年后零关税产品的比重，可以看出《全面与进步跨太平洋伙伴关系协定》实施后，绝大部分成员国零关税的比重将达到80%以上。而中韩FTA中，协定实施一年以后，中国零关税比重仅为57.02%，美韩FTA货物贸易自由化程度较高，协定实施一年后，零关税比重也不过82.83%。由此可见，《全面与进步跨太平洋伙伴关系协定》关税的减让力度确实高于已有FTA，致力于取消WTO多边框架下的货物关税。成员国范围内如此大幅度地减税，必然产生不可忽视的货物贸易转移效应。

（三）"边境"规则向"边境内"规则转移（竞争中立、知识产权保护、市场经济地位等新的议题）

国际经贸规则重构从边境上向边境后措施延伸。当前的贸易协定和经贸规则覆盖面更广，不仅包括经济因素，更包含了众多非经济因素；成员国不仅要受贸易规则的约束，还将受到法律法规、生态环境、商业模式要求等多方约束。传统经贸规则以商品、服务或投资跨越关境时的措施为主要对象，包括关税、配额、数量限制、海关监管等措施，而现在则越来越关注"边境后壁垒"及"跨边境互通互联"，而非关税削减等。这些规则逐步涵盖服务贸易、知识产权、竞争收益、电子商务等，并不断提升法律可执行程度；更有甚者，将政治体制、人权、文化等与贸易弱相关的内容纳入协定。例如，美国—墨西哥—加拿大协定内容是原北美自由贸易协议的近3倍，覆盖范围除了货物贸易、原产地规则外，还包含了知识产权、数字贸易、金融服务、劳动者权利、环境保护等内容，成为历史上涵盖最广的贸易协定，并首次加入了宏观政策和汇率章节。

（四）服务贸易和数字贸易成为新国际贸易规则的竞争焦点

服务贸易、数字贸易发展重塑国家竞争格局。近年来，源于技术全球化，全球产业结构转型升级，以及全球贸易治理新规则的共同推动，全球价值链、产业链、供应链、服务链、资金流和数字链融合发展正加速。与此同时，传统贸易规则框架也不断受到冲击，主要大国间的规则竞争与博弈也随之加剧。自乌拉圭回合达成世界上第一套规制国际服务贸易的《服务贸易总协定》以来，已历经20余年。这期间，由新一代信息技术带动的产业更多倾向于发展服务业。特别是随着新一代信息技术快速发展，数字贸易和服务贸易在国际贸易中的地位越来越突出，各国立足于自身利益和经济发展情况，纷纷在新一轮国际规则方面提出自己的立场和主张。一些大的经济体尝试在多边、区域和双边层面推出能彰显和拓展其价值理念的数字贸易规则。欧美发达国家利用自身的服务贸易和数字贸易方面的竞争优势和比较完善的国内法律法规，在国际规则制定中积极抢占制高点。

目前，数字贸易国际规则主要体现在美、欧等发达国家引领制定的区域贸易协定中。在WTO公布的涉及数字贸易的40多个区域协定中，32个协定将数字贸易（电子商务）单独设章，其中美国主导13个，欧盟主导7个，其他协定也基本上由已与美欧签署协定的国家或地区之间互相签署。在美欧主导的跨太平洋伙伴关系协定（美国已退出）、全球服务贸易协定、跨大西洋贸易与投资伙伴协议（谈判被搁置）这样新一代区域贸易协定中，数字贸易国际规则展现出21世纪数字贸易发展的新需求，高标准、高水平的知识产权保护，跨境数据自由流动和个人信息保护等议题成为谈判的重点。美国不仅是数字贸易强国，同时也是规则制定的引领者。美国一直致力于打造一个具有约束力的全球数字贸易规则体系。在美国主导的区域贸易协定中，数字贸易规则不仅局限在电子商务章节，也在投资、知识产权、信息技术和跨境服务贸易等章节中有所体现。

此外，与美国主导的《美国—墨西哥—加拿大协定》中明确提出的数据自由流动、数字产品的非歧视待遇、禁止强制性的本地化等要求不同，全面与进步跨太平洋伙伴关系协定基本延续了跨太平洋伙伴关系协定中的相关内容。而欧盟在数据跨境流动和数据本地化方面相对美国更为谨慎，《经济伙伴关系协定》中对于是否将数据自由流动纳入协议，欧盟设置了3年的评估期，而且也没有关于禁止数据或设备本地化的条款。但这并不意味着欧盟对此持消极态度，为落实"单一数字市场战略"并推动欧盟数字经济繁荣，2018年，欧盟正式实施《一般数据保护条例》，并通过了《非个人数据自由流动条例》，从而为欧盟实现境内的数据流动自由和废除数据本地化限制奠定了基础，这预示着未来欧盟在其签订的自贸协定中很可能也将加入《美国—墨西哥—加拿大协定》、《全面与进步跨太平洋伙伴关系协定》中的相关条款。

近年来，我国数字贸易发展迅速，但在高速发展过程中也面临诸多问题。其中，首要的就是数字贸易壁垒的问题。2016年3月30日，美国贸易代表办公室首次发布数字贸易壁垒报告，此后每年发布一次。报告列举了中国、俄罗斯、印尼、印度、阿根廷、巴西、欧盟等国家（地区）在互联网服务和电子商务、电信服务和设备等领域存在的数字贸易壁垒情况，如中国为加强银行业和保险业信息安全而出台的对电信设备的限制措施。中国互联网"防火墙"屏蔽了部分境外网站，违反了《关税与贸易总协定》国民待遇原则，造成了贸易壁垒等，这些都说明我国正面临着国际规则的压力与挑战。

（五）国际投资规则呈现诸多新特征

2016年，中国在担任G20轮值主席国期间，就贸易、投资及投资便利化谈判的非约束性指导原则成立了新的工作组，并于2016年9月杭州峰会上获得了G20集团领导人的一致认同。在2017年12月的布宜诺斯艾利斯部长级会议上，成员对投资便利化进行了充分的讨论，发表了关于投资便利化发展的联合部长级声明，呼吁成员就投资便利化发展的多边框架的构建进行结构性讨论。但就目前看，仍缺乏全球层面的投资协议。一般而言，区域性投资协议分为两类：一类是在区域贸易协定下只针对投资问题或就某些特定问题所签署的协议，另一类是投资问题只作为一部分的经济合作一体化或贸易协定的综合性安排。前者主要有经济合作组织的《资本流动自由化法典》，中国—东盟自由贸易区的《投资协议》，后者主要有《北美自由贸易协议》《跨太平洋伙伴关系协定》和区域全面经济伙伴关系等。

区域投资规则的内容通常包括投资准入条件、投资待遇状况、投资保护力度(涉及征收补偿和资金移动)以及争端解决等内容，还有的包括环境保护、竞争政策以及劳工等内容。相比于双边投资规则，区域投资协定的主要目的是促进区域内的投资自由化。当前主要的区域投资性协议有欧盟投资规范、中国—东盟自由贸易区、跨太平洋伙伴关系、跨大西洋贸易与投资伙伴协议和区域全面经济伙伴关系，其中尤以后三者特别为人关注。《跨太平洋伙伴关系协定》在国际投资领域的新规则主要体现在投资开放的领域更宽和投资争端解决机制更严。《跨大西洋贸易与投资伙伴协议》中加入了投资自由化和保护条款，要求以双方现有最高的投资自由化水平和保护标准为基本条件，表明该协定谈判极有可能复制现有的美欧贸易与投资协定中已存在的国际投资规则。区域全面经济伙伴关系投资议题主要涵盖投资促进、保护、便利化和自由化。

(六)"负面清单"+"准入前国民待遇"模式成为重要模板

"负面清单"和"准入前国民待遇"是新一代贸易协定中服务业开放的主要特征。当前的《服务贸易总协定》以正面清单为主，而《全面与进步跨太平洋伙伴关系协定》《区域全面经济伙伴关系协定》以及《美国—墨西哥—加拿大协定》在服务贸易和投资领域均采用了负面清单模式，并在服务业部门实行准入前国民待遇。金融和电信业是服务部门开放的重点领域。《全面与进步跨太平洋伙伴关系协定》《美国—墨西哥—加拿大协定》将"金融服务"和"电信服务"单独设章(chapter)，《区域全面经济伙伴关系协定》虽然没有单独设立章节，但也将二者以分项(sub-section)的形式列入协议文本。其中，金融服务章节中规定了国民待遇、最惠国待遇、市场准入等条款，如《美国—墨西哥—加拿大协定》中包含了对金融服务市场自由化，以及为美国金融机构和跨境金融服务贸易提供公平竞争环境等方面的承诺。而且，《美国—墨西哥—加拿大协定》《区域全面经济伙伴关系协定》还加入了允许金融数据跨境转移的内容。电信服务章节对电信网络的接入和使用进行了规范和承诺，如《全面与进步跨太平洋伙伴关系协定》《美国—墨西哥—加拿大协定》规定，缔约方应确保另一方的任何企业能够访问和使用任何公共电信网络或服务，用于企业境内和跨境的信息传输。此外，相比服务贸易总协定，新贸易协议还对因提供跨境服务而形成的自然人流动进行了更为明晰的规定。如《全面与进步跨太平洋伙伴关系协定》区分了不同类型的商务短期入境行为，并限定了详细的准入时间，为自然人的跨境服务创造了便利条件。

（七）自由化、便利化与保护主义并行发展态势

近年来，全球推动高标准经贸规则，自由化和经济一体化程度提高。WTO通过《贸易便利化协定》（TFA）。TFA被视为21世纪最大的贸易便利化举措之一，可大幅降低贸易成本，为所有WTO成员带来巨大利益，其中发展中国家和最不发达国家获益最大。WTO预计，全面实施TFA将使成员方的贸易成本平均减少14.3%，将货物进口所需时间减少超过一天半，货物出口所需时间减少近两天，较目前水平分别降低47%和91%。TFA允许发展中国家和最不发达国家根据自身能力制定落实时间表。目前整个世贸组织成员方的TFA实施率已达58.7%，具体来看，发达国家成员实施率为100%，发展中国家实施率为56.4%，最不发达国家实施率为1.7%。此外，自由贸易协定涉及诸多自由化程度更高的条款，包括制造业关税减让、农业关税减让、贸易便利化、出口税、卫生与植物卫生措施协议、技术性贸易壁垒、国有企业、反倾销、反补贴、国家援助、政府采购、与贸易有关的投资措施协议、服务贸易总协定、知识产权协定等，特别是发达—发展中成员之间的区域贸易协定中，有关贸易便利化、自由化条款在深度和广度上均达到了空前的水平。

但是，另一方面，保护主义、单边主义、霸权主义大行其道，并呈现出力度强、范围广、手段多样的特点。

一是贸易保护强度将全面升级。世贸组织（WTO）近期报告显示，限制

性贸易政策的规模在过去两个报告期内飙升。G20国家在2018年10月中旬至2019年5月中旬期间实施了20项新的贸易限制措施，包括大幅度提高关税成本、进口禁令以及针对出口的新的海关程序，涉及价值3359亿美元的商品，为2012年5月世贸组织开始追踪这项数据以来第二高。除了惩罚性关税手段外，其他主要措施包括反倾销条例、原产地规则、进口配额制、出口配额制、进口许可证制、财政补贴、政府采购等。2018年以来，美国不仅加紧实施"反补贴""反倾销""337"等常规性贸易救济调查，"301条款""201条款"、"232条款"、"全球保障措施"、"实体清单"等非常规性贸易保护措施也同步实施。

二是贸易保护主义向投资领域扩散。联合国贸易和发展会议的《2017年世界投资报告》指出，国际社会应对各种形式的投资保护主义保持警惕，并呼吁各国政府在国家安全审查的政策空间与审查程序的透明度及公正性方面做出恰当的平衡。

（八）自由贸易协定成为新一轮国际经贸规则制定的主导力量

在经济全球化、贸易自由化的背景下，各国经济联系不断加强，但近年来多边贸易遭受诸多挫折，越来越多的国家将发展国际贸易的途径转向区域贸易层面。区域贸易协定获得迅速发展，在全球贸易中的比重越来越大，逐渐成为国家之间开展经贸合作、发展政治关系的重要手段。区域贸易协定作为各国之间开展经贸合作、巩固政治关系的重要形式，自多哈回合谈判停滞后在各方面均取得了重大进展，主要表现在以下几个方面。

第一，签订区域贸易协定的国家数量激增且协定签署进程加快。根据世界贸易组织区域贸易协定数据库统计，1948—1994年期间，全球向WTO报备了124个区域贸易协定，但1995年乌拉圭回合结束以来，向WTO报备的区域贸易协定数量已超过400个。截至2019年6月，总有效区域贸易协定数量达474个，其中自由贸易协定性质的有257个（见图5-1、图5-2）。

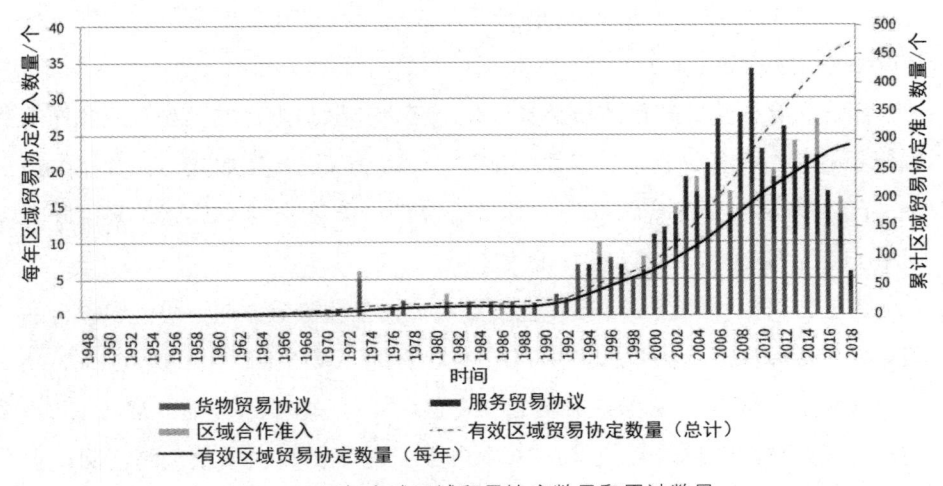

图 5-1 历年全球区域贸易协定数量和累计数量
数据来源：WTO

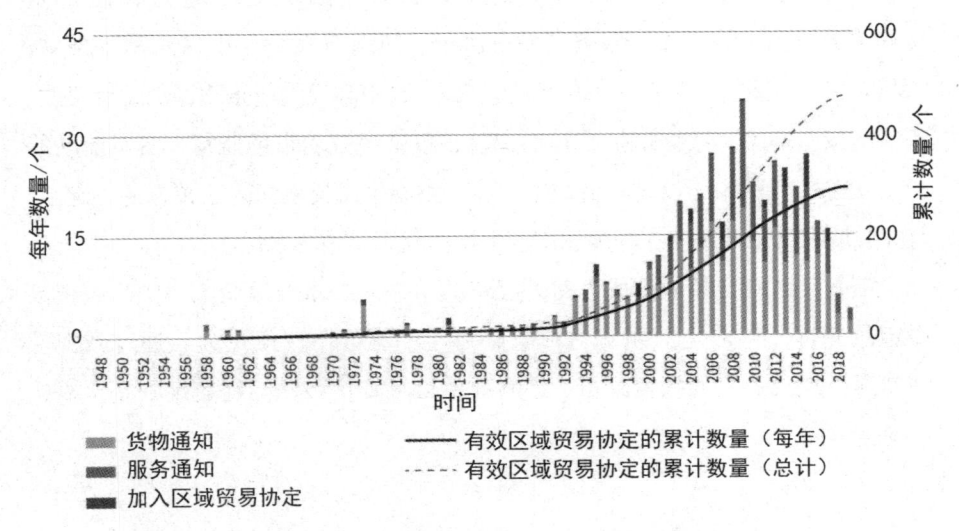

图 5-2 近年来WTO报备的区域贸易协定呈现井喷式增长
数据来源：世界贸易组织区域贸易协定数据库

第二，成员日益广泛，不同经济发展水平成员间合作日盛。RTA所涉及的成员不断增加，目前WTO所有成员均签订了至少一个RTA，且发达一发展中成员之间和发展中成员之间的RTA发展迅速；在地域范围上，跨区域RTA的数量越来越多。

第三，合作形式和类型日益多样化。在合作形式上，成员对双边合作的偏好超过诸边合作，目前共有59%的RTA属于双边合作形式；在合作类型上，FTA为最主要的合作类型，其次是经济一体化协定（EIA），关税同盟（CU）和优惠安排（PSA）合作形式较少。

第四，自由化和经济一体化程度提高。在条款覆盖方面，协定中包含的条款在广度和深度上都超越了WTO，有显著的"WTO+"和"WTO-X"特征。国际上将现有FTA条款分类为"WTO+"和"WTO-X"："WTO+"是指FTA和WTO中都涉及但是FTA中自由化程度更高的条款，包括制造业关税减让、农业关税减让、贸易便利化、出口税、卫生与植物卫生措施协议、技术性贸易壁垒、国有企业、反倾销、反补贴、国家援助、政府采购、与贸易有关的投资措施协议、服务贸易总协定、知识产权协定共14项基础条款；"WTO-X"则是指WTO中不包含而仅在FTA中涉及的新条款，包括反腐败、竞争政策、环境、数据保护、知识产权、投资、劳动市场监管、资本流动等38个更加广泛的市场议题。特别是发达—发展中成员之间的区域贸易协定中，有关边境内措施的条款在深度和广度上均达到了空前的水平。

第五，区域贸易协定成为对外经济政治关系的重要政策工具。区域贸易协定的签订，特别是21世纪区域贸易协定的签订不仅仅是为了通过歧视性的待遇增加成员之间的贸易量，还有政治诉求及争夺国际经贸规则制定权的考量。

中国参与新一轮国际经贸规则面临外部冲击及挑战

（一）保护主义、孤立主义、霸权主义加剧全球经贸摩擦与冲突

贸易保护主义不仅是经济牌，更是政治牌。近两年，美国先后挑起与中国、墨西哥、加拿大、欧盟以及印度等国的贸易冲突。摒弃多边贸易协议，惩罚性关税加进攻型的贸易政策成为美国极限施压的重要手段，其深度和广度远远超出贸易争端范畴。全球经济形势堪忧，全球贸易正受到贸易保护以及出于非经济动机的限制举措的影响。截至2019年上半年，已有近40个国家和地区受到美国的贸易威胁、通牒或者制裁。美国作为全球第一大经济体，坐拥技术优势和美元国际货币的霸权地位，其广泛挑起的贸易冲突对世界经济、全球产业链与价值链走向、国际产业分工格局、全球贸易体系以及多边规则体系等都产生了广泛而深远的影响。而其他一些经济体，如日韩贸易战也意味着越来越多的国家寻求保护本土产业，全球贸易投资保护主义有进一步蔓延的趋势，保持全球价值链稳定增长的难度日益加大。然而，面对这一"无序"的状况，当前全球多边治理平台在应对不断蔓延和发酵的贸易保护主义方面却大都表现"失灵"。WTO争端解决机制濒临瘫痪，改革面临重重阻碍，全球贸易增长短期内仍难以回归正常增长轨道。

（二）二战以来基于规则的国际贸易秩序遭遇全方位颠覆性挑战

当今国际经贸秩序正遭遇二战后最严重的逆全球化、保护主义、孤立主义、霸权主义冲击。多边贸易体系是二战后国际经济秩序的核心。经过70年的发展历程，全球多边贸易体制不断完善。WTO的非歧视原则（包括最惠国待遇原则和国民待遇原则）、自由贸易原则、透明度原则、公平竞争原则以及鼓励发展和经济改革原则贯穿于WTO的各个协定和协议之中，构成了现代多边贸易体制的基础。然而，当前国际多边规则体系却遭遇颠覆性挑战。

一是"本国优先"凌驾于国际规则体系之上。当前，美国已经成为全球

贸易保护主义以及破坏国际经贸秩序的最大推手。美国用"对抗性"的方法来解决国内结构性问题以及全球性挑战。特朗普政府对于国际机制持"有利则用、不利则弃"的态度。特朗普政府在《2017年总统贸易政策议程》中就强调，美国不得不重新评估其构建的开放、多边的国际规则体系在运转和实现自身国家利益方面的效率。在阻挠WTO改革方面，由于美国持续阻挠启动新法官的甄选程序，目前WTO上诉机构的七大法官仅剩三名，这是审理案件所需法官数量的最低要求，且其中两位将于2019年12月任满。如果一直悬而未决，届时WTO将失去申诉职能。这是WTO目前面临的最迫切的危机。

二是贸易体系面临系统性重构。当前特朗普政府贸易政策显示出架空、边缘化趋势，甚至更具进攻性地破坏WTO等诸边和多边机制。以美国为首的发达国家不愿意再引领多边贸易谈判，开始另起炉灶、推倒重来，以区域贸易协定制约多边贸易体制；发展中国家希望改变已有贸易规则，以全球价值链为纽带重新塑造世界分工体系，带来全球贸易格局的重组和洗牌。发达国家和发展中国家的激烈博弈将成为未来的主题，贸易格局更趋多元化、碎片化。

三是国际经贸规则面临全面升级。尽管受特朗普退出战略的影响，《跨太平洋伙伴关系协定》签约国由12国变为11国，《跨大西洋贸易与投资伙伴协定》谈判也被搁置，但二者在包括劳工、环境标准等内容上提出了较高标准，构筑了一个以自由化为堡垒的市场准入屏障。已经达成的《美国—墨西哥—加拿大协定》标准也高于现有贸易协议，其包含的"毒丸条款"更是对后续其他贸易协定的谈判形成较大压力。在未来一段时间内，发达国家在全球贸易规则谈判中的主导地位仍不可动摇，这意味着上述协议所呈现的高标准很可能成为双边或多边贸易协定的标杆，包括中国在内的广大新兴经济体和发展中国家将不得不加快自身的改革，以适应新的规则。

四是大国规则博弈加剧体系改革的难度。从地缘政治角度来看，中国崛起不可避免地影响美国主导的现行世界秩序，两国部分利益此消彼长。在此观点驱动下，美国对华政策发生转向，将中国视为战略竞争对手，并联合欧盟和日本迫使中国在产业政策、知识产权、市场准入等方面做出转变。这已经成为WTO改革的重点议题，未来WTO改革将成为中美规则竞争的重要战场。

（三）区域性贸易协定对多边经贸体制的影响及冲击

目前，全球贸易投资规则谈判的主阵地从WTO多边贸易体系转向区域性的RTA，导致世界贸易进入碎片化时代。跨地区与多重区域经济成员兴起，不再受到地理位置的局限。统计数据显示，全球400多个RTA中有近1/3是在不同地区的国家之间签订的。同时，全球出现了众多既参与多边贸易制度又签署区域贸易协定的双重身份成员，全球贸易发展日趋复杂化。而且，这些双边、小多边和多边自贸协定规则不一，这种"意大利面碗"区域贸易协定增加了商品跨国流通的复杂性，导致交叉重叠、过度竞争，区域贸易协定的发展导致"竞争性区域集团"的形成。尽管可能带来区域内的贸易创造，但从长远看，却导致更大范围的贸易转移效应，使得全球自由贸易面临高成本、低效率、碎片化的风险，不仅导致贸易转移效应，也割裂了全球价值链的分工与合作。例如，欧盟几乎与其所有邻国签有双边互惠贸易协定，同主要贸易伙伴美国、日本、加拿大等国均已启动或达成了双边FTA谈判，而近期又在积极推进欧盟与北美自贸区、欧盟与东盟的FTA谈判，因此各类区域贸易协定大大割裂成员国与非成员国之间的生产网络和价值链联系。从全球贸易增量来看，并未获得更多"净收益"。

又如，《美国—墨西哥—加拿大协定》很大程度上也体现了"美国优先"原则，《美国—墨西哥—加拿大协定》协定中使用了各种配额数量限制手段，同时实质上鼓励出口国自己实行自动出口限制。例如条款中明确要求墨西哥监督、分配、管理相关配额。以汽车原产地规则为例，规定了相关国家生产的汽车应该在市场上占有一定比例，这条规定旨在控制关税。新规规定，至少75%的汽车应该生产于北美地区，而此前的《北美自由贸易协议》中规定的该比例为62.5%。此外，40%~45%的汽车必须由每小时最低工资16美元的工人生产。目前，经济并不发达的墨西哥汽车行业平均时薪不到3美元，只有美国和加拿大工厂工人的1/10或1/20，提高最低时薪无疑对墨西哥汽车行业工人是利好，但也因此拉高了制造成本。《美国—墨西哥—加拿大协定》区域性和歧视性非常明显。我们注意到《美国—墨西哥—加拿大协定》引入了以往在贸易协定中罕见的歧视性条款，对其界定的非市场经济体进行限制。《美国—墨西哥—加拿大协定》其中一项条款：若三国中有一国与某个"非市场经济国家"签署自贸协定，则其他协议伙伴有权在6个月内退出美国—墨西哥—加拿大协定。这意味着美国试图将这一当前覆盖内容最广泛的贸易协定作为未来双边贸易谈判的模板，"非市场经济国家"自贸区限制性条款可能被美国塞入美欧贸易协定、美日贸易协定以及其他自由贸易协定谈判，这将巩固以美国范式为基础的国际贸易体系，并可能形成国际贸易规则新壁垒。

（四）以全球价值链为代表的新贸易模式要求国际经贸规则实行重大调整

本质而言，近30年来，经济全球化发展的基本趋势表现为全球价值链的深化演变。从全球制造业内在发展规律看，二战之后，全球制造业实现了三次转移浪潮，跨境资本流动、技术流动以及合同制造等方式深度发展，特别是随着以跨国公司为主体的全球生产网络的形成，产品内分工制造，大大推动了全球生产协作网络深度整合。沿着产业间分工—产业内水平分工—产业内垂直分工—产品内垂直分工的内在轨迹演变，全球价值链也由此形成。全球价值链重塑全球经济格局，其贸易发展与增长动能也在发生改变。

由此，全球价值链深度发展也对全球贸易治理与规则体系提出新要求：首先，全球贸易规则难以适应以中间品贸易为基础的全球价值链贸易。当前全球贸易治理规则框架中一个突出矛盾就是国际贸易规则依然是以最终产品为对象的贸易规则框架，而与全球价值链以及中间品贸易并不兼容。由于中间产品需要多次跨境流动，即使关税水平和非关税水平较低，风险依然会累积叠加，而愈演愈烈的贸易投资保护主义不仅显著抬高了全球贸易摩擦成本，更对全球价值链、产业链产生了冲击。经济合作与发展组织的研究成果显示，假如经济合作与发展组织国家推动实施贸易便利化举措，将会使贸易的潜在成本降低10%左右，而其他中低收入国家的潜在贸易成本则大约可降低15%。根据东盟东亚经济研究中心报告，未来10年（2017—2027年）期间，供应链壁垒与非关税壁垒的消除将使东盟经济体GDP累计增加31.19%。特别是进一步大幅削减中间品关税、降低供应链壁垒，则有望降低成本、加快流通速度、减少不确定性。其次，全球价值链深度整合迫切需要全球贸易便利化和投资自由化。WTO、联合国贸易和发展会议的相关研究报告均显示，全球价值链大大促进了"贸易—投资—服务—技术"的协同效应。全球价值链中，关税与非关税壁垒等贸易保护政策会大大阻碍全球跨境资本流动、国际投资以及技术合作，而提高市场进入壁垒以及与安全审查相关的投资限制政策，也势必大大削弱一国的出口竞争力。因此，高标准的贸易规则需要将政策重点聚焦于如何积极推动贸易投资便利化、加强知识产权保护、促进公平竞争等政策议题。最后，全球价值链亟待有效促进规制、标准的一体化融合。全球价值链带来的一系列风险说明，全球价值链的复杂性、国际性、融合性、相互依赖性等特点，已经超越了一国国家边界而成为全球的公共产品。事实上，越来越多的标准和认证体系的建立，给全球价值链中的各个环节增加了不必要的制度成本、政策成本和协调成本，以及由全球价值链带来的系统性风险。为促进全球价值链深度融合，亟待构建统一的标准、规制和规则，以及相互认可的协议。特别是在流通领域、软件基础设施、责任分担以及履行社会责任方面，尚未构建全球互联互通、风险监管规则，以及全球价值链规则框架，这些都构成了各国货物贸易和服务贸易合作的巨大障碍。

新一轮国际经贸规则中的"中国议题"

在新的国际经贸规则中,对中国有针对性的"新议题"给我国带来前所未有的规则压力。如"发展中国家地位""非市场经济地位""国有企业""产业补贴""竞争中立"等与中国相关的议题的挑战。

(一)对"发展中国家身份认定方面"分歧巨大

2019年7月26日,美国总统特朗普向WTO施压,要求其改变对发展中国家的定义,认为中国和文莱、科威特、卡塔尔、新加坡、阿联酋等10个富裕国家和地区不公平地获得了优惠待遇。特朗普指示美国贸易代表,如果在90天内没有在改革方面取得"实质性进展",美国方面将擅自取消这些地区的"发展中"优惠,同时也意味着将对这些地方征税。随后在白宫发布的备忘录中,抨击WTO"过时的发达国家和发展中国家的二分法",该备忘录表示,这些发展中国家"寻求比其他WTO成员更少的承诺",包括"更长时间实施保障措施""更宽松的过渡期""更温和的关税减让"等,并借此获得"不公平的优势","以牺牲其他WTO成员的利益为代价"。WTO没有界定"发展中国家"成员身份的标准,使"发展中国家"成为一个较为宽泛的概念。WTO对发展中国家的身份认定一般采取成员自己选择的方式决定。当前,以美日欧为代表的发达国家认为,仅以相关国家自我认定就能获得差别待遇有失公平。由此,对"特殊与差别待遇"也存在较大分歧。美国对WTO 2/3成员享受无差别的"特殊与差别待遇"表示不满。中国提出WTO应从多层次、多角度考虑,并保证发展中成员的特殊与差别待遇。欧盟的折中方案:一是应积极鼓励成员"毕业",结束特殊与差别待遇;二是除最不发达国家外,其他成员所具有的弹性由集体豁免转为基于具体需求和证据;三是当成员要求额外的特别待遇时,需明确时间期限和适用范围。因此,发达国家与发展中国家在"发展中国家身份认定"以及"特殊与差别待遇"方面分歧巨大。

（二）WTO改革方案的焦点直指"竞争中立"问题

"竞争中立"制度的推行是国家间制度竞争的集中反映。当前，竞争政策突出营造公平和自由的竞争环境，以"竞争中立"原则规范国有和指定垄断企业行为，确保市场竞争主体的公平地位。针对因垄断、补贴等造成的不公平竞争行为，新的贸易协定也通过设置竞争政策、补贴以及国有企业等单独章节进行规范，确保市场竞争主体的公平地位。《美国—墨西哥—加拿大协定》《全面与进步跨太平洋伙伴关系协定》以及《区域贸易经济伙伴关系协定》在竞争政策中，都强调了公平和自由竞争在贸易和投资中的重要性，承诺对任何企业无歧视地执行竞争法，遵守执法程序公正原则，确保程序透明。针对国有企业和指定垄断企业，新一代贸易协定的核心是按照"竞争中立"原则保证国有企业和私营企业在平等条件下竞争。为此，三项协议均对国有企业和垄断企业获取政府补贴做出了限制，不仅承诺及时披露相关的补贴信息，而且《美国—墨西哥—加拿大协定》以及《区域贸易经济伙伴关系协定》规定了禁止政府和公共机构对资不抵债、破产或处于破产边缘且缺乏可信重组计划等情况的企业提供补贴。《全面与进步跨太平洋伙伴关系协定》在"国有企业和指定垄断"中基本保留了《全面与进步跨太平洋伙伴关系协定》中全部条款，但由于马来西亚、越南、新加坡等国都有大量国有企业，所以并没有直接取消国有企业享有的财政补贴，而是规定缔约国不得以向国有企业提供直接或间接非商业援助的方式进行补偿，并进一步对不利影响和损害的判定进行了细致说明。区域全面经济伙伴关系是在WTO规则基础上更高水平的自贸协定。作为拥有最大规模国有经济的谈判方，中国在区域全面经济伙伴关系的谈判中可与具有相当数量国有企业的越南、新加坡和马来西亚等国携手确立有关国有企业规制的新规则，为"竞争中性"原则提供符合国际共识并具有中国底色的模板和蓝本。

（三）关于"非市场经济地位"涉及国家基本经济制度

关于市场经济的标准，全球从未有统一的基准，各方关于市场经济标准的理解不完全相同。例如，美国商务部对市场经济有以下的标准：货币的可兑换程度，劳资双方进行工资谈判的自由度，外资企业进入其市场的自由程度，政府对国民经济的控制和占有的比例，政府企业行为和微观的资源配置的退出程度，包括出口等内容的其他领域的企业自由度及政府控制程度等。

欧盟规定的判断市场经济标准主要内容如下：价格是否由市场决定，企业是否具有符合国际财会标准的基础会计账簿，企业的生产成本与财务状况不受非市场因素扭曲，企业有向国外转移利润和资本的自由，有自主决定出口的自由及其他商业活动的自由，企业必须受破产法和资产法的约束以及汇率由市场决定等。

但就美欧的实际经济运行情况而言，即便它们自身，也是有选择地执行上述这些所谓的市场经济标准。事实上，美国对本国市场和产业的保护强度甚至在某些方面远远超过中国等新兴经济体。美国从未放弃对农业的补贴，且长期密切关注主要（潜在）竞争对手在工业领域的技术进步与产业发展，一旦发现对美国形成竞争挤压随即采取打压措施，美国《1974年贸易法》中的"201条款""301条款"即明证。

中美发生贸易摩擦以来，美国动辄举起"关税大棒"，毫不掩饰动用国家力量，甚至通过国家立法来将封杀中国企业作为贸易谈判筹码，这本身就说明市场经济这个标签的虚伪性。因此，中国不可能按照美国关于市场经济的标准来改造本国经济体系和运行机制，放弃做大做强国有企业，放弃支持国有企业提升全球资源配置力的努力，甚至让国有企业逐步退出市场，全面放开国内市场，这是涉及国家基本经济制度和核心战略利益的根本所在。

（四）美欧日欲修改全球产业补贴规定

美国、欧盟和日本正努力敲定改革全球产业补贴规则的提议，这些规则旨在限制他们眼中中国工业补贴扭曲全球市场的做法。上述各方的目标是向世界贸易组织其他成员提出更严格的产业补贴和国有企业规定，并开始就采纳这些规定进行谈判。而美国2019年1月向世贸组织提出针对中国补贴项目的70项质疑集中反映了发达国家的立场和诉求。

美、欧、日在一系列多边框架中都欲加入关于补贴的规则条款，特别是在美国向WTO提出针对中国补贴的70项质疑中，约1/3与国有企业和产业补贴政策相关。美、欧、日希望调整现行国际补贴规则的主要原因，还与非市场导向导致所谓的"不公平竞争"有关。在2018年特朗普政府签订的《美国—墨西哥—加拿大协定》中，美国也加入了国有企业条款。

一直以来，WTO规则并不歧视国有企业，基本是"所有制中立"的，但美、欧、日推动补贴规则改革的重要目标，则是重新商定WTO规则下的公共机构认定标准。如果将国有企业、国有商业银行认定为公共机构，则其向下游企业提供货物或服务、向其他企业提供贷款或参股的行为，都将构成补贴。在此基础上，受到补贴的企业（通常是国有企业），将受到制裁。从以往案例来看，在WTO争端解决实践中，基本确立了对中国较为有利的认定标准。但是，在目前美、日、欧的联合推动下，这种局面可能会受到冲击。

2019年4月30日，在WTO补贴与反补贴措施委员会会议上，美国、欧盟和日本认为，经济合作与发展组织关于铝产能过剩的报告证明必须重新考虑WTO补贴规则，并提出修改《补贴与反补贴措施协定》的建议。美、日、欧认为，当政府通过国有企业参与全球价值链，国家影响力与所有权变得一样重要，因为国有企业既是政府支持的接受者又是支持者——特别是在中国，国有金融机构为国有企业提供低于市场成本的投入和贷款。表面上美、日、欧指责中国通过补贴形式导致产能过剩，但根本却是针对战略新兴产业和高科技领域。在美国向WTO提出针对中国补贴的70项质疑中，也多次提出与政府引导基金相关的问题，比如中国为何不汇报关于国家集成电路产业投资基金的信息？中国还有哪些政府引导基金？中国如何决定哪些产业、哪些企业可以获得政府引导基金的支持？这也凸显美、日、欧对中国高科技产业崛起的竞争诉求。

第四节 构建开放型世界经济的中国实践与行动

当前，逆全球化潮流涌动，单边主义、保护主义、霸权主义、冷战思维、零和博弈给世界格局稳定带来前所未有的冲击。经济全球化走到"十字路口"，面对全球新态势，是选择对抗，还是选择合作？是"关门筑墙"，还是"敞开大门"？中国都面临着方向性的选择。中国在诸边、多边、区域和全球各个层面积极参与全球经济治理，成为维护多边贸易体制、构建开放型世界经济的重要力量。

维护多边贸易体制，为全球化发展把握新航向

世界从来就不是单极的，更不可能任由一国"独霸天下"。国际秩序是一个混合体，不同的政治经济制度、安全架构和文化文明在其间共存。不同的国家看待世界的方式不同，基于共同利益和相互尊重才能有助于世界各国应对21世纪的挑战，避免引发摩擦与冲突。然而，为维护本国利益最大化，贸易保护主义却不仅作为经济牌，更作为政治牌来打。截至2019年上半年，已有近40个国家和地区受到美国的贸易威胁、通牒或制裁。美国作为全球第一大经济体，坐拥技术优势和美元全球主导货币的霸权地位，其广泛挑起的贸易冲突严重扰乱了世界经济、国际产业分工合作、全球多边贸易体制的秩序。正如联合国秘书长古特雷斯所说，今天的世界"比以往任何时候都更需要多边主义"。而中国在坚持公平包容，打造平衡普惠发展模式，维护多边体制和推动全球化方面的贡献有目共睹。

（一）坚定支持并维护WTO作为全球贸易治理核心平台的地位

70年来作为拥有164个成员的世贸组织（WTO），其贸易体量占到全球贸易总量的98%，一直是全球最重要的多边治理平台。WTO的非歧视原则（包括最惠国待遇原则和国民待遇原则）、自由贸易原则、透明度原则、公平竞争原则以及鼓励发展和经济改革原则贯穿于WTO的各个协定和协议之中，也构成了当今多边贸易体制的基础。然而，当今的WTO面临"内外交困"，不仅在应对不断蔓延和发酵的贸易保护主义方面表现"失灵"，而且制度性缺陷也严重阻碍WTO功能，已不适应新的国际关系发展。特别是长期以来，发展中国家在WTO体制的话语权及规则制定权严重不足。WTO体制实行的"协商一致"和"互惠原则"，由于"四极体制"等制度性设计并未得到有效落实。所谓WTO"四极体制"（即由美国、欧盟、日本、加拿大四个发达成员构成的体制）长期操纵WTO决策，"绿屋谈判"导致广大发展中成员的利益未能得以充分体现。面对错综复杂的国际形势以及美国施加的巨大压力，以中国为代表的广大发展中国家提出坚决维护WTO多边贸易体制、反对贸易保护主义和单边主义的主张，认为WTO改革必须以此为核心通过平等协商制定WTO改革方案，维护多边贸易体制的核心价值，以解决当前WTO生存面临的危机。从改革重点来看，中国推动WTO改革重在倡导"合作共赢"的中国方案。促进WTO遵循合作共赢的理念进行改革完善，践行"共商、共建、共享"的基本原则，倡导世界各国根据自身发展阶段、比较优势等因素，共同推动WTO朝着高标准的互利共赢规则方面演变。鉴于发达国家与发展中国家在竞争力方面存在明显差异，互补性大于竞争性，相关的规则标准应该更多地考虑到这些现实因素，而不是简单地用统一尺度来衡量发达国家与发展中国家，从而真正实现参与各方共同受益的目标，应对全球发展不平衡的重大挑战，促使WTO成为深化世界各国合作的不断发展完善的多边平台。

（二）积极推动全球价值链包容性发展与开放合作

中国是世界经济发展的动力源和稳定锚。自2002年以来，中国对全球经济增长的平均贡献率接近30%，这种势头持续至今，是全球120多个国家最大的贸易伙伴。中国积极履行在2015年年底前将APEC环境产品清单实施关税降至5%或以下的承诺，并已按要求完成并提交APEC 54个环境产品清单的降税实施计划，这一计划已经于2016年1月1日起正式实施。中国落实《APEC海关监管互认、执法互助、信息互换战略框架》，在转关运输、单一窗口、"经认证的经营者"（AEO）等领域取得积极进展。中国利用G20峰会创新全球经济治理的优先领域和运行机制。中国作为东道主在2016年G20杭州峰会上首次将贸易与投资议题引入G20议程，达成了全球首份《全球投资指导原则》，为营造开放、透明、可持续的全球投资政策环境制定了9项非约束性原则，成为指导成员国制定投资政策的纲领性多边文件，为未来达成多边投资协定或制定全球投资规则迈出了关键性一步。此外，G20杭州峰会还制定了《G20全球贸易增长战略》，紧扣21世纪全球贸易、投资与国际生产网络中出现的垂直专业化、服务化、数字化等重要趋势，积极推动全球价值链、贸易便利化、服务贸易、电子商务与数字贸易等新型议题的讨论与落实。

（三）引领全球多边治理体制，谋求更广泛"发展目标"

一直以来中国都将"发展议题"置于全球经济治理的首要位置，强调实现"包容性增长"，为全球多边治理体系确立"发展坐标"。发展导向的全球经济治理新规则不仅包括现有体制下强调的非歧视、市场准入、公平贸易、规制融合、争端解决等原则，更要关注和解决基础设施不完备、市场机制不健全、产业发展不均衡、融资渠道不畅通、收入分配不平均等制约广大发展中成员和最不发达国家的问题。因此，中国引领全球经济治理应特别考虑发展中国家谋求广泛发展目标、实现产业和技术升级、维护公共利益和保留政策空间的诉求，中国积极响应WTO"促贸援助"倡议，坚持责权对等原则，在力所能及的范围内帮助其他发展中国家,特别是最不发达国家加强基础设施建设、加强能力建设、提高生产能力、促进贸易便利化,对35个最不发达国家97%的税目产品给予零关税待遇。中国还出资设立了"最不发达国家及加入WTO中国项目",帮助6个最不发达国家成功加入WTO。2017年年底,中国向WTO"贸易便利化协定基金"捐款,积极帮助发展中成员落实《贸易便利化协定》。

积极履行大国责任,主动扩大全方位对外开放

面对当今世界愈演愈烈的保护主义、单边主义和霸权主义,以及某些大国越来越"关门""筑墙",中国更加敞开大门,主动扩大全方位开放:对外积极参与多边和双边、区域和诸边谈判,重视服务贸易和投资规则,并密切关注新议题;对内则通过实施自贸区战略、统一内外资法律等关键措施进一步深化国内改革,建立与国际新规则接轨的现代市场经济体制,做到国内法治与国际规则间的良性互动。2001年加入世贸组织以来,中国全面履行加入承诺,确立了以法律和规章为基础、透明和可预测、与世界贸易组织规则高度接轨的对外贸易新体制,按期或提前完成了加入世界贸易组织时做出的承诺,并在WTO减让基础上进一步扩大开放。在货物贸易领域,中国的降税承诺全部履行完毕。近年来,中国大幅降低了部分商品的进口关税,关税总水平由加入WTO时的15.3%降至7.5%。在服务贸易领域,"入世"以来中国不断修改和制定了一系列进一步对外开放的法规和规章,服务贸易领域的承诺得到落实,市场准入大幅放宽。"入世"时中国承诺开放9大类100个分部门,目前已在不同程度上开放到120多个部门,正稳步扩大金融业开放,深化农业、采矿业、制造业开放,加快研发、电信、空运、教育、医疗、文化等领域开放进程,其开放程度已接近发达成员平均水平。

作为负责任的大国，中国不断顺应国际形势发展需求，以国际高标准、高水平为标杆，努力打造法治化、国际化、便利化的营商环境，促进以竞争性政策为基础的规则体系建设，促使市场环境体现统一、公平、高效。近年来，中国以《外商投资法》《外商投资准入特别管理措施（负面清单）》《自由贸易试验区外商投资准入特别管理措施（负面清单）》以及《鼓励外商投资产业目录》为重点，注重制度优化和营商环境持续改善。不仅确立了外资"准入前国民待遇+负面清单"的制度，而且有力提升了政策的透明度与执行的一致性，营造内外资企业一视同仁、公平竞争的市场环境，实现由商品、要素流动型转变为规则、制度开放型，有力地释放了制度开放的红利。

中国一直致力于促进投资便利化的进程。投资便利化是国际多边经贸治理的前沿性议题，许多国际组织正在就此议题开展讨论。例如：经济合作与发展组织在《投资政策框架2015版》中强调了投资便利化的意义；联合国贸易和发展会议在2016年达成了《投资便利化全球行动清单》；金砖五国在2017年厦门会晤时通过了《金砖国家投资便利化合作纲要》；WTO在2017年第11次部长会议中也通过了《关于投资便利化的联合部长声明》；而中国通过一系列简政放权，增强透明度管理，以及外资领域的"放管服"改革，推动制度性改革持续深入。例如，将负面清单内投资总额10亿美元以下的外资审批权限下放至省级政府，在全国推行外商投资企业设立商务备案与工商登记"一口办理"，推动投资便利化水平进一步提升。

秉承多边主义精神，推动全球价值链包容发展

作为全球最大的中间品贸易大国和全球价值链中的重要一环，近年来，中国积极推动全球价值链包容性发展与深度融合，早在2014年中国APEC峰会就已提出促进全球价值链新兴发展合作战略蓝图。2014年5月，贸易部长

会议批准了《促进亚太地区全球价值链新兴发展战略蓝图》和《全球价值链中的APEC贸易增加值核算战略框架》，试图共同营建有利于全球价值链新兴发展的核算体系与政策环境。两大相关倡议一起被列入当年APEC领导人非正式会议的共同宣言中，并统筹推进《APEC促进全球价值链发展合作战略蓝图》中10个优先领域的工作，为发展中经济体相关能力建设，提供有力制度保障。

2016年，中国作为G20集团主席国，实现了贸易部长会议机制化，为推动发展中国家和中小企业更好地融入全球价值链，分享参与价值链的好处，中国提出了"促进包容协调的全球价值链"这一倡议，引领G20各方同意通过能力建设、促贸援助、推广信息技术等多种途径，促进全球价值链包容协调发展，帮助发展中国家和中小企业更好地融入全球价值链，分享全球化成果，实现全球经济均衡、可持续发展。同时，发布的《2016贸易部长会议声明》及附件《二十国集团贸易投资工作组工作职责》《二十国集团全球贸易增长战略》《二十国集团全球投资指导原则》里面，也着重强调全球价值链对促进全球贸易投资便利化、自由化不可替代的作用。2016年12月，基于对未来世界经济的可能变化趋势，国务院适时公布了《关于加强国际合作提高我国产业全球价值链地位的指导意见》。这意味着中国将战略立足点建立于全球价值链之上，围绕"一带一路"倡议、国际产能和装备制造合作、构建开放型经济新体制和加快实施自由贸易区战略等重大对外经济决策，在多、双边框架下，推进新一轮全球化战略。

后　记

　　这是一个全球化处于低潮的时代，这是一个国际关系重回丛林的时代。逆全球化潮流涌动，单边主义、保护主义、霸权主义、冷战思维、零和博弈给世界格局和全球价值链体系的稳定带来前所未有的冲击。贸易战越来越成为大国博弈的一种常态化工具，这是一个危险的趋势。"贸易大棒万能论"的拥趸越来越多，受害者名单也不断加长。如果将本国利益凌驾于国际规则之上，曾经塑造了当今世界秩序的国际规则和多边机制沦为摆设，那么推动全球化进程的国际合作将失去赖以生存的基础，全球不可避免地进入一个矛盾激化、竞争加剧的动荡时期，为此我们要做好长期战略准备与研判。

　　回顾历史发展进程，经济全球化在不同历史时期对世界发展趋势的影响是不完全相同的。21世纪以来，全球经济体系正在出现重大而深刻的变化，各国产业结构的关联性和依存度大大提高，一国产业结构必须在与其他国家产业结构的互联互动中进行完善，在互利共赢中实现动态调整和升级，也因此才能获得资源整合、要素配置效率提高和全要素生产率提高所带来的全球共同发展的红利。

　　当然，我们不能否认全球化的影响和利益对各国来说是不平衡的，落后国家在世界经济体系中长期被锁定在价值链低端，发达国家也因全球化影响，出现了经济降速、产业外移的状况。2008年国际金融危机之后，美、欧作为二战之后推动全球自由贸易秩序中的"全球化旗手"，其角色正在发生深刻变化，保护主义、封闭主义、单边主义、孤立主义、排他主义此起彼伏。冷战结束后，支持全球化的广泛共识成为国际秩序中的重要支柱，但如今抗拒全球化的潮流正在西方大行其道。

当今世界正经历新一轮大发展、大变革、大调整,大国战略博弈全面加剧,国际体系和国际秩序深度调整,世界正处于全球化钟摆运动的"转折点",面临着十字路口的选择,而我们仍处于深度全球化时代。"全球化困境"至少让我们对今天的政策重新进行思考,怎样去努力解决已经出现和可能出现的种种矛盾和冲突。思想是引领行动的指南,在分化的世界中寻求合作更需要思想、理念、智慧的联结,更依赖于价值共识的同频共振。我们应该以更加开放的姿态加强彼此间的互容、互鉴、互通,在竞争中取长补短,发挥各自比较优势,优化全球资源配置,建设利益共享的全球价值链、产业链、创新链,培育普惠全球大市场;我们应不断探索新的、更好的方式,改革和提升现有国际规则制度的韧性,探索"一带一路"倡议等共商、共建、共享的全球治理和公共产品供给的新模式,解决全球经济发展中的增长问题、短板问题、动力问题、不平衡问题。

当前,捍卫全球多边贸易体系使其不至于坍塌,已经成为世界范围内支持自由贸易规则的所有国家的共同挑战和责任。然而,全球经济治理平台在应对不断蔓延和发酵的贸易保护主义方面却表现"失灵"。WTO争端解决机制濒临瘫痪,改革面临重重阻碍,国际贸易体系碎片化特征愈发明显,全球贸易体系面临着二战以来最大的挑战。WTO改革涉及的问题也错综复杂:是推倒重来,另起炉灶?还是重新构建多边体系中的"诸边"规则?无论普遍关注的导致全球贸易局势紧张的关税机制、强化WTO对贸易活动的监管权力、改进WTO决策机制等共性问题,还是发达国家更为关注的透明度、发达国家与发展中国家利益协调、非市场政策导向等针对性问题都亟待解决,这不仅决定着中美经贸关系的走向,也决定着未来国际贸易规则格局的走向,并将依据实力、地位起伏和驾驭国际规制的水平高低而重新排列组合。

历史经验证明,中国改革开放的现代化进程与经济全球化进程是同步的。中国因为改革开放而获益,历史也会再次证明,中国改革的方向不会逆转,只会不断深化，变外部压力为内部动力，以深化改革和高质量开放推动高质量发展，将成为中国长期发展的重大战略选项。未来15年是国际格局大调整、大动荡、大博弈时期，也是中国比较优势转换期，是中国作为新兴大国崛起的关键期。新一轮全球化正在加速到来，第四次工业革命的大数据、人工智能、量子计算和通信、生物科技等新技术的相互叠加，使新的技术变革呈现几何级数的增长。而以科技竞争为目标的大国竞争与博弈加剧、全球经济治理体系快速变革等也势必深刻改变国际经济格局，这就决定了：一方面，中国比任何时候都需要全面确立"科技强国"和"创新立国"战略，用好新一轮科技革命和产业变革的"机会窗口"，着力提高资本和技术的配置效率，扩大全球创新基础设施投资，加快研发和创新密集型产业对价值链的"升级"作用。另一方面，未来中国在全球价值链上深度合作的空间依旧十分巨大。当前，全球各国面临着结构性转型和全球价值链升级的重大挑战，这就更需要借助全球价值网络培育新的竞争优势，从利用自身要素成本竞争力转向利用跨国生产要素融合的价值链竞争力。因此，作为全球化坚定的捍卫者，中国应更加积极地推动全球价值链的伙伴合作，加快推动从"一带一路"到"人类命运共同体"的落地生根，通过制度性开放以及参与推动双边、诸边、区域性自贸区网络，为未来发展创造更开放的内外部发展环境，去探索未来更好的贸易政策和价值链发展模式。

  历史发展进程不可逆转，全球化也不能走回头路。"全球化困境"至少让我们重新思考今天的政策，怎样去努力解决已经出现和可能出现的种种矛盾和冲突。思想是引领行动的指南，在分化的世界中寻求合作更需要思想、理念、智慧的联结，更依赖于价值共识的同频共振。如何以更加开放的姿态加强彼此间的互容、互鉴、互通，如何探索新的、更好的方式，改革和提升现有国际规则制度的韧性，需要我们不断探索。积极推动和引领新型全球化发展无疑是通往未来繁荣之路的最终选择，而这也势必将进一步催生新的国际体系。